片丁纳西语动词研究

王一君 ◎ 著

中国社会科学出版社

图书在版编目(CIP)数据

片丁纳西语动词研究／王一君著．—北京：中国社会科学出版社，2020.2
ISBN 978-7-5203-5362-5

Ⅰ.①片…　Ⅱ.①王…　Ⅲ.①纳西语—动词—研究　Ⅳ.①H257.4

中国版本图书馆 CIP 数据核字(2019)第 230642 号

出 版 人	赵剑英
责任编辑	任　明
责任校对	李　莉
责任印制	郝美娜

出　　版	中国社会科学出版社
社　　址	北京鼓楼西大街甲 158 号
邮　　编	100720
网　　址	http://www.csspw.cn
发 行 部	010-84083685
门 市 部	010-84029450
经　　销	新华书店及其他书店
印刷装订	北京君升印刷有限公司
版　　次	2020 年 2 月第 1 版
印　　次	2020 年 2 月第 1 次印刷
开　　本	710×1000　1/16
印　　张	17.75
字　　数	280 千字
定　　价	85.00 元

凡购买中国社会科学出版社图书，如有质量问题请与本社营销中心联系调换
电话：010-84083683
版权所有　侵权必究

自　序

　　当前对某一语言语法的描写主要以西方传统语言学结合类型学、功能主义经验分析方法为框架，本书运用类型学和功能主义的相关理论，以片丁纳西语的常用动词作为分析对象，对纳西语动词的语法形式和语法意义做共时平面的描写和分析，对动词的语义及语法范畴尽可能做出解释。

　　片丁纳西语属于纳西语西部方言丽江坝土语区，从区域上看，纳西语西部方言区多与彝语支地区接壤，东部方言区毗邻羌语支地区，不同的地理环境，对东西方言内部语言结构变化产生影响。纳西语属于分析型语言，虚词和语序是主要的语法表达手段，动词谓语是句子结构的中心。从句法上看，动词的性质和特有的功能对其所在的句法结构起制约作用。从语义上看，动词作为句子结构的核心，制约了与其相关的其他语义成分，纳西语动词在句法结构中处于十分重要的地位，对纳西语动词特征的分析，将有助于解决纳西语词法和句法的一些问题。

　　片丁纳西语动词从音节结构看，主要以单音节词为主。从语法层面看，动词的构形手段以黏附和重叠为主。动词重叠主要有 AA 式、AAAA 式、AABB 式，重叠可以表示动词的尝试态，持续或反复进行等语义特征。片丁纳西语存在一套较成系统的趋向附置词，根据趋向附置词较核心动词的相对位置，将其分为趋向前置词和趋向后置词，其中表趋向的前置词与动词之间可以插入副词、否定词等其他成分。由于趋向附置词在片丁纳西语中已经发生了不同程度的语法化，其句法功能也发生了相应的变化。片丁纳西语有丰富的体标记，体标记具有多功能性，其中较典型的表示反复体的 le^{33} 和持续体 tʰe^{11} 都为前置型体标记，与动词的粘附性较低，之间可以插入副词等成分。le^{33} 在纳西语中较复杂，既可以表示完成义也可以表示反复义。片丁纳西语是分析性较强的语言，但仍可以通过语音内屈折来表示自动和使动的对立，只不过屈折式已成为一种残存现象，而在动词后添加致使标记的分析式是在现代纳西语中占主要地位的使动范畴表达形式。

从动词句法分布来看，可将片丁纳西语连动结构划分为对称和非对称型两种类型，且这两种类型的连动结构都具有丰富的语法、语义特征。其中，非对称型连动结构使用频率较高。连动结构是一种容易引起语法化和词汇化的句法结构，连动结构中的次要动词可以语法化为各种标记，片丁纳西语中不存在连动结构词汇化的现象。

根据 Aikhenvald（2004）类型学框架下的示证系统模型，结合片丁纳西语语言事实，将片丁纳西语示证系统分为亲历、推断、传闻、报道、引用五个次类。基于 Palmer（2001）的情态分类体系，片丁纳西语的情态也可分为道义情态、能动情态、认知情态三种。情态语义类型可以交叉出现，主观性强的情态类型标记语序上远离动词，主观性弱的情态类型标记语序上靠近动词，而整个句子的情态义由主观性较强的情态类型决定语义。

本书立足于片丁纳西语口语语料，采用国际通行的浸入式（immersion fieldwork）调查方法，实地采录发音人讲述的民间故事、传说、歌谣、自然对话等长篇口语语料，使用莱比锡转写规则比较全面地分析了纳西语动词的句法特征和语义结构模式，从中解释纳西语动词的静态语义规律。

《片丁纳西语动词研究》是在作者博士论文基础上进行的调整和扩充研究。博士论文的选题可谓几经周折，2014 年 10 月选定纳西语作为博士论文的研究对象后，立即启程前往丽江片丁村，进行初期的语言情况调查。因读硕时主要调查侗台语，习惯了侗台语的声调，很难一下子进入藏缅语的语言事实，经过一段时间的反复记音练习，对纳西语也就慢慢熟练起来了。从 2014 年 10 月到 2015 年 8 月在丽江片丁村生活了一年的时间，食住在师弟和丽昆家，亲自体验了纳西族的各种节日，亲历了纳西族种植烤烟的全部过程。在这里要特别感谢本书的田野发音合作人和廷武、罗秀红、和丽昆、杨自勤、和积义，感谢他们对母语的保护和对民族语工作的支持与帮助，尤其是师弟和丽昆反复对书中语料进行核对，保证了书中语料的准确性。

感恩导师李锦芳教授，从论文最初的选题，开题的设计及实施，到论文的撰写与修改都给予了细心的指导。在丽江调查期间，导师多次打电话来咨询田野进展情况以及生活方面是否适应。若没有导师的抬爱，也就没有今天以少数民族研究为业的我，家师精髓的学术造诣，严谨的治学风格，让我受用一生。

在北京读书期间，中央民大少数民族语言系浓浓的研究氛围使我深受感染，他们是我学业道路上的引路人，也是生活中真诚的朋友。感谢周国炎老师、丁石庆老师、刘岩老师、石德福老师、罗自群老师，以及每次在食堂讨论问题的朱德康、杨菁、王保锋、和丽昆、曹波、刘希瑞、田洋等学友，十分感谢他们在我研究中给予的启发。

感谢中国社会科学院的黄行老师、黄成龙老师、李云兵老师、普忠良老师。黄行老师带领我们在版纳勐腊做田野调查的过程还历历在目，受益匪浅。除了家师的点拨之外，我很有幸聆听了黄成龙老师的类型学课程，并得到黄老师的答疑释惑。感谢李云兵老师在论文答辩时给予的宝贵意见，感谢普忠良老师给予我学术上的启发和便利，能吸收老师们的研究方法和思路对我日后的研究起到了关键性作用。

在纳西语研究方面，很有幸结识了和学光教授和法兰西社科院的纳西语专家 Alexis Michaud（米可）研究员，米可每次的回复都那么及时而又细致，在此真挚的感谢你们。

感谢父母多年来一如既往的付出和支持，在我每次面临重大选择时，父母永远都是无条件地支持和鼓励，感谢你们。

本书的语料及写作虽为作者亲自田野调查所得，尽管当时作者竭尽全力做了最大努力，但囿于作者个人理论水平不足、语料掌握有限等因素，今天看来一些论述难免粗浅片面，还是有很多地方有待于做进一步的调整和完善。

最后感谢中国社会科学出版社的任明老师及出版社的编辑老师为本书出版付出的辛勤劳动！

王一君

2020 年 5 月 14 日

序　言

本书以纳西语动词为研究对象，借鉴语言类型学的理论和方法，综合运用描写语言学、历史语言学等相关学科的理论知识，在翔实的语料基础上对纳西语动词的形态句法结构和语法意义进行系统、详细的描写和分析。纳西语属于分析型语言，虚词和语序是主要的语法表达手段。动词是句子结构的中心，从句法上看，动词的性质和特有的功能对其所在的句法结构起制约作用，并制约了与其相关的其他语义成分。本书将对纳西语动词的特点、动词的趋向附置词、动词的体范畴、动词的使动范畴、动词的情态范畴、动词的示证系统、连动结构等方面进行分析，内容包括以下 8 个部分：

一、纳西语动词在结构上分为单纯词和复合词，其中单纯词中单音节词占多数。复合式动词主要有陈述、支配、动结三种形式。纳西语的复合式合成词中，各成分之间结合较松散，都可以加入否定词 $mɤ^{33}$，其中陈述、支配式组成成分之间还可以加入数量词和表程度的副词。

二、纳西语动词按价可分为：不及物动词、及物动词、双及物动词三类。纳西语不及物动词直接论元不管充当的是施事者还是受事者，都无需在其后添加相应类型的格标记，除非存在第二个需要被标记的非直接论元。一般情况下，纳西语及物动词的施事论元不带格标记。纳西语双及物结构语序呈现多样性，主要是由于句中施格标记的出现，为了强调施事者的施事性。纳西语的施受标志是非强制性出现的，仅在施受混淆情景下用来解歧，标记论元指称的语义角色。施事标志普遍有很强的语用功能，主要起强调作用，是语用驱动型可选性施事标志。

三、纳西语动词的趋向附置词有四个趋向前置词 gɤ^{11} "上"、mu^{11} "下"、kæ^{33} "前"、mæ^{55} "后"和两个表示"来"、"去"的趋向后置词。大部分动词都可以带趋向附置词，并非必然表示趋向语义，这表明趋向附置词在纳西语中已经逐渐语法化，其功能得以扩展。

四、纳西语可以在动词前后添加一套语法化的体标记，反映动作事件的发生、发展过程。纳西语动词的体标记有前置和后置两种类型，其中前置型体标记主要有反复体 le^{33} 和持续体 tʰe^{11}，与动词的粘附性较低，之间可以插入副词等成分。同时 le^{33} 和 tʰe^{11} 也可作为趋向附置词，而不是后置型的助词。le^{33} 在纳西语中较复杂，既可以表示完成义也可以表示反复义。由于这两个体标记常前置于动词，因此推测可能最初来源于副词，而一些后置型体标记主要由趋向动词语法化而来。

五、纳西语动词的使动范畴主要以分析手段为主，兼有少量屈折性表达方式。其中屈折形式主要是少数单音节动词通过清浊交替、送气不送气和声调变化来表示自动和使动的对立。分析形式是指在动词前或后添加相应标记构成的致使式，主要以后置的致使标记 tʂɚ^{11} 为主要表达手段。前置型的致使分析式主要是在动词前加趋向附置词 kæ^{33}、mu^{11}、gɤ^{11}、mæ^{55} 表示使动义。纳西语的使动后置词 tʂɚ^{11} 与同语族的其他语言都存在语音对应关系。

六、纳西语的连动结构分为对称和非对称两种类型。连动结构的各种结构关系紧密度较高，可以共享一个语法范畴，除特殊的趋向前置词之外，一般实词成分很难被插入。

七、纳西语的示证系统主要以五分为主，即亲历、推测、猜测、传闻、引用。纳西语不属于有严格句法实现来标记示证系统的语言，因此示证标记的出现是可选的，标记只是表达示证的充分条件。纳西语示证标记的句法分布主要受知识状态和认知模式的影响。

八、纳西语动词的情态范畴分为道义、能动、认识。纳西语的各类情态标记通过后置动词来表示。纳西语情态标记与语义可以是一对一的关系，也可以是一对多的关系。

本书所用缩略词

缩写	英文全称	中文	纳西
1SG	1sg person singular	第一人称单数	ŋɑ¹¹/ŋʁ¹¹
2SG	2nd person singular	第二人称单数	ŋʋ⁵⁵/ nɯ¹¹
3SG	3rd person singular	第三人称单数	tʰɯ³³
1DL	1sg person dual	第一人称双数	ŋɑ³⁵ɲi³³kʋ⁵⁵/ ə⁵⁵ɲi³³kʋ⁵⁵
2DL	2nd person dual	第二人称双数	ŋʋ⁵⁵ɲi³³kʋ⁵⁵/ nɑ³⁵ɲi³³kʋ⁵⁵
3DL	3rd person dual	第三人称双数	tʰɑ³⁵ɲi³³kʋ⁵⁵
1PL	1sg person plural	第一人称复数	ŋə³³ŋgɯ³¹/ ə⁵⁵ŋgɯ³³
2PL	2nd person plural	第二人称复数	ŋʋ⁵⁵hʁ³³、ŋʋ⁵⁵ŋgɯ³、nɯ³³ŋgɯ³¹、nɑ³⁵ŋgɯ
3PL	3rd person plural	第三人称复数	tʰɯ³³ŋgɯ³¹
ABL	Ablative	离格	nɯ³³
ABLT	Abilitive	能力情态	kʋ⁵⁵
ADES	Adessive	"在……上面"	kʋ³³
ABL	Ablative	离格	nɯ³³
ASS	Associative	限制性属性义	

ATT	Non-relative attributive	非限制性属性义	
ADVB.DYN	Dynamic Adverbializer	动态状语化标志	bɤ⁵⁵
ADVB.STAT	Static Adverbializer	静态状语化标志	be³³
AGT/A	Agentive	施事	nɯ³³
ASSP	Assumptive evidential	猜测传信	tso³³
BEN	Benefactive	受益格	ko⁵⁵、to³³
CAUS	Causative	使役标志	tʂɚ¹¹
CERT.M	Certainly: Epistemic marker	确信认知情态标志	mæ¹¹、me¹¹
CLF	Classifier	类别词	z̩³³、mbɑ¹¹、tsæ⁵⁵
CH	Chinese	汉语	
CMKN	Common knowledge evidential	常识示证	ə³³i³³
CMPL	Completive	完结体	se³³
COMP	Complementizer	标句词	ze³³je³³
COMP	Comparative	比较标志	cɚ¹¹
CONJ	Conjunctive coordinator	合取连词	ne³⁵
CONTR	Contrastive focus	对比焦点	ze⁵⁵
COP	Copula	系词	wɑ¹¹
CON	Continuous	存续体	ne¹¹
DAT	Dative	与格	ko⁵⁵
DEM	Demonstrative	指示词	tʂʰɯ³³
DUR	Durative	持续体	tʰe¹¹
EMPH	Emphatic	强调	
EXIST	Existential: generic	通用存在动词	ɲɟʏ¹¹

EXIST.C	Existential: Container	存在动词（容器内物体）	i³³
EMPH	Emphatic	强调	
EXIST.P	Existential: Used with items perpendicular to a plane	存在动词（垂直于平面的物体）	hæ³³
EXPER	Experienced aspect	经历体	ʑi³³
FUT	Future aspect	将行体	bɯ³³
IMP	Imperative	命令语气	lu³³/ fæ³³
INESS	Inessive	"在……里"	lo¹¹
INFR	Inference evidential	推断示证	kʰɯ⁵⁵
INSTR	Instrumental	工具格	nɯ³³
ITER	Iterative aspect	反复体	le³³
LOC	Locative	方位格	lo¹¹/nɯ³³
NEG	Negative	否定	mɤ³³
NOMIN	Nominalizer	名物化	gɤ³³
NUM	Numeral	数词	
OBL	Obligative	义务情态	næ¹¹
PAT/P	Patient	受事	ko⁵⁵/to³³、kɤ⁵⁵
PFV	Perfective	完整体	se¹¹
GEN	Genitive	属格	gɤ³³
POSSIB	Possibility	可能情态	tsæ¹¹
PROG	Progressive	进行体	ne¹¹
PROH	Prohibitive	禁止语气	
QM	Question marker	疑问标志	æ³³
R	Recipient marker	接受者标志	ko³³
QUOT	Quotative evidential	引用示证	tse⁵⁵

REFL	Reflexive pronoun	反身代词	$u^{55}tu^{33}$
REP	Reported/hearsay evidential	传闻示证	$tʂɿ^{55}$
SVC	Serial verb construction	连动式	
TOP	Topic marker	话题标志	$nɯ^{33}$ / ze^{55} / $tʰɯ^{33}$
VOL	Volitive	意愿情态	$næ^{11}ʋ^{55}$/$jɤ^{55}ho^{55}$
VIS	Visual evidential	亲见传信	$jɤ^{33}$
DIR$_{PRE}$	Directional preposition	趋向前置词	$kæ^{33}$/$mæ^{55}$ $gɤ^{11}$/$mɯ^{11}$
DIR$_{PRO}$	Directional proposition	趋向后置词	
EMPH	Emphatic	强调标记	$tʰɯ^{33}ze^{33}$
MIR	Mirativity	新知标记	$mɤ^{33}$
INTJ	Interjection	感叹词	
INT	Intentional	意向性的	
IND	Indicative	陈述语气	me^{33}
DEB	Debitive	必要/义务情态	$ndɚ^{33}$
OPT	Optative	祈愿式	ho^{55}
DISJ	Disjunctive coordinator	转折连词	na^{55}/$nɯ^{33}$
PART	Particle	小品词	we^{33}

目　　录

第一章　绪论……………………………………………………………（1）
　　第一节　纳西族及纳西语的语言使用情况………………………（1）
　　第二节　纳西语动词研究回顾……………………………………（3）
　　第三节　研究意义和研究方法……………………………………（6）
　　第四节　纳西语语料来源及语音系统……………………………（7）

第二章　动词的分类……………………………………………………（17）
　　第一节　动词的构词类型…………………………………………（17）
　　第二节　动词的及物性……………………………………………（20）
　　第三节　特殊动词次类……………………………………………（30）
　　第四节　动词重叠…………………………………………………（46）
　　第五节　动词的名物化……………………………………………（59）

第三章　趋向范畴………………………………………………………（62）
　　第一节　趋向附置词的基本特点…………………………………（62）
　　第二节　动词的趋向范畴和空间方位概念………………………（67）
　　第三节　趋向附置词和其他语法范畴之间的关系………………（69）
　　第四节　趋向附置词的语义扩展…………………………………（74）

第四章 动词的情状类型和体 (77)
- 第一节 动词的情状类型 (77)
- 第二节 动词的体 (78)
- 第三节 体的类型及特征 (80)
- 第四节 体标记的连用 (102)

第五章 使动范畴 (106)
- 第一节 使动范畴概述 (106)
- 第二节 使动范畴的形式类型 (112)
- 第三节 使动范畴的形态句法标记 (118)
- 第四节 使动结构的语义表征机制 (124)
- 第五节 使动范畴的历史演变 (127)

第六章 连动结构 (132)
- 第一节 连动结构概述 (132)
- 第二节 连动结构的形态句法特征 (133)
- 第三节 连动结构的句法语义关系类型 (139)
- 第四节 连动结构的语法化和词汇化 (149)

第七章 示证系统 (155)
- 第一节 示证系统的语义参项 (155)
- 第二节 纳西语示证标记 (157)
- 第三节 示证系统与其他语义次范畴的关系 (163)
- 第四节 纳西语示证标记的句法分布 (169)

第八章 情态范畴 (174)
- 第一节 情态的语义类型 (175)

第二节 纳西语情态系统及特点 …………………………………（184）
第三节 纳西语情态标记的共现 …………………………………（186）

附录 纳西语长篇语料 …………………………………………（191）

参考文献 ………………………………………………………（256）

第一章 绪论

第一节 纳西族及纳西语的语言使用情况

一 纳西族人文概况

纳西族主要聚居在云南省丽江市的古城区、玉龙纳西族自治县、维西、香格里拉、宁蒗县、永胜县及四川省盐边县、木里县和西藏自治区芒康县盐井镇等。根据2010年中国人口普查分民族人口资料统计，纳西族人口为32万6295人[①]。

一般认为纳西族与《华阳国志·蜀志》中的公元3世纪初的"摩沙夷"有直接的渊源关系，到唐末，在今丽江、金沙江流域和盐源的雅砻江流域也有"麽些蛮"的分布。唐以后的汉文史籍中纳西族的族称被写成"末些""麽些""摩荻"等。章太炎认为唐代的"麽些蛮"和我国西北地区的古羌人有着渊源关系[②]。

各地纳西族的自称主要有：居住在丽江的纳西族自称 $na^{21}ɕi^{33}$ "纳西"；居住在宁蒗县永宁坝和盐源县左所的纳西族自称 na^{13} "纳"；居住在盐源县的瓜别、木里县的博凹、列凹的纳西族自称 $na^{21}zʅ^{33}$ "纳汝"；居住在宁蒗县

---

① 引自国家统计局人口就业统计司，国家民族事务委员会经济发展司编：《中国2010年人口普查分民族人口资料》，民族出版社2015年版，第1325页。

② 朝克、李云兵：《中国民族语言文字研究史论》第2卷，南方卷（上），中国社会科学出版社2013年版，第232页。

北渠坝和永胜的大安乡的纳西族自称 $nɑ^{33}xi^{33}$"纳恒"[①]。可见纳西族的基本族称都是"纳","纳"在纳西语中意为黑色,"西"指人,意为崇尚黑色的人。这种不同的自称,与纳西语东部方言土语划分一致。1954 年,根据本民族的意愿,经国务院批准,以"纳西"作为共同的族称。

二　纳西语系属分类及语言使用情况

关于纳西语的系属问题,国内外观点不一。国内大多学者认为纳西语在语音、语法方面与彝语支其它语言存在较多相似之处,纳西语应归入彝语支中。盖兴之、姜竹仪(1990)一文将纳西语东西方言分别与羌语、彝语进行比较,发现两个方言的同源词占 60%—70%,与彝语的对应严整,纳西语东部方言与羌语的同源词只占 26.9%,认为纳西语归入彝语支是科学合理的。国内也有些学者认为纳西语是兼有彝语和羌语一些特点的语言,这种观点为彝缅语分类提供了重要参考。孙宏开(2001)从语音、词汇、语法三个方面将羌语支和彝语支进行共时比较,该文并不否认纳西语归属彝语支这一结论,但文章认为纳西语在语音和词汇方面与彝语支很接近,在某些语法特征和部分词汇方面又与羌语支很接近,应该是介于彝语支和羌语支中间的一种语言。李子鹤(2013)以纳西语五个方言的调查材料为基础,建立方言之间严格的语音对应,构拟原始纳西语,并将纳西语与彝缅语言、嘉戎语进行比较,从系统对应、基本词汇等方面讨论纳西语的历史地位问题。认为纳西语与彝语的亲缘关系,相对于纳西语与嘉戎语的亲缘关系要更近一些,纳西语可能在这两种语言之间摆动,留下了接触的痕迹,这一结论与孙宏开(2001)的观点相一致。

国外学者对纳西语系属划分也存在两种不同的观点,其中以 Shafer、Benedict 认为纳西语属于彝语支,而 Bradley(1975)通过对纳西语的语音系统和若干核心词汇的比较发现,认为纳西语很接近彝缅语,而不属于彝语支。

[①] 孙宏开、胡增益、黄行:《中国的语言》,商务印书馆 2007 年版,第 346 页。

从共时平面来看,纳西语内部又可分为两大方言:东部方言和西部方言。使用纳西语东部方言的人居住在云南省的宁蒗县和四川省的盐源、木里、盐边,云南省永胜县的獐子旦、维西县的其宗、丽江县的海龙、奉科等地也有说东部方言的纳西族,这个方言内部差异较大,又可分为永宁坝、北渠坝和瓜别三个土语。使用纳西语西部方言的人居住在云南省丽江、中甸、维西、永胜等县,云南的剑川、兰坪、德钦、贡山以及宁蒗县永宁坝皮匠村和四川省木里县的俄亚,盐源的道咀也有少量分布,西部方言内部差异较小,可以互相通话,这个方言又可分为大研镇土语、丽江坝土语、宝山州土语[①]。从地区上来看,西部方言区多与彝语支地区接壤,不少彝族、傈僳族、白族等都会讲纳西语,这说明彝语支地区的语言是相互影响的。本书研究的片丁纳西语属于西部方言丽江坝土语区。

第二节　纳西语动词研究回顾

一　国内相关研究

傅懋勣的《维西麽些语研究》是比较全面深入的研究纳西语最早的学术专著,该著作分为语音、词汇、语法三卷,其中《维西麽些语研究(语法)》(1943)一卷系统描写了维西纳西语的语法结构。傅先生把纳西语的词类分为实词、动词和助词三类,其中动词包括受实动词和主实动词,受实动词即用在实词后面使实词充当宾语的动词,主实动词即用在实词后面使实词充当主语的动词。从情态上看,动词有"格"和"情"的范畴。傅先生认为纳西语在彝语支中,是某些语法特征比较突出的语言,纳西语因为存在表示主语和宾语的助词,其主宾的位置也较灵活[②]。傅先生对纳西语研究的一些观点为我们了解彝语支语言的内部类型特征提供了重要的参考价值。

[①] 和即仁、姜竹仪:《纳西语简志》,民族出版社1985年版,第5页。
[②] 朝克、李云兵:《中国民族语言文字研究史论》第2卷,南方卷(上),中国社会科学出版社2013年版,第242页。

杨焕典的《纳西语异根动词 luɯ³³ "来"和 mbuɯ³³ "去"》（1985）一文用例 300 余个，分析了纳西语 4 个表示"来"和 6 个表示"去"的趋向动词的语音变化形式，以及各自所表达的语法意义。对纳西语趋向动词研究的专题论文还有木仕华《论纳西语动词的语法化》（2003），文章指出了纳西语的体标记大都由趋向动词语法化而来，而句尾词则是由一部分具有实词义的动词或形容词语法化产生。和万传、和红军《纳西语"来"和"去"的语义价值及语法特征》（2008）从语音、语义和语法特征对"来"和"去"进行讨论，并对"来""去"在短语中的虚化形式做了简要分析。木仕华《论纳西语动词的使动范畴》（1997）一文对纳西语使动范畴的语法形式和语法意义做了分析，并考察它的属性和发展态势，采用历史比较的方法提出藏缅语使动范畴的走向。木仕华《纳西语句尾词研究》（2006）认为纳西语动词的诸多语法范畴是通过句尾词来承担，句尾词是其语法意义的核心。孙堂茂《论纳西语中语体助词 teiq 和 neiq》（1999）认为纳西语中的 teiq 用于静态动词前，而 neiq 主要用于动态动词后。本书在实地调查中发现，纳西语中的 teiq 实质是表持续体，而 neiq 本表持续体，但其功能也覆盖了进行体和存续体。

在各种综合性的研究论著中，也可找到对纳西语动词的部分分析，如：孙宏开《论藏缅语动词的使动语法范畴》（1998）指出纳西语的使动范畴通过语音的屈折形式表现，即声母的语音变化或声调的高低。我们在调查时发现，纳西语的使动还可以在动词后附加 tʂɚ¹¹ 表示，因此，纳西语的使动语法形式是屈折和分析并存，符合孙先生文中所提到的藏缅语中几乎没有一种语言的使动形式是单一形式的论点。但在纳西语中为何会有两种形式表示使动，具体的演变历程又是怎样的，有待进一步考证。戴庆厦、傅爱兰《藏缅语的述宾结构》（2001）中提到具有主—宾格型特点的纳西语使用宾格助词构成述宾结构的主要语法标记，但因纳西语缺少形态变化，语序又成为区分主宾语的主要语法手段，在标注双宾语时，格助和语序是协同互补的。孙宏开《论藏缅语中动词的命令式》（1997）认为藏缅语动词的命令式与动词的其他语法范畴和形式在具体语言的语法体系里是相互依存的，如藏缅语命令式与趋向范畴、时态范畴、人称范畴的相互融合。纳西语的命令式与趋向范畴、人称范畴相渗透，纳西语在动词后附加 lu^{33}"来"表示命令，lu^{33} 已经不具有方向义，或在动词后附加 ɲi^{11}"要、能"，此时 ɲi^{11} 前需有否定词来表命令，而 ɲi^{11} 与原始藏缅语单数第二人称代词的形式*-no 相似。黄成龙《藏缅语存在类动词的概念结构》(2013)指出藏缅语存在类动词的共同特征是同一个存在动词可以出现在处所结构、存在结构和领有结构中，通过论元的不同位置分别表达各个结构的语义特征，并画出了跨语言存在类动词的语义地图模型，归纳出藏缅语存在类动词 4 个方面的差异：即存在物的生命度、存在物所处的位置、信息源、存在物的存在方式，文中所用纳西语的存在动词只有生命度和处所位置的差异，但文中所列举的 4 个差异参项为研究纳西语存在类动词研究提供了重要标准。

二 国外相关研究

国外对藏缅语动词的研究，主要有 LaPolla（1989）提到藏缅语中基于动词一致性使用论元的术语，并将原始藏缅语构拟成一种没有内部屈折形态的语言，认为原始藏缅语的语法关系更接近角色支配的缅彝系统，一个没有明确限定主语和直接宾语的系统，话语材料更注重语义和语用，而不是句法功能。LaPolla（1992）讨论了藏缅语中的非作格标记，发现藏缅语中大约 11 种语言没有名词性的宾格标记，20 种语言有形态性的成分标记受事即宾语，例如从句等。还有 64 种语言用一种类型的标记来标注单一及物从句中的受事，这一标记也常常用来标注不及物句中的离格和与格。关于纳西语中的动词方面的研究，能找到的只有 Liberty A.Lidz（2010）对摩梭语的语法做了全面细致的描写，分别对动词的形态和语法形式做了详细介绍。Liberty A.Lidz（2011）主要对永宁纳西语中的施格标记进行分析，指出纳西语中的施格标记 nɯ^{33} 承担离格的功能，正如 LaPolla（1995）中提到的在一些非作格系统的藏缅语中，nɯ^{33} 从离格标记语法化为施格标记，在永宁纳西语中 nɯ^{33} 已经语法化为一个强调标记，用来标注句中的非名物化成分。

第三节 研究意义和研究方法

一 研究意义

本书以纳西语为研究对象,以纳西语动词为主要研究内容,对纳西语共时平面上的语法核心问题进行全面系统、深入的描写、分析和研究。主要对纳西语动词的特点、体范畴、使动范畴、情态范畴、示证系统等进行分析,了解这些范畴的分布特点,探索语音、语义、语用等对语法范畴的制约关系。

一直以来,国内外有关纳西语的专题研究大多集中在语音、词汇以及文字方面,本研究以在句法结构中处于重要地位的动词为突破口,将有助于解决纳西语词法和句法的一些问题,并为语言类型学研究提供一个新的参考个案,促进对语言共性和个性的研究。语法材料对于解决语言系属问题有及其重要的价值。本书对纳西语动词的研究,有可能为解决纳西语历史地位问题提供语法方面的材料和证据。

二 研究方法

本书主要以语言类型学的理论、原则和方法为指导,综合运用认知语言学、构式语法以及历史语言学和语法化理论等相关学科的理论知识,对纳西语动词进行深入的研究。研究方法主要有以下几个特点:

1.形式和语义相结合的方法,语言是一个有机系统,语法是该系统中若干形式和意义的结合体。在分析动词语法时,从整个系统来考虑,语音、语义、语用多角度、多层面分析每一种语法的形式和意义,特别注意的是语音要素对语法功能意义的制约作用,可以更接近语言事实,揭示语言的内在规律。

2.宏观与微观相结合,本书共收集动词1088个,大部分为本语词,这些词完全可以代表纳西语动词的特点,在分析语料时,尽可能针对每个词的语法形式进行调查,完全在语言事实的基础上进行分析、描写,一些语法意义不明确的例词，则可在长篇语料中求得。同时，在调查时对每个语法范畴的次类都按特征做了相应的归纳，制成表格，作为描写、比较的基础。微观是指对动词的语法形式和意义进行具体入微的描写，对每一种形式的语音特点、结构特征、分布及功能都能通过例词或例句加以详尽说明和比较。在进行微观描写时，主要通过分布来考察形态的类型，通过替换来区别同类型的差异。

3.所调查语言的掌握程度和丰富翔实的语言材料，是专题研究的基础。因此，长期的田野调查是深入了解语言最有效的办法，秉承田野语言学的原则和研究方法，深入纳西族地区进行田野作业并根据专题研究制定调查问卷，尽可能收集整理大量长篇语料，力求语料的真实性和可靠性。

第四节 纳西语语料来源及语音系统

一 语料来源

本书所用语料来源主要有两个方面，一是 Alexis Michaud(2015)里的部分词汇，纳西语词典、各种经书文集。二是笔者在读研期间对在校的纳西族学生进行调查，收集到的纳西语各个方言土语点的语言材料。2015 年作者先后多次前往丽江古城区大东乡白水村委会片丁村进行调查，收集到大量的纳西语词汇和长篇故事、会话等话语材料。文中纳西语主要是指片丁村纳西族所使用的语言，以下文中都统称为纳西语。

二 片丁纳西语音系介绍

本书调查点片丁村，位于丽江市古城区东北部，东邻金沙江，与宁蒗县金棉乡隔江相望，西与束河办事处山水相连，南与金山乡接壤，北与玉龙县的鸣音、大具两乡为邻。总面积220.9平方公里，海拔1380—3580米，乡镇府所在地上翻身村，海拔1800米，距区政府60公里。下辖大东、白水、建新3个村民委员会，共39个村民小组。居住着以纳西族为主的傈僳族、苗族、壮族、汉族、藏族、彝族等 11 个民族。2012 年末，乡村总人口 6885 人[①]。片丁隶属于白水村委会，坐落老鹰山山脚，距丽江坝县城约 70 公里，平均海拔 2000 米左右，多为山地。"片丁"纳西语为 $p^hj\gamma^{55}tɯ^{35}$ 意为"一块满是落叶的地方"，后来代指整个片丁村。片丁约有四十户居民，170 人，有纳西族、汉族、彝族、普米族和苗族等民族，其主体民族为纳西族，其中纳西族共有 145 人，是白水村委会纳西族聚居最集中的村民小组。

（一）声母

纳西语的声母共有 39 个，其主要特点是：在塞音和塞擦音声母上，有送气和不送气的对立，不送气塞音和塞擦音声母有相应的清浊对立；浊塞音和塞擦音有一套鼻冠音；在擦音声母上，舌面中音和舌根音只有清音，没有相应的浊音。列表如下：

	双唇音	齿音	卷舌音	舌面前音	舌面中音	舌根音	喉音
不送气清塞音	p	t			c	k	
送气清塞音	p^h	t^h			c^h	k^h	
浊塞音	b/mb	d/nd			ɟ/ɲɟ	g/ŋg	
不送气清塞擦音		ts	tʂ	tɕ			
送气清塞擦音		ts^h	$tʂ^h$	$tɕ^h$			
浊塞擦音		dz/ndz	dʐ/ndʐ				
清擦音	f	s	ʂ		ç		h
浊擦音	v	z	ʐ				
鼻音	m	n			ɲ	ŋ	
边音		l					

下表为声母接近最小配对的例词：

| 声母 | 国际音标 | 汉义 | 声母 | 国际音标 | 汉义 |

[①] 丽江县志编纂委员会：《丽江纳西族自治县志》，云南人民出版社 2001 年版，第 295 页。

p	pi¹¹	辣	b	ba¹¹	花	
pʰ	pʰi¹¹	皮 CH	mb	mba¹¹	喊叫	
t	ta¹¹	拦	d	da¹¹	浮	
tʰ	tʰa¹¹	瓶子	nd	nda¹¹	植物名	
c	cʏɣ⁵⁵	酸痛的	ɟ	ɟɣ³³	有	
cʰ	cʰɣ⁵⁵	削	ɲɟ	ɲɟɣ³³	硬的	
k	kɣ³³	戒	g	gɣ³³	的	
kʰ	kʰɣ³³	河	ŋg	ŋgɣ³³	短缺的	
ts	tsɯ¹¹	竖，竖立	dz	dzɯ¹¹	长有	
tsʰ	tsʰɯ¹¹	鬼	ndz	ndzɯ¹¹	坐	
tʂ	tʂɯ³³	土	dʐ	dʐɯ³³	集市	
tʂʰ	tʂʰɯ³³	这	ndʐ	ndʐɯ³³	漂亮	
tɕ	tɕi⁵⁵	追	s	sa³³	亚麻	
tɕʰ	tɕʰi¹¹	来	z	za³³	鞋	
f	fæ³³	去	ʂ	ʂa³³	沙	
v	væ³³	网 CH	ʐ	ʐa⁵⁵	绕 CH	
ç	ça⁵⁵	干，做	h	ha³³	饭	
m	ma³³	细的（粉末）	ɲ	ɲa³³	糟糕的	
n	na⁵⁵	缝补	ŋ	ŋa¹¹	我	
l	la⁵⁵	厚				

声母说明：

1.塞擦音 tɕ、tɕʰ常出现在汉语借词中，如 tɕjɣ³³ "秋" CH，tɕjɣ³³ "酒" CH，tɕʰi¹¹ "情" CH。不过也出现在固有词中，如：tɕʰi¹¹ "来"。

2.鼻音 m 在元音/ʋ/之前读为[m̥]，如：mʋ⁵⁵tʰʋ³³ "拐杖" 为[m̥⁵⁵tʰʋ³³]，mʋ⁵⁵kʰʋ¹¹ "烟" 为[m̥⁵⁵kʰʋ¹¹]，mʋ³³dʋ¹¹ "下巴" 为[m̥³³dʋ¹¹]。

3.唇齿声母 v 主要出现在汉语借词中，如：ve³³ "稳" CH。

4.舌根音 k、kʰ 与元音 i 搭配时只出现在拟声词中，如 ki³³ti³³ko³³to³³ "敲打的声音"，kʰi³³li³³kʰɑ³³lɑ³³ "翻找东西的声音"。

5.部分含有 d、nd 的音节当中，d 可变读为 n，nd 也可变读为 n，如：dæ³³mæ⁵⁵ "垃圾"可读为 næ³³mæ⁵⁵。

6.辅音 s，z，dz，ndz 在韵母 i 和带有介音-j-之前的韵母前实际音值分别为[ɕ]，[ʑ]，[dʑ]，[ndʑ]。

7.辅音 tʰ，t，d，nd，n 在元音 ɯ，ɯɯ，ɚ，wæ，jɑ 之前为卷舌辅音，实际音值分别[ʈʰ]，[ʈ]，[ɖ]，[ɳɖ]，[ɳ]，边音 l 在元音 ɯ，ɯɯ，ɚ 为[ɭ]。

8.辅音 h 不出现在 i，ʮ，ɚ，之前，在元音 ɤ，o，e，æ，ɑ 之前为[h]，在 u，ɯ，ʏ，ɯɯ 之前为[x]。

（二）韵母

纳西语韵母共有 24 个。韵母的主要特点是：有两个卷舌元音 ɚ、ɯɯ；有两个半元音 j，w，两个半元音的出现条件限制只出现在元音 ɤ、æ、ɑ、e 前；有一组舌尖元音 ɿ，ʮ；①复元音韵母较少，都是后响型复元音。

单元音韵母	i	ʏ	u	o	ʮ	ɯ	ɤ	ɚ	ɯɯ	e	æ	ɑ	ɿ	ʮ
复元音韵母	-j-	-	-	-	-	-	jɤ	-	-	je	jæ	jɑ	-	-
	-w-	-	-	-	-	-	wɤ	-	-	we	wæ	wɑ	-	-

---

① Michaud Alexis & Likun He（2015）对片丁纳西语音整理分析指出，片丁纳西语有一组音位/ɿ/和/ʅ/的对立，其中用下加的"‒"和"˙"分别表示后舌尖前元音 back-apicalized 与前舌尖前元音 front-apicalized。笔者调查发现片丁纳西语的/ʅ/与标准点/ɯ/的音位变体[ʮ]相对应，而/ɿ/与标准点/ɚ/音位，即：[ɚ]相对应，为使语音更简洁，拟将/ʅ/归入/ɯ/的音位变体，/ɿ/归入/ɚ/的音位变体。曾与 Alexis Michaud 讨论，他认为这样的归纳反而会让读者产生语音的误读，认为/tsʅ/³³/实际发音为[tsɯ³³]，而/ndɿ¹¹/的实际发音为[ndɚ¹¹]，故本书仍采纳 Michaud Alexis 对片丁纳西语音系的归纳。

韵母例词如下：

韵母	国际音标	汉义	韵母	国际音标	汉义
i	ti³³	接触	ɯ	tɯ³³	起（床）
e	te⁵⁵	澄清	u	pu³³	叼，含
ʏ	tʏ³³	敲	o	to³³	依靠
ʏ̯	tʏ̯³³	逗，惹	ɤ	pɤ³³	叼（烟）
ɚ	tɚ³³	拟声词	ɯ̯	tɯ̯³³	起（疹子）
æ	tæ¹¹	抽出	ɑ	tɑ³³	卡住
ɻ̍	ndʐɻ̍¹¹	树	ɹ̍	tsɹ̍³³	拴
jɤ	tjɤ⁵⁵	折	wɤ	kwɤ¹¹	闲逛
je	tje³⁵	跌-CH	we	kwe³³	滚-CH
jæ	jæ³³æ¹¹	植物油	wæ	wæ³³	左边
jɑ	tjɑ⁵⁵	调 CH	wɑ	kwɑ³³	骗

韵母说明：

1.元音 ɯ 有三个音位变体[ɻ̍]、[ɯ]、[ɹ̍]，如[tʂʰɻ̍³³]"挂"、[kɯ³³]"聪明"、[ɣɯ³³]"牛"。

2.两个半元音在固有词中出现时，常以单独的形式存在，或出现在部分汉语借词中，如：jwe³³"月份"、jwæ³³"圆"、jɯ³⁵"药"，若带有其他声母时，则多出现在汉语借词中，如：tjɑ⁵⁵"调"、tje³⁵"跌"、kwe³³"滚"。

3.ə 的实际发音根据后接音节的元音而定，/ʏ/, /ɯ/, /u/, /o/, /ɤ/, /ʏ̯/, /ɚ/, /ɯ̯/, /ɑ/之前为[ɑ]，如 ə³³bɑ³³为[ɑ³³bɑ³³]，/i/, /e/, /æ/之前为[æ]，如 ə³³di³³为[æ³³di³³]。

4.元音 i, ɤ, ʏ, u, o 为零声母音节时实际音值分别为[ɣʏ], [jy], [ji], [wu], [ɦo]。

5.卷舌元音 ɚ 有两个音位变体，一个是[ɚ]，出现在辅音之后。另一个是[ʅ]，ʅ 下方添加"_"表示靠后的舌尖元音，出现在辅音 ts，tsʰ，dz，ndz，s，z 之后。如 tsɚ³³[tsʅ³³]"紧的"，tsʰɚ³³[tsʰʅ³³]"热的"。

6.ʋ 和 ɤ 在辅音 tʰ，t，d，nd，n 之后不区分，本书归纳为 ʋ。

（三）声调

纳西语的声调主要有四个，即高平调、中平调、低平调、中升调，其调值如下：

调类	调值	国际音标	汉义
高平	55	tʰa⁵⁵	锋利的
中平	33	tʰa³³	印
低平	11	tʰa¹¹	可以
中升	35	tʰa³⁵	他家的

声调说明：

中升调 35 除了出现在少数固有词和变调（见：四、语流音变）中外，主要出现在古代汉语入声字中，除了生僻的古入声字外，几乎没有例外。

表中的 35 调可出现在以下固有词中，如：

a³⁵ 水（儿语）　　　dzɚ³⁵i³³ 鸟名　　　hwa³⁵ʐwa³³ 松鼠　　　jæ³⁵ 很

ʝe³⁵ 户（一户人家）　ci³³pɯ³⁵lɯ¹¹ 李子　bɚ³³bɚ³⁵ 猪崽　　　ku³⁵ku³⁵ 象声，哭声

ŋa³⁵ 我的，我家的　　na³⁵ 你的，你家的　tʰa³⁵ 他/她的，他家的　be³³di³⁵ 虫子

古汉语入声字与纳西语 35 调的对应：

白 pɤ³⁵　　　吸铁 ɕe³⁵tʰje³⁵　　罚 fa³⁵　　　　月 jwe³⁵

一 i³⁵　　　　拍 pʰɤ³⁵　　　　蜡烛 la³⁵tsʅ³⁵　　克 kʰɤ³⁵

（四）音变

音变是指音节由于受前后音及声调的影响发生变化的现象，纳西语的音变主要有音节弱化、同化、变调和多读等现象。

1.弱化

纳西语中语音弱化主要发生在助词上，弱化又可分为两种，一种是弱化为单元音，另一种是弱化为声调，此时弱化来的单元音还可进一步弱化发生音节的省略。

例 1.　ʝi¹¹　　tɯ¹¹　　　mɤ³³　　ndɚ³³　　se¹¹.
　　　　水　　放（锅）　NEG　　DEB　　PFV
　　　不用烧水了。

例 1 中的 se¹¹ 一般弱化为 [e¹¹]。

例 2.　nɯ¹¹　　ɲʝi³³　　bɤ⁵⁵　　tsʰi¹¹　　lɑ⁵⁵?
　　　　2SG　　走　　　ADV　　来　　　QM
　　　你走（过）来的吗？

例句中助词 bɤ⁵⁵ 省略后，ɲʝi³³ "走"的声调变为 ɲʝi³⁵，即：nɯ¹¹ɲʝi³⁵tsʰi¹¹lɑ⁵⁵。纳西语中 le³³u⁵⁵ 表示"返回"，这个助词中的第二音节经常是以省略的形式出现，省略后第一个音节变调为高升调（35）：le³⁵

　　le³³u⁵⁵　　bɯ³³　　lɑ¹¹
　　返回　　　去　　　表建议
　　回去吧。

　　le³⁵　　bɯ³³　　lɑ¹¹
　　返回　　去　　　表建议
　　回去吧。

2.变调

纳西语中变调现象较为多样，音节的省略、形容词的重叠往往引起中升调（35）的出现，数量词组合时也会发生相应的变调。

音节弱化引起的变调现象比较常见，变调的规则是：在两个相连的音节中声调为"前低后高"的"11+33""33+55"的结构时，都会变调为 13 或 35。声学上，变调过程中 13 和 35 是有区别的，但在纳西人的听感中不区分 13 和 35（MICHAUD Alexis2006），所以在归纳音系时记为 35。

数词 dɯ^{33}"一"在句中表示模糊量时常省略，且发生声调的变化，但在短语结构中不可省。

例 3.　ŋɤ^{33}　kɤ^{55}　ʝi^{11}　dɯ^{33}　lɯɯ^{33}　ʝɤ^{55}.
　　　　1SG　PAT　水　NUM　CLF　给
　　　给我一口水。

例 3 中数词 dɯ^{33}"一"省略后之前的 ʝi^{11}"水"变调为 35，即：ŋɤ^{33}kɤ^{55}ʝi^{35}lɯɯ^{33}ʝɤ^{55}。

例 4.　ʝi^{11}　dɯ^{33}　ndɯɯ^{33}　tʰe^{11}　hɤ^{55}　ʝɤ^{33}.
　　　水　一　CLF　DUR　EXIST　VIS
　　　积了一池水。

例 4 中数词 dɯ^{33}"一"省略后，数词前的 ʝi^{11}"水"变调为 35，即：ʝi^{35}dɯɯ^{33}te^{11}hɤ^{55}ʝɤ^{33}。

例 5.　dɯ^{33}　ɲi^{33}　ɲi^{33}　tɑ^{55}　ʝɤ^{33}　se^{11}.
　　　NUM　NUM　CLF　只有　EXIST　PFV
　　　只剩下几天了。

例 5 中省略 tɑ^{55}"只有"之后，其前的 ɲi^{33}"天"变调为 35。dɯ^{33}ɲi^{33}ɲi^{35}ʝɤ^{33}se^{11}。

i^{33}bi^{11}　lo^{11}　ze^{55}　ɲi^{33}　dzɤ^{35}　lɯ^{33}　næ^{11}　ʂɤ^{55}　me^{11}　tsɿ^{55}　we^{33}.
金沙江　里　停顿　鱼　抓　来　应该　说　AUX　QUOT　PART
说是应该来金沙江抓鱼。

dzɤ^{35} 是 dzɤ^{11}bɤ^{55} 合音形式。

片丁纳西语中，由合音造成的含 35 调值的音节一般能找到消失的成分而还原为两个音节，如上文提到的 bɤ^{55}。但是并不是所有的合音音节都能找到消失的对应成分。如：

ŋɤ^{33}　nɯ^{33}　nɯ^{33}　ndzʋ^{33}　be^{33}　tʰe^{11}　lʋ^{35}　ʝɤ^{55}　bɤ^{11}.
1SG　A　2SG　朋友　ADV　DUR　看　给　去
我去看着你朋友。

lɤ³⁵是lɤ¹¹与55调音节的合音,但是发音人的语感中暂时找不到省略的成分。

纳西语中有些词汇在构成词组时,原有词的声调和词组中的声调是不同的,如:

ci¹¹云   ci³³hɤ³³ "红云", ci³³na¹¹ "乌云"
ʝi¹¹水   ʝi³³pʰɚ¹¹ "白水", ʝi³³ŋo¹¹ "洪水"
ʝi¹¹房子 ʝi¹¹ me³³ "母房", ʝi¹¹kʰo³³tʰo¹¹ "屋后"
tʂɯ³³土 tʂɯ⁵⁵hɤ¹¹ "红土", tʂɯ⁵⁵pʰɚ¹¹ "白土", tʂɯ⁵⁵na¹¹ "黑土"
nʋ¹¹豆子 nʋ³³ɤ¹¹ "豆芽", nʋ³³hɤ¹¹ "红豆"

但在有些词汇中不发生变化,如:ʝi¹¹kʰæ³³ "水渠", nʋ¹¹lɤ³³ "豆子",tʂɯ³³kʋ¹¹tɯ⁵⁵lɯ³³ "土块儿"。

3.元音同化

与纳西语标准音点不同的是,片丁纳西语的一些复音词只存在元音同化的现象,而无辅音同化现象,且一般都为元音逆同化,如:

甘蔗 mbæ³³tʂɚ⁵⁵   mbɚ³³tʂɚ⁵⁵
肠子 bʋ³³hu⁵⁵   bu³³hu⁵⁵
猪食 bu¹¹hɑ³³   bɑ¹¹hɑ³³
雨季 mɯ³³zʋ¹¹   mu³³zʋ¹¹
天上 mɯ³³kʋ³³   mʋ³³kʋ³³
晚 mɯ³³kʋ⁵⁵   mʋ³³kʰʋ⁵⁵

纳西语中某些音节有多读的现象,这种现象主要出现在舌根音k、kʰ、ŋg中。

纳西语   汉义
ko³³/kɑ³³/kɯɹ³³   咽,吞
kʰo³³mi³³/kʰɑ³³mi³³/kɯɹ³³mi³³ 听
ʝi³³kʰɑ³³/ʝi³³kʰo³³/ʝi³³kʰɯɹ³³ 泉水

la¹¹ka⁵⁵/la¹¹kuɹ⁵⁵	腋下
æ¹¹kʰa³³/æ¹¹kʰo³³/æ¹¹kʰuɹ³³	山洞
kʰa¹¹/kʰa¹¹/kʰuɹ¹¹	篱笆
xe³³kʰa/xe³³kʰo³³	耳朵
kʰa³³be¹¹/kʰo³³be¹¹/kʰuɹ³³be¹¹	蹄
kʰa³³/kʰo³³/kʰuɹ³³	犄角
ŋga¹¹/ŋguɹ¹¹	分开
ŋga¹¹/ŋguɹ¹¹	瓣

以上的例子中，从发音人的语感看，不是所有的词汇都能变读为三种，有的只能变读为两种情况，如"分开"只有 ŋga¹¹ 和 ŋguɹ¹¹ 两种语音形式，这种音变大都为自由变体。在片丁纳西语中，与"洞"词义有关的词还有"洞，孔，窟窿" kʰuɹ³³luɹ³³，其中 kʰuɹ³³ 只能有固定的读法。此外其他类似的多读的词还有"烟" muɹ⁵⁵kʰɯ¹¹，又可读为：mʋ⁵⁵kʰʋ¹¹或 mu⁵⁵kʰu¹¹。

第二章　动词的分类

动词是对事物或人的动作行为、存在、判断等进行描写的词。纳西语的动词分类主要按照它的句法和语义特点来划分，但由于划分的角度不同、目的不同，存在不同的分类。若依据动词与主体之间的关系来划分，纳西语动词可分为自主、非自主；若根据动词与其所支配的客体之间的关系，可分为及物动词、不及物动词、双及物动词三类。此外，根据论元的不同位置表达的"存在义、领有义"，又可以分为存在动词、领有动词。

第一节　动词的构词类型

本节主要从构词类型上，将纳西语动词分为单纯词和复合词两类。

一　单纯词

从音节数量上来看，单纯词包括单音节单纯词和双音节单纯词，纳西语动词中单音节单纯词占多数，双音节单纯词相对较少。

（一）单音节

ʐ̩^{11}抓、挠　　tʋ^{55}支撑、撑

tse^{55}制作、组装　　pʰʋ^{55}撒、播种

sɣ⁵⁵杀、pɑ³³到达

（二）双音节

kɚ⁵⁵lɚ³³寻找、翻寻　　bɚ³³wɚ³³徘徊、走动

cɣ⁵⁵tɣ³³记录　　　　　ci³³hɚ¹¹生产、分娩

ŋæ³³huɪ³³玩耍　　　　　ŋʋ⁵⁵tʋ³³打嗝

二　复合词

复合式动词是由两个或两个以上的词素所构成，纳西语的复合式动词中两个实词语素的关系可以是陈述、支配。

（一）陈述式

纳西语的陈述式复合词由一个名词词素和一个动词词素构成，其中名词词素通常为动作行为的施事者。如：

pʰo⁵⁵ mbʋ¹¹　　　　　mjɚ³³　do¹¹
炮　　炸　　　　　　　眼睛　见
爆炸　　　　　　　　　天亮

mbʋ³³ ʋ⁵⁵　　　　　　çi³³　ʂɯ³³
肠子　肿　　　　　　　人　　死
倒霉　　　　　　　　　去世

（二）支配式

纳西语中的支配式复合动词较多，主要由一个名词词素和一个动词词素构成，名词词素通常充当受事的角色。如：

æ³³　　ʂu¹¹　　　　　bɚ³³　　tʰʋ⁵⁵
麻烦　找　　　　　　　宴席　　举办
找茬　　　　　　　　　结婚

cɚ³³ tsʅ³³　　　　　　　ɕi³³ kwɑ³³
脖子　拴　　　　　　　人　　骗
自缢　　　　　　　　　欺骗

纳西语中有一类复合词不同于上述的两种形式，它由一个名词词素和一个轻动词 be³³ "做" 构成的动词，其中名词词素的语义较明确，承担了整个复合动词的语义。如：

ŋdzʋ³³ be³³　　　　　　　ji¹¹ be³³
朋友　做　　　　　　　　房子　做
陪伴　　　　　　　　　　成家

在上述纳西语的复合词中，各成分之间结合较松散，都可以加入否定词 mɤ³³，其中陈述和支配式组成成分之间还可以加入数量词和表程度的副词，如：

mjɤ³³do¹¹ 天亮　　　　　　　bɚ³³tʰʋ⁵⁵ 结婚
mjɤ³³mɤ³³do¹¹ 天不亮　　　　bɚ³³mɤ³³tʰʋ⁵⁵ 不结婚
mjɤ³³dɯ¹¹mæ³³do¹¹ 天有点亮　bɚ³³ɲi³³zʅ³³tʰʋ⁵⁵ci⁵⁵ 结过两次婚

除上述复合式动词之外，纳西语动词还可以通过黏附和重叠等构形手段来表达。黏附就是在词根之外添加附加成分，纳西语动词的附加式主要是指前加表示"前、后、上、下"的趋向前置词，如：

mæ⁵⁵ndɑ¹¹ 拉出来　　　　　　kæ³³lʋ⁵⁵ 绕起来
后　拉　　　　　　　　　　　前　绕
gɤ¹¹dɤ¹¹ 吸出来　　　　　　　mɯ¹¹pʰʋ⁵⁵ 摘下
上　吸　　　　　　　　　　　下　摘

纳西语部分单音节动词可以重叠，重叠式不仅具有声调屈折变化，还表达一定的语法意义（详见第四节）。

第二节　动词的及物性

纳西语动词按价可以分为：不及物动词、及物动词、双及物动词三类。不及物动词只有一个论元，而及物动词可以再增加一个受事论元。不及物动词可以后加使动标记构成及物动词，而及物动词后加使动标记可以构成双及物动词。有些动词的同一形式既可以表示及物也可表示不及物，此时需根据动词所带论元的数量而定。

一　不及物动词

不及物动词只能带一个直接论元，当其他成分进入子句时需带相应的格标记，且每一个句子必须有一个句法论元，同时也是语义论元。不及物动词的直接论元存在两种语义类型，一种是施事论元，一种是非施事论元。纳西语不及物动词的直接论元通常出现在动词之前。值得注意的是，直接论元不管充当的是施事者还是受事者，都无须在其后添加相应类型的格标记，除非存在第二个需要被标记的非直接论元。

施事论元：

例 1.　kʰɯ³³ɲi⁵⁵　lʋ¹¹　ne¹¹　jɤ³³.
　　　　狗　　　　叫　　PROG　VIS
　　　　狗正在叫。

例 2.　ŋa¹¹　dɯ³³　ndʐ¹¹　ho⁵⁵　me³³.
　　　　1SG　　一　　　坐　　　OPT　IND
　　　　请让我坐一下。

非施事论元：

例 3.　ba¹¹　le³³　ŋɤ¹¹　jɤ³³.
　　　　花　　DIR　　掉　　VIS
　　　　花凋谢了。

例 4.　hɯ¹¹　gɯ³³　ne¹¹　jɤ³³
　　　　雨　　下　　PROG　VIS
下雨了。

带有格标记的非直接论元：

例 5.　ŋɤ¹¹　mɯ³³　cʰi¹¹　nɯ³³　hy⁵⁵　bɤ⁵⁵　mɯ³³　zu¹¹　ko⁵⁵　pa¹¹　na³⁵ko¹¹.
　　　　1SG　天　　冷　　ABL　　住　　ADV　天　　雨　　LOC　到　　你家
我在你家从冬天住到夏天。

例 5 中的不及物动词 hy⁵⁵ "住" 的单一直接论元是施事者 "我"，句中还存在两个非直接论元 "冬天、夏天" "我家"，因此分别用离格 nɯ³³ 和处所格 ko⁵⁵ 来标记。

部分及物动词的重叠可以构成不及物动词的相互义，此时只可以带一个复数论元，如例 6、例 7 中动词 kʰʋ⁵⁵kʰʋ³³ "打架"、ka⁵⁵ka³³ "帮助" 表示相互义，不可单独使用，都须以重叠的形式出现：

例 6.　æ¹¹　ɲi³³　me³³　kʰʋ⁵⁵kʰʋ³³　ne¹¹　jɤ³³.
　　　　鸡　　两　　只　　打斗　　　　PROG　VIS
两只鸡正在互相斗。

例 7.　na³⁵ɲi³³kʋ³³　ka⁵⁵ka³³　ndɚ³³.
　　　　2dl　　　　　帮助　　　DEB
你俩应该互相帮助。

二　及物动词

及物动词可以带两个论元，语义上要有一个施事者和受事者，及物动词的施事者是动作或状态的有意的或无意的执行者或经历者，一般情况下，纳西语及物动词的施事论元不带格标记，如：

例 8.　ʑʏ⁵⁵ʑʏ¹¹　ʝi¹¹　tʰɯ⁵⁵.
　　　　小孩　　　　水　　喝
小孩喝水。

例9.　ə⁵⁵næ³³　lʋ³³bʋ³³　to³³　ko¹¹/ko¹¹i³³.
　　　　奶奶　　孙子　　　P　　爱
　　　　奶奶疼孙子。

上述例句都为施受关系，其中"小孩喝水"施受明确，无须类型格标记，而例句中的"奶奶疼爱孙子"及物动词"疼爱"的施受都为生命度较高的个体，故需要受事格标记 to³³ 来标明受事论元，且受事标记不可省。

纳西语中的施事格标记 nɯ³³，其使用不是强制的，只有在强调施事者的施事性时，在表达施事的名词短语后才使用施事格标记，如：

例10.　ə³³mo⁵⁵　nɯ³³　ŋa¹¹　la⁵⁵　tɕhi¹¹　jʁ³³.
　　　　妈妈　　　A　　 1SG　 打　 FUT　 VIS
　　　　妈妈要来打我了。

例11.　kʁ³³　nɯ³³　æ¹¹phə³³　ndʐɿ³³　bʁ⁵⁵　tɕhi¹¹　jʁ³³.
　　　　老鹰　　A　　 公鸡　　　吃　　ADV　 FUT　 VIS
　　　　老鹰来吃公鸡了。

若施事者是无生命所指，如自然外力等，则施事格不可省，如例12、13中的施事者分别为 hæ³³ "风"、mu³³khu⁵⁵ "烟" 都为无生命所指，此时施格标记 nɯ³³ 不可省去：

例12.　hæ³³　nɯ³³　ba³³la¹¹　mo¹¹　hʁ¹¹　jʁ³³.
　　　　风　　　A　　 衣服　　 跑　 CPL　 VIS
　　　　风把衣服吹跑了。

例13.　mjʁ¹¹lʏ³³　mu⁵⁵khu³³　nɯ³³　ʂu⁵⁵.
　　　　眼睛　　　　烟　　　　　A　　 熏
　　　　眼睛被烟熏到了。

若非施事者出现在句首位置做话题时，施事者必须要有施事格标志，如：

例14.　the³³ɯ³³　tʂhɯ³³　tshæ³¹　nɯ³³　sɿ¹¹dʐɿ³³　nɯ³³　thɯ³³
　　　　书　　　　DEM　　CLF　　TOP　　老师　　　　A　　 3SG
　　　　kʁ⁵⁵　　 jʁ⁵⁵.
　　　　PAT　　 给
　　　　这本书是老师给他的。

值得注意的是，纳西语里 nɯ³³ 也可以用来标注话题成分，如上例中置于句首的名词短语"这本书"做话题，此时用来标注话题和施事的 nɯ³³ 都不可省去。若置于句首充当话题的成分是人称代词时，因表示受事的成分带有相应的格标志，则表示话题标志的 nɯ³³ 可省去，为强调施事者的施事性，施格标志不可省，如：

例 15.　tʰɯ³³　kɤ⁵⁵　sʐ̩¹¹dʐ̩³³　nɯ³³　tʰe³³ɯ³³　tʂʰɯ³³　tsʰæ¹¹　jɤ⁵⁵.
　　　　3SG　PAT　老师　　　A　　书　　　　DEM　　CLF　　给
　　　　老师把这根本给了他。

在语义关系明确的情况下，施事标记的使用不是强制的，如：

例 16.　tʰɯ³³　bu¹¹　ha³³　jɤ⁵⁵　ni¹¹　jɤ³³.
　　　　3SG　猪　　饭　　给　　PROG　VIS
　　　　他在喂猪。

例 16 中施受关系明确，所以在无施格标志的情况下，两个所指的关系也是清晰的。

在有施格标志存在的情况下，根据不同的语境，语序可以有多种表现形式，正常语序为：

例 17.　ŋɤ¹¹　nɯ³³　tʰɯ³³　dɯ³³　tsʰæ¹¹　lɑ⁵⁵　se¹¹.
　　　　1SG　A　　3SG　　NUM　CLF　　打　　PFV
　　　　我打了他一下。

若强调受事时，可以前置于句首，此时可不带受事标志，如：

例 18.　tʰɯ³³　ŋɤ¹¹　nɯ³³　dɯ³³　tsʰæ¹¹　lɑ⁵⁵　se¹¹.
　　　　3SG　1SG　A　　　NUM　CLF　　打　　PFV
　　　　我打了他一下。

例 19.　ha³³　tʰɯ¹¹　ɲi³³　kʰwa⁵⁵　be³³　tʰɯ³³　nɯ³³　ndʐ̩¹¹
　　　　饭　　TOP　NUM　CLF　　ADV　3SG　　A　　吃
　　　　le³³　hɤ¹¹.
　　　　DIR　CPL
　　　　两碗饭他都吃了。

纳西语的施受标志是非强制性出现的，仅在施受混淆情景下用来解歧，标记论元指称的语义角色。施事标志普遍有很强的语用功能，主要起强调作用，是语用驱动型可选性施事标志。受事标志对生命度敏感，在单及物小句中主要标记有生受事，是生命度敏感型区分性受事标志。

三 双及物动词

从类型学视角来看，Levin（2007）从句法分布的角度对双及物动词的分类如下："给予"类动词、将来拥有类动词、"寄送"类动词、"带"类动词、"扔"类动词、"推"类动词。从句法上看，一般认为双及物动词指的是能带两个宾语的三价动词，从语义上看，典型的双及物动词是指蕴含"给予"义的动词。双及物动词是双及物结构的核心所在，它维系着参与事件论元之间的相互关系。因此，结合纳西语双及物动词的特点，本节只讨论纳西语双及物中两个典型的具有"给予"义的动词 ku^{11} 和 $j\gamma^{55}$，而这两个典型的给予义动词又包括移动性、拥有性、受益性三种语义内容。

（一）纳西语双及物结构的原型

给予性转移是纳西语双及物结构中的原型事件，大多数"给予"类的双及物动词都可以进入这一句法结构，纳西语中典型的表示给予性转移的双及物动词是 ku^{11} "递"，如：

例 20. nɯ^{11} ə^{33}sɚ^{11} ŋɤ^{11} ku^{11} lu^{33}.
　　　　2SG 筷子　　1SG 递　　IMP
　　　你把筷子递给我。

例句中 nɯ^{11}"你"是动作行为 ku^{11} 的施事者，是客体转移的来源，ə^{33}sɚ^{11} "筷子"是客体，是施事者转移的对象，ŋɤ^{11} "我"是接受者，整个事件表达了一个给予转移事件，即由于施事"你"的行为"递"使得客体"筷子"发生了位置的转移。值得注意的是及物动词 ku^{11} 只表示对目标进行的给予动作行为，客体并非一定被接受者拥有。

纳西语中典型的表示拥有和受益的双及物动词是 jγ^{55} "给"。拥有和受益是相互关联的两个事件，拥有事件的接受者是指得到某物的人，受益事件的受益者也可以是接事。在纳西语中，接受者和受益者这两类论元是由同一个后置词标记的，表达这两类论元的名词性短语常出现在紧跟谓语的焦点位置，表达拥有和受益动作的动词需是双及物动词。如：

例21. tʰɯ³³ nɯ³³ ŋɤ¹¹ kɤ⁵⁵ tʰe³³ɯ³³ dɯ³³ tsʰæ³³ jɤ⁵⁵.
　　　3SG　A　1SG　P　书　一　本　给
　　　他给了我一本书。

例22. gu³³me³³ nɯ³³ dzɯ³³ lo¹¹ nɯ³³ ʂɤ³³ci³³
　　　妹妹　A　城　LOC　ABL　手机
　　　pu⁵⁵ bɤ⁵⁵ tɕʰi¹¹ tʰɯ³³ ko⁵⁵ jɤ⁵⁵.
　　　带来　SVC　来　3SG　P　给
　　　妹妹从城里带了一个手机给他。

例句中的施事 tʰɯ³³ "他" 将客体 tʰe³³ɯ³³ "书" 通过动作 jɤ⁵⁵ "给" 转移给接事 ŋɤ¹¹ "我"，并使接事拥有客体，此时 jɤ⁵⁵ 是主要动作行为。例22 中除了给予动词 jɤ⁵⁵ 之外，还出现了一个动词 pu⁵⁵ "带"，"带"类双及物动词语义上是持续性的有向伴随性行为，从句法位置上看，接事远离施事，有所弱化，此时需要通过给予的动作行为使客体能被接事所拥有，才可以完成了"带"的动作结果，因此 jɤ⁵⁵ 作为表示给予的动作，依旧有较强的实词义。

受益者是用来标注事件在执行过程中所受益的参与者，由后置词 ko⁵⁵ 标注其所指，上文提到 ko⁵⁵ 也可以用来标注接事，此时可根据论元的属性和句法位置来断定 ko⁵⁵ 标注的是接事还是受益者，如：

例23. ŋɤ¹¹ ko⁵⁵ kʰu³³ dɯ³³ pʰu¹¹ ne¹¹ jɤ⁵⁵.
　　　1SG　BEN　门　NUM　开　AUX　给
　　　帮我开一下门。

例23中用 ko⁵⁵ 表达的是动作的受益者而非接受者，"门"和"我"都是独立的论元，"门"不可能被转移到"我"的身上，"我"只是动作的接受者。

再如例24：

例24. ŋa³⁵ɲi³³kʋ³¹ nɯ³³　　næ³⁵ɲi³³kʋ³¹ ko⁵⁵　me³³tɕʰju³³　pju³³pju³³ ka⁵⁵ jɤ³³.
　　　　1DL　　　　A　　2DL　　　　BEN　煤球　　　　搬　　帮　VIS
　　　　我们俩帮你俩搬煤球。

"帮"的直接受益对象是"你俩"，而不是煤球，如果"煤球"后面接ko⁵⁵，则表达的是"帮煤球"，造成语义混乱，如例25：

例25. *ŋa³⁵ɲi³³kʋ³¹　　nɤ³³　　　næ³⁵ɲi³³kʋ³¹ ko⁵⁵　me³³tɕʰju³³
　　　　1DL　　　　　　AGT　　　2DL　　　　BEN　煤球
　　　　kɤ⁵⁵　　　　　pju³³pju³³　ka⁵⁵　　　　jɤ³³.
　　　　P　　　　　　　搬　　　　帮　　　　　VIS
　　　　我们俩帮你俩搬煤球。

抽象的事物也可以是受益者，具有"为了""代替"等语义，如：

例26. mbe³³swe³³　　tʰɯ³³　mbe³³　　lo¹¹　　　ko⁵⁵　　　ɕi³³
　　　　村长　　　　TOP　　村　　　INESS　　BEN　　　人
　　　　dʑŋ³³　　　be³³　　ə⁵⁵gɤ³³　　sɿ³³ndʋ³³　　ndɚ³³.
　　　　利益　　　　做　　　多　　　　想　　　　　　DEB
　　　　村长应该多为村里的人考虑。

纳西语中的领属结构也可以表达受益属性，如：

例27a. tʰɯ³³　ŋa¹¹　gɤ³³　tʂʰɤ³³ɯ⁵⁵　ʂu¹¹　hɯ¹¹.
　　　　3SG　1SG　GEN　药　　　　找　　去
　　　　他去帮我找药了。

例27*b. tʰɯ³³　tʂʰɤ³³ɯ⁵⁵　ŋa¹¹　gɤ³³　ʂu¹¹　hɯ¹¹.
　　　　3SG　药　　　　1SG　GEN　找　　去
　　　　他去帮我找药了。

例27中说话者将 ŋa¹¹gɤ³³tʂʰɤ³³ɯ⁵⁵ 看作一个NP，成为动作受事事件中的受益者。但当说话者将 ŋa¹¹ "我"和 tʂʰɤ³³ɯ⁵⁵ "药"看作是两个独立的论元，此时 ko⁵⁵ 既可以用来强调动作的接受者也可以是受益者。如：

例 28. tʰɯ³³ ŋa¹¹ ko⁵⁵ tʂʰɤ³³ɯ⁵⁵ ʂu³¹ jɤ⁵⁵.
　　　3SG　1SG　R/BEN　药　　　找　给
　　　他去给我找药了。

例 29. tʰɯ³³ nɯ³³ ŋɤ¹¹ ko⁵⁵ pʰi¹¹ko³³ dɯ³³ lʏ³³ jɤ⁵⁵.
　　　3SG　A　1SG　R/BEN　苹果　NUM　CLF　给
　　　他给了我一个苹果。

当 ko⁵⁵ 用来标注"药"和"苹果"时，作为实体既可以转移给受事即成为接受者，也可以是该事件中的受益者，存在实体是否被拥有。如果是接受者，则表示"他"找回来的"药"被"我"得到，如果是受益者，则表示"他"去帮"我"给其他人找"药"，"药"不被"我"所有，而"我"只是"他"帮助的受益对象。

纳西语中 ku¹¹ 和 jɤ⁵⁵ 都含有"给予"义，但在使用时却有细微的区别。ku¹¹ 本义为"传递"，在使用 ku¹¹ 时，只表示对受益目标发生"给予"的动作行为，受事并非一定被接受者拥有，如：

例 30. nɯ³³ nɯ¹¹ ʂɤ³³ci³³ hæ¹¹ ŋa¹¹ ku¹¹.
　　　2SG　A　手机　买　1SG　给
　　　你买手机给我。

例 31. ʂɚ³³ tʂʰɯ³³ ʂɚ³³ ŋɤ¹¹ kɤ⁵⁵ ʂɤ⁵⁵ jɤ⁵⁵.
　　　事　这　事　1SG　P　说　给
　　　把这件事说给我听。

例 30、31 中的施事在会话中通常省略，客体 ʂɤ³³ci³³ "手机"通过 hæ¹¹ "买"的动作行为发生转移，客体 ʂɚ³³ "事"通过 ʂɤ⁵⁵ "说"的动作行为发生转移。此外 ku¹¹ 的传递客体常为空间领域的具体实物，而 jɤ⁵⁵ 的传递客体既可以是具体实物也可以是非空间领域的实体，此时对应于双及物动词的某些次类。纳西语中 ʂɤ⁵⁵ "说"、tʰɯ¹¹ "喝"、tse¹¹ "用"、lʏ¹¹ "看"、ndʑ³³ "唱"、ta⁵⁵ "嫁"、me⁵⁵ "教"、ni⁵⁵ "还"、sʏ⁵⁵ "杀"、 cʰi³³ "卖"等动词只可以与

jɤ⁵⁵连用，不可以与ku¹¹连用，此类动词多了一个 V-CAUSE 的语义成分。而 ndʑɿ⁵⁵/ɲi³³ /tʰʋ³³ "借"、ɣ¹¹ "拿"、 kʰʋ³³ "偷"、hæ⁵⁵ "割"、hæ¹¹ "买"、bɚ⁵⁵ "写"、tʂʰɯ³³ "炒"、 pu⁵⁵ "带"、pʰi⁵⁵ "倒"、ku⁵⁵ "丢"、mɤ⁵⁵ "推" 等动词后面可以与 jɤ⁵⁵和 ku¹¹连用。

值得注意的是在用 ku¹¹时，句子含有命令的语气，而在使用 jɤ⁵⁵时，句子含有请求、祈愿的语气。如：

例 32.　ŋɤ¹¹　　nɯ³³　　nɯ³³　　ndʑʋ³³　　be³³
　　　　1SG　　A　　　2SG　　　替　　　　ADVB.STAT
　　　　zɯ³³　　tʂʰɯ³³　　pa⁵⁵　　tʰɯ¹¹　　（jɤ⁵⁵bɤ¹¹）.
　　　　酒　　　DEM　　　CLF　　喝　　　　OPT
　　　　我愿意替你喝这杯酒（jɤ⁵⁵bɤ¹¹）。

例 33.　ŋɤ¹¹　nɯ³³　ɯ³³　tʂʰɯ³³　hwa⁵⁵　tʰe¹¹　lɤ¹¹　jɤ⁵⁵bɤ¹¹.
　　　　1SG　A　　 牛　　DEM　　 CLF　　 DUR　 看　　OPT
　　　　我愿意来帮你看这群牛。

例 34.　mi⁵⁵　tʂʰɯ³³　gʋ³³　zo³³　tʂʰɯ³³　kʋ⁵⁵　ta⁵⁵　jɤ⁵⁵bɤ¹¹
　　　　女　　这　　　个　　男　　这　　　个　　嫁　　OPT
　　　　tse⁵⁵.
　　　　QUOT
　　　　这个女的说愿意嫁给那个男的。

当 jɤ⁵⁵bɤ¹¹连用时，jɤ⁵⁵的给予义开始虚化，句子的主要信息由其他实义动词来承载，jɤ⁵⁵只表示一种请愿语气。与 jɤ⁵⁵相比，ku¹¹的语法化程度较低，当 jɤ⁵⁵和 ku¹¹连用时，ku¹¹依旧含有给予义，但 jɤ⁵⁵已然表示祈使语气，此时句中需存在另一个双及物动词承载主要信息，如：

例 35.　gʋ³³dʋ¹¹　tʂʰɯ³³　kʰɯ³³tsʱ³³　nɯ¹¹　nɯ³³　pu⁵⁵　tʰɯ³³
　　　　核桃　　　DEM　　 CLF　　　　 2SG　　A　　　带　　3SG
　　　　ku¹¹　jɤ⁵⁵.
　　　　给　　 IMP
　　　　请把这袋核桃带给他。

（二）双及物结构的语序类型

藏缅语是较典型的 SOV 语言，在双及物结构中就会存在两种语序类型：施事—客体—接事—谓词；施事—接事—客体—谓词，前一种语序是藏缅语双及物结构的优势语序，后一种语序在彝语、纳西语、卡卓语中常见。

片丁纳西语中双及物结构主要有：施事—客体—接事—谓词；施事—接事—客体—谓词；客体—施事—接事—谓词；接事—施事—客体—谓词四种语序，在保持动词居尾不变的前提下，客体和接事的位置可以互换。客体和接事的相对语序是双及物结构研究的重要参项，语序与句法形态是相互影响的。

纳西语双及物结构的优势语序为施事—客体—接事—谓词，此时施事者若为非第二人称的代词时，施事格标记不可以省，客体常为空间领域的实体，接事格标是可选的，如：

例36.　ŋɤ^{11}　　nɯ^{33}　　tsʰwa^{33}　　dɯ^{33}　　ta^{55}　　tʰɯ^{33}　　（kɤ^{55}）　　jɤ^{55}.
　　　　1SG　　A　　　米　　　　NUM　　CLF　　3SG　　　P　　　　给
我给了他一袋米。

陆丙甫、罗天华（2009：第56—70页）在对中国境内少数民族语言的双及物结构语序进行统计发现，SOV语言的双及物结构的基本语序类型为施事—客体—接事—动词，但纳西语双及物结构语序却呈现多样性，主要是由于句中施格标记的出现，为了强调施事者的施事性。

纳西语双及物结构中可以被话题化的成分有施事论元、受事论元、接事论元，当施事为第一、三人称被话题化时，需强制性带施格标记，如上例。受事论元通常为空间领域的无生命客体，它是双及物结构中最易被话题化的成分，出于人的认知角度，人们总是期待强调给予或传达的东西，此时的语序为受事—施事—接事—动词，受事论元可以加话题标记nɯ^{33}，强调转移的物体，也可以省去话题标记，如：

例37. tsʰwɑ³³ （nɯ⁵⁵） ŋɤ¹¹ nɯ³³ tʰɯ³³ kɤ⁵⁵ jɤ⁵⁵.
　　　 米　　TOP　　　1SG　A　3SG　P　给
　　　 米，我给了他一袋。

纳西语双及物结构中，接事多为生命度等级较高的表人代词或名词，当接事的话题化被激活时，其语序为接事—施事—受事—动词，此时可以不带话题标记，但接事所带的格标记不可以省去，以标明其施受关系，如：

例38. tʰɯ³³　kɤ⁵⁵　ŋɤ¹¹　nɯ³³　tsʰwɑ³³　jɤ⁵⁵.
　　　 3SG　P　　1SG　A　　米　　　给
　　　 我把米给了他。

当接事被话题化时，纳西语中还存在另一种语序，将动词前置于施事，但这种语序较少出现，如：

　　　 tʰɯ³³　　kɤ⁵⁵　jɤ⁵⁵　ŋɤ¹¹　nɯ³³　tsʰwɑ³³.
　　　 3SG　　P　　给　　　1SG　A　　米
　　　 我给他米了。

被话题化的语序是对纳西语施事—客体—接事—谓词这一优势语序进行的考察，一般来说话题化的成分仅限于受事和接事，当这两个成分被话题化时，受事和接事都要在原来的位置提前，这说明语序在话题情况下的标记功能要强于话题标记。

第三节　特殊动词次类

纳西语动词按照语义和功能除了表示动作意义的行为动词外，还有状态动词、存在动词、系动词等几个次类，这几类动词具有各自的句法语义属性，下文将分别对这几类动词进行分析。

一　不及物状态动词

不及物状态动词作为动词的一个单独次类，不同于其他及物和不及物动词,常用"形容词"来称动词的这个次类。Dixon(2010:63)通过跨语言调查发现,形容词具有和其他词类相同的语法属性,根据这些语法属性,将形容词分为四类:a 具有类似某些动词的属性,如汉语、泰语、越南语和朝鲜语;b 具有类似某些名词的属性,如拉丁语、葡萄牙语等;c 具有类似某些名词和动词相结合的语法属性,如澳大利亚北部的 Nunggubuyu 等;d 具有既不同于名词也不同于动词的属性,如英语和美国中部的 Teribe。①

纳西语形容词属于 a 类性质,形容词具有动词的某些属性,表现为形容词可以做谓语而无须系词;形容词可以后附名物化标志 $gɤ^{33}$ 构成名词;形容词可以带一些语法范畴标记;形容词可以重叠。

Dixon(2010)对上述 a 类形容词与动词的区别做了更进一步的划分标准:a 在谓语槽内的差异;b 及物性方面的差异;c 名词性短语内做修饰成分的差异;d 比较结构中的差异;e 构成副词时的差异。根据 Dixon 提出的策略,本节对纳西形容词进行考察。

(一)形容词和动词的相同属性

1. 纳西语形容词的句法功能和动词一样,可以做谓语、定语、补语等句法成分,如:

例 39. $tʰɯ^{33}$　　$ʥæ^{35}$　　$ʐwɑ^{33}$.
　　　　3SG　　很　　勤快
　　　　他很勤快。

例 40. bu^{11}　　$tʂʰɯ^{33}$　　me^{33}　　$gɤ^{11}$　　du^{11}　　$hɯ^{11}$　　$jɤ^{33}$.
　　　　猪　　DEM　　CLF　　上　　长大　　容易　　VIS
　　　　这头猪长得很快。

例 41. $ŋɑ^{11}$　　$bɑ^{33}lɑ^{11}$　　$hɤ^{11}$　　du^{33}　　$lʋ^{55}$　　$ʥɤ^{33}$.
　　　　1SG　　衣服　　红的　　NUM　　CLF　　EXIST
　　　　我有一件红色的衣服。

---

① R.M.W.Dixon. *Basic Linguistic Theory.Volum2*,New York:Oxford University Press,2010,p.63.

2. 纳西语的形容词和动词均可重叠，重叠后的形容词表示量的递增或相应的感情色彩。杨焕典（1984:223-226）详细论述了纳西语形容词重叠的11种类型，分析了重叠式的语音特征和语法功能，纳西语形容词重叠表达可表达一种模糊量。本节讨论的纳西语重叠的情况主要有以下四种：

（1）单音节形容词重叠，重叠后发生语音的变化，原有的中平（33）和低平（11）形容词重叠后第一个音节的声调要变为35（中升），带有高平的形容词在重叠时声调不发生变化，如：

ljɤ¹¹ 漂亮　　　　　　　　　ljɤ³⁵ljɤ¹¹ 美美的

pjɤ³³ 像的　　　　　　　　　pjɤ³⁵pjɤ³³ 很像的

lɑ⁵⁵ 厚的　　　　　　　　　lɑ⁵⁵lɑ⁵⁵ 厚厚的

（2）双音节形容词重叠时，变调规则与单音节重叠一致，可以构成ABAB式的四字格，如：

go¹¹cʰɤ³³ 尖　　　　　　　　go³⁵cʰɤ³³go¹¹cʰɤ³³ 尖尖的

pə³³nə³³ 软　　　　　　　　pə³⁵nə³³pə³³nə³³ 软软的

wɤ³³wɤ³³ 圆　　　　　　　　wɤ³⁵wɤ³³wɤ³³wɤ³³ 圆圆的

（3）部分单音节形容词重叠，也可以构成ABAB式，如：

ndɤ³³ 平　　　　　　　　　ndɤ³⁵ju⁵⁵ndɤ³³ju⁵⁵ 平平的

mbe³³ 薄　　　　　　　　　mbe³⁵le³³mbe³³le³³ 薄薄的

这部分单音节形容词还可以在重叠式前加 ze³⁵，构成 ze³⁵AA，如：

lɑ⁵⁵ 厚　　　　　　　　　ze³⁵lɑ⁵⁵lɑ⁵⁵ 厚厚的

mbe³³ 薄　　　　　　　　　ze³⁵mbe³³mbe³³ 薄薄的

ŋɤ³³ 歪　　　　　　　　　ze³⁵ŋɤ³³ŋɤ³³ 歪歪的

（4）形容词重叠后构成的四字格中，有的意义相近的可以构成 AABB 或 ABAB，有的意义相反的可以构成 ABAC 式，如：

ŋɤ³³ŋɤ³³ŋgu³³ŋgu³³ 弯弯曲曲　　　　su¹¹su¹¹kə³³kə³³ 干干净净

le³³swa³³le³³hy³¹ 高高低低　　　　kə⁵⁵pʰu³³kə⁵⁵le³³ 翻来覆去

通常情况下，重叠的形容词不修饰名词，但重叠式附加名物化标记 gɤ³³

之后可以修饰名词,此时名物化的形容词既可前置也可后置于普通名词,如:

例 42.　ndʑɿ³³　tʂʰɯ³³　ndʑɿ³³　gɤ³³　　　ba¹¹　hɤ³³jɤ¹¹hɤ³³jɤ¹¹.
　　　　树　　DEM　　CLF　NOMIN　花　　红红的
　　　　这棵树的花红红的。

例 43.　hɤ³³jɤ¹¹hɤ³³jɤ¹¹　　　gɤ³³　　　ɲi³³me³³　gɤ¹¹　　tʰʋ³³
　　　　红红的　　　　　　　NOMIN　太阳　　　LOC　　出来
　　　　红红的太阳出来了。

值得注意的是形容词重叠式当不被名物化而后置修饰名词时,需要在其后附加 ne³³gʋ³³,如:

例 44.　jæ³³jɤ¹¹　tʂʰɯ³³　tʂʰɿ³³　le³³ndɯ³³le³³ci⁵⁵　　ne³³gʋ³³.
　　　　洋芋　　DEM　　PL　　大大小小　　　　　　NOMIN
　　　　这些洋芋大大小小的。

例 45.　zu³³gu³³　tʂʰɯ³³　kʰə³³　le³³swa³¹le³³hɤ¹¹　　ne³³gʋ³³.
　　　　路　　　DEM　　CLF　　高高低低　　　　　NOMIN
　　　　这条路高高低低的。

3. 纳西语形容词和动词都有使动范畴,通过后置的词汇形式来表现,如:

例 46.　bu³³　tʂʰɯ³³　me³³　ze³³　ka³³dɯ¹¹　gʋ³³　　tʂɚ¹¹.
　　　　猪　　DEM　　CLF　　　　肥大　　　NOMIN　CAUS
　　　　让这头猪变胖。

例 47.　a³³mo³³　nɯ³³　tʰɯ³³　kʰwa⁵⁵　tʂʰɚ³³　hɯ³³　tʂɚ¹¹.
　　　　阿妈　　A　　　3SG　　碗　　　洗　　　去　　CAUS
　　　　阿妈让他去洗碗。

4. 纳西语形容词和动词都可以加趋向前置词,但只有表示状态变化的形容词才可以前加常用的"上""下"两个趋向前置词。在形容词上添加趋向前置词可以表示成就体或实现体,同时添加使动后缀表达致使义。如:

　　　gɤ¹¹ dɯ¹¹ tʂɚ¹¹ 使变大　　　　　　　　gɤ¹¹ ka³³ tʂɚ¹¹ 使变胖

上　大　CAUS	上　胖　CAUS
mɯ¹¹ ci⁵⁵ tʂɚ¹¹ 使变小	mɯ¹¹ ndʑɑ³³ tʂɚ¹¹ 使变瘦
下　矮　CAUS	下　瘦　CAUS

上述例子可以看出，"变大、变胖"的隐喻是向上的运动，而"变小、变瘦"的隐喻是向下的运动。（详见动词的趋向附置词一章）

5. 纳西语动词和形容词都可以用于某一构式中，表示动作行为的变化发展或表示性质的加强，即在动词或形容词前附加 jɤ³³me¹¹ "越"，构成 jɤ³³me¹¹A jɤ³³me¹¹B，或 jɤ³³me¹¹ jɤ³³me¹¹B，（其中 A 通常为动词，B 通常为形容词）如：

例 48. tʰɯ³³　jɤ³³me¹¹jɤ³³me¹　mu³¹.
　　　　3SG　越来越　　　　老
　　　　他越来越老。

例 49. hɯ¹¹　jɤ³³me¹¹　gɯ³³　jɤ³³me¹¹　ndɯ³³　cʰi³³　jɤ³³.
　　　　雨　　越　　　　下　　越　　　　大　　来　　VIS
　　　　雨越下越大了。

（二）形容词和动词的差异

根据 Dixon（2010）提出的对形容词和动词的区分策略，现从以下几个方面对纳西语形容词和动词的差异进行分析。

1. 在谓语位置的区别

纳西语形容词起述谓功能时，可以像动词一样直接做谓语无须系词，与静态动词一样可以带相同的形态范畴，但形容词只有完成体和存续体范畴。如：

例 50. mjɤ³³tʰʋ³³　　mi⁵⁵　se¹¹.
　　　　黄果　　　　熟　　PFV
　　　　黄果熟了。

例 51. ndʑɿ³³pʰjɤ³³　　ʂɿ³¹　ne¹¹　jɤ³³.
　　　　树叶　　　　　黄　　CON　VIS
　　　　树叶变黄了。

上例中形容词"熟""黄"分别有一个属性主体,即被修饰的核心名词或形容词谓语所陈述的主语——"黄果""树叶",且带有相应的体标记 se^{11} 和 ne^{11} 表示状态的完成和存续性。

纳西语形容词没有命令和祈使等式范畴,Dixon(2010)提到形容词比动词较少受到式范畴的修饰,尤其是命令式及其次类劝告式的修饰。如:

例 52. lo^{33} be^{33} fæ^{33}.
活 做 IMP
去干活!

例 53. ŋɤ^{11} kɤ^{55} ʝi^{11} dɯ^{33} pe^{33} jɤ^{55} jɤ^{55}.
1SG 上 水 NUM CLF. 给 IMPER
请给我一杯水。

形容词和动词都能受程度副词和否定副词的修饰,但能修饰形容词和动词的程度副词不同。大部分形容词可以直接受副词 ʨæ^{35}、ze^{33}……gʋ^{33}"很""非常"修饰,此时表示程度加强,与形容词重叠所表语义相似,若要表示程度较弱,则需在形容词前加一个状语"一点儿"来修饰。动词则不可以受"很""一点儿"修饰。如:

例 54. tʰɯ^{33} tsʰo^{33}lɯɹ^{33} ʨæ^{35} bi^{11}də^{33} kʰɯ^{55} jɤ^{33}.
3SG 这里 很 熟悉 INFR VIS
他看起来对这里很熟悉的样子。

例 55. tʰɯ^{11} ze^{33}dɯ^{33}gʋ^{33} tʂɚ^{33}.
3SG 非常大 CAUS
让他变大。

例 56. tʰɯ^{33} tsʰo^{33}lɯɹ^{33} dɯ^{33}mæ^{33} bi^{11}də^{33} kʰɯ^{55} jɤ^{33}.
3SG 这里 一点儿 熟悉 INFR VIS
他看起来对这里有点熟悉的样子。

纳西语中一些通常由形容词表达的语义类型,在本族语中没有基本词,只能通过相应的否定形式表达,如:

例57. zɯ³³   mɤ³³   pi¹¹/so¹¹
     酒   NEG   辣/咸
     酒淡

例 57 中表示"辣、咸"的为本民族基本词，纳西语中没有表示"淡"的词汇，此时，则可以在基本词前加否定词 mɤ³³ "不"表示。

2.及物性差异

动词有及物不及物之分，及物动词可以带宾语，纳西语的形容词除了可以直接做谓语，还可以带一个论元，这里的论元主要是指除属性主体之外的另一个名词性成分，一般不以宾语的形式存在，而常出现在话题位置，如下例中的形容词 bi¹¹də³³ "熟悉"：

例58. tsʰo³³lɯɹ³³   tʰɯ¹¹   tʰɯ³³   to³³   bi¹¹də³³   kʰɯ⁵⁵   jɤ³³.
      这里   TOP   3SG   P   熟悉   INFR   VIS
      这里对他来说很熟悉。

3.在名词性短语中做修饰成分的差异

纳西语属于 SOV 型的分析性语言，形容词修饰名词时后置，而动词需要名物化后才可以修饰名词，如：

tʰe³³ɯ³³ la¹¹ 厚书   jɤ⁵⁵ gɤ³³   ʂɯ³³煮的肉
书   厚   煮 NOMIN   肉

值得注意的是纳西语形容词也可以带相应的标志实现名物化，名物化的形容词后置于所修饰的名词，如例 59 中若形容词不带名物化标记gɤ³³时，则其后可以省去系动词 wa¹¹，若带有名物化标记时，则系动词不可省，如例 60：

例59. tʰe³³ɯ³³   tʂʰɯ³³   tʂʰæ³³   ɟæ³⁵   la¹¹   jɤ³³.
      书   DEM   CLF   很   厚   VIS
      这本书很厚。

例60. tʰe³³ɯ³³   tʂʰɯ³³   tʂʰæ³³   la¹¹   gɤ³³   wa¹¹.
      书   DEM   CLF   厚   NOMIN   COP.
      这是本厚的书。

一般情况下，重叠的形容词不修饰名词，但重叠式被gɤ³³名物化之后可以修饰名词，此时名物化的形容词既可前置也可后置于普通名词，如：

例61. ndʑɿ³³   tʂʰɯ³³   ndʑɿ³³   gɤ³³   bɑ¹¹   hY¹¹zY³⁵hY³³zY¹¹.
       树   DEM   CLF   NOMIN 花   红红的
       这棵树的花红红的。

例62. hY³³jY¹¹hY³³jY¹¹   gɤ³³   ȵi³³me³³   gɤ¹¹   tʰʋ³³.
       红红的   NOMIN 太阳   LOC   出来
       红红的太阳出来了。

4.在比较结构中的差异

Dixon（2010）认为在一些语言中只有形容词才能被比较，这可作为区分形容词和动词的策略。在纳西语中形容词可以在比较结构中做谓词出现，即使在没有明显比较标记的时候也可以进行比较，而大部分动词不可以，如：

例63. ȵi³³   tʂʰɯ³³   me³³   ə⁵⁵tʂʰɯ³³   me³³   cə¹¹   ʑæ³⁵   dɯ¹¹.
       鱼   DEM   CLF   DEM   CLF   COMP   很   大
       这条鱼比那条鱼大多了。

例64. tʂʰɯ³³ȵi³³   ə³³ȵi³³   ȵi⁵⁵ȵi¹¹   be³³   mɤ³³   tsʰɿ⁵⁵.
       今天   昨天   一样   ADV   NEG   热
       今天不如昨天热。

5.受副词修饰的差异

纳西语中有些形容词可以出现在连动结构中，用以修饰另一个动词。一般情况下形容词修饰动词时，置于动词的后面，部分形容词带状语标志 be³³ 修饰动词，常前置于动词。如：

tsʰɿ³³   tsʰu³³   jɤ³³.
来   早   VIS
来早了。

tsʰu³³ be³³ tsʰɿ³³ se¹¹.
早   ADV 来   PFV

早来了。

此外，纳西语中一些动词可以语法化为语法标记，绝大多数体、情态范畴标记来源于动词，而形容词较少发生语法化。（参见"体范畴"和"情态范畴"）

二 存在动词

纳西语的存在动词表示人或物的存在，其句法结构模式为"方位—某人—存在动词"。决定存在动词分布的主要因素有存在的主体、存在的方式、存在的方位。存在动词其语义相当于汉语存现句中的"有"，此外，一些状态类动词"挂、住、贴、躺"也含有存在义，可将此看作是存在动词的广义分类，本节暂且只从存在动词的类型、语义特征、句法特征三个方面讨论表示"有"的存在动词。

（一）存在动词的分类

纳西语中表示"有"义的存在动词主要有五个，分别是 i^{33}、$ʝɤ^{33}$、$ɲʝɤ^{11}$、$dʑɿ^{11}$、$tæ^{55}$，这五个存在动词在语义上有些许差异：

i^{33} 表示无生命物的存在且不可以移动，或存在于某个受限定的空间内，如：

例65.　ʂɤ³³ci³³　tjæ⁵⁵　mɤ³³　i³³.
　　　手机　　电　　NEG　EXIST

手机没电了。

例66.　e⁵⁵,　　mi⁵⁵　tʰɯ³³　nɯ³³　me⁵⁵ jɤ⁵⁵　　me³³　ze⁵⁵,
　　　表停顿　女　　回指　　AGT　　教　　给　　QUOT　停顿

　　　tsʰwa³³　dɯ³³　tʰɤ³³　tʰɯ³³　nɯ⁵⁵　tsʰwa⁵⁵ha³³　dʏ¹¹me³³ lo¹¹
　　　米　　　一　　　CLF-截 回指　　TOP　　蚂蚁　　　　肚子　　　里

　　　　i³³　　　　tsɑ¹¹　　　je⁵⁵。
　　　　EXIST　　POSSIB　　停顿

嗯,女的教给他说,那半截米粒呢在蚂蚁的肚子里。(长篇语料a135)

ɟʏ³³是纳西语中较常用的存在动词,表示客观的无生命物的存在,可随意移动,也可以表示抽象事物的存在,如:

例67.　sæ³³læ¹¹　bʋ¹¹　　ʐ̩³³tʰe³³　dɯ³³　pɑ³³　tʰe¹¹　ɟʏ³³　jʁ³³.
　　　　桌子　　LOC　　小刀　　　NUM　　CLF　DUR　EXIST　VIS
　　　　桌子上有一把小刀。

例68.　tʰɯ³³　　kæ¹¹ɲʁ³⁵　　ze³³gʋ³³　　tʂɯ⁵⁵jʁ³³　　ɟʏ³³.
　　　　3SG　　　以前　　　　非常　　　　钱　　　　　EXIST
　　　　他曾经非常富有。

例69.　dɯ³³　ɲi³³　ɚ⁵⁵ʂɿ¹¹sɿ⁵⁵　　ko⁵⁵　　sjɑ³³ʂɿ¹¹　　ɟʏ³³.
　　　　NUM.　CLF　CH.-二十四　　CH.-个　　CH.-小时　　EXIST
　　　　一天有24小时。

ɲɟʏ¹¹表示有生命物的存在,如:

例70.　ŋɑ¹¹　　ndʑɑ³³ɕi¹¹　　bʋ³³　　ɕi³³　　mʁ³³　　ɲɟʏ¹¹.
　　　　1SG　　欺负　　　　　敢　　　人　　　NEG　　EXIST
　　　　敢欺负我的人没有。

例71.　ə⁵⁵tʰe³³　ɲʏ¹¹　　tʂʰɯ³³　　kʋ³³　　ə⁵⁵ne³³　　wɑ¹¹　le³³?
　　　　LOC　　EXIST　　DEM　　　CLF　　谁　　　　　COP　　QM
　　　　那边那个人是谁?

ʥɿ¹¹表示事物生长在另一物体上,不可随意移动,如:

例72.　lɯ³³　　tʂʰɯ³³　　pʰe⁵⁵　　ko⁵⁵　　ʥe³³　　tʰe¹¹　　ʥɿ¹¹　　jʁ³³.
　　　　地　　　DEM　　　CLF　　　INES　　麦子　　DUR　　EXIST　　VIS
　　　　这块地有麦子。

tæ⁵⁵只用于生长在树上的物体,不可以移动,如:

例 73.　　bɑ¹¹　　bɑ¹¹　　lʏ³³　　tæ⁵⁵
　　　　　　花　　　开花　　果　　EXIST
　　　　　　开花结果。

（二）纳西语存在动词的语义特征

通过对五个存在动词进行语义特征的分析，发现存在的主体、方式、处所影响着存在动词的语义分布，下面分别进行具体分析。

1.存在主体

存在主体根据生命度等级分为[+生命]和[-生命]两类，dʐ̩¹¹、ʝʏ³³和 i³³的主体具有[-生命]的特征，ɲɟʏ¹¹的主体具有[+生命]的特征，tæ⁵⁵对主体的生命度关注不高，主体也为[-生命]，但不同于 dʐ̩¹¹、ʝʏ³³和 i³³的主体，tæ⁵⁵主体的生命度等级较前三者高，也可以看作是[-生命]。如：

例 74.　　mɤ³³　　sɿ³³　　çi³³　　mɤ³³　　ɲɟʏ¹¹.
　　　　　　NEG　　认识　　人　　NEG　　EXIST
　　　　　　没有不认识的人。

例 75.　　mɯ³³　　kʋ³³　　he³³me⁵⁵tsʰɿ¹¹　　ɲɟʏ¹¹.
　　　　　　天　　　　上　　　月亮　　　　　　EXIST
　　　　　　天上有月亮。

例 76.　　lɯ³³　　ko⁵⁵　　jɤ³³　　dʐ̩¹¹.
　　　　　　地　　　LOC　　烟　　EXIST
　　　　　　地里有烤烟。

例 77.　　ja³³ko¹¹　　tjæ⁵⁵te³³　　ʝɤ³³.
　　　　　　家里　　　　CH-电灯　　EXIST
　　　　　　家里有电灯。

例 78.　　cə³³　　lo¹¹　　ji¹¹　　dɯ³³　　mu¹¹　　tʰe³⁵　　i³³.
　　　　　　杯子　　INESS.　水　　NUM　　CLF　　　DUR　　EXIST
　　　　　　杯子里有水。

例 79.　ndʑɿ¹¹　kʋ³³　pʰjɤ⁵⁵　tæ⁵⁵.
　　　　树　　LOC　叶子　　EXIST
　　　　树上有叶子。

例 74、75 句中 ȵʝɤ¹¹的存在主体是 çi³³"人"和 he³³me⁵⁵tsʰɿ¹¹"月亮"，之所以将"月亮"也看作有生性的存在物体，这与说话人从不同角度看待事物以及本民族的习惯有十分密切的联系，在纳西族心理将"月亮"看作神灵，是有生命的存在物，因此这里也将其归入[＋生命]的主体。dʑɿ¹¹、ʝɤ³³和 i³³的存在主体分别为 jɤ³³"烟"、 tjæ⁵⁵te³³"电灯"、 ʝi¹¹"水"都为[-生命]的特征，tæ⁵⁵的存在主体 pʰjɤ⁵⁵"叶子"从某种意义上看，是有生命的物体，但生命度等级较低，可以看作是[-生命]的特征。

2.*存在的处所*

纳西语在表达事物的存在时，所关注的处所有[＋受限]和[-受限]的区别，"受限"是指相对较封闭的空间或物体。纳西语的存在动词中只有 i³³表示存在于某个受限定的空间内，如：

例 80.　bʋ¹¹　lo¹¹　ʂɯ³³　i³³.
　　　　锅　　LOC　肉　　EXIST
　　　　锅里有肉。

3.*存在的方式*

根据狭义的存在动词，讨论存在主体的可移动性，可将存在的方式分为[＋移动]和[-移动]两类，[＋移动]是指存在主体不是粘附于存在的处所，而是可以发生位移的，在纳西语存在动词中，ʝɤ³³、ȵʝɤ¹¹表示存在方式是[＋移动]的，其余三个存在动词表示粘附于某物或存在某容器中不可以移动，如：

例 81.　ʝi¹¹　lo¹¹　ȵi³³　ȵʝɤ¹¹.
　　　　水　　INESS　鱼　　EXIST
　　　　水里有鱼。

例 82.　kʰu³³　kʰo³³tʰo¹¹　pæ³³ti⁵⁵　dɯ³³　pɑ³³　tʰe¹¹　ʝɤ³³　jɤ³³.
　　　　门　　外面　　　　板凳　　　NUM　CLF　DUR　有　　VIS
　　　　门外面有一个板凳。

例句中的存在主体"鱼"和"板凳"相对于存在处所"水"和"门"都是可以被移动的。

（三）纳西语存在动词的句法特点

存在动词作为动词的一个次类在句中主要做谓语，其次也可以做状语，受程度副词、否定副词修饰。如：

例 83.　ja³³ko¹¹　kʰæ¹¹ʥe³³　ʝæ³⁵　mɤ³³　ʝɣ³³　buɯ¹¹.
　　　　家里　　玉米　　　很　　不　　EXIST　多
　　　　家里玉米不太多。

例 84.　ŋɤ¹¹　gɤ³³　ba³³la¹¹　tsʰo¹¹lo³³　ʝɣ³³　ndɚ³³.
　　　　1SG　 GEN　 衣服　　 这里　　　 EXIST　应该
　　　　我的衣服应该在这儿。

纳西语中 ze⁵⁵be³³/ ze³³gʋ³³ + 存在动词表示数量较多，与形容词在语法形式上相似，但形容词此时表示程度，而存在动词此时表示数量之多。如：

例 85.　tʰɯ³³　kæ¹¹ɲɤ³⁵　ze³³gʋ³³　tʂɯ⁵⁵jɤ³³　ʝɣ³³.
　　　　3SG　 以前　　 非常　　 钱　　　　EXIST
　　　　他曾经非常富有。

例 86.　tsʰo³³lo¹¹　çi³³　ze³³pe⁵⁵　ɲʝɣ¹¹.
　　　　这里　　　人　　很　　　　EXIST
　　　　这里人很多。

存在动词本身含有动作持续的语义，因此可与持续体连用，表示事物存在的状态持续进行，其语法形式是在存在动词前加持续体标记 tʰe¹¹，如：

例 87.　cɚ³³　lo³³　ʝi¹¹　dɯ³³　mu¹¹　tʰe³⁵　i³³.
　　　　杯子　INESS　水　　NUM　 CL　　 DUR　 EXIST
　　　　杯子里还有水。

（四）存在动词与处所义、领有义动词的关系

纳西语中同一个存在动词可以出现在处所结构、存在结构和领有结构

中。一般而言，存在动词表示某处有某物，处所动词表示事物所处的位置，领有动词表示事物的领属或拥有，可以是临时拥有也可是长期拥有。若要表达处所义、存在义或领有义，就要通过论元的不同位置来表示①。

存在结构的句法模式为"处所+存在物+存在类动词"，即存在动词置于句尾，处所词置于句首，如：

例 88.　sæ³³læ¹¹　bʋ¹¹　ʐɿ³³tʰe³³　dɯ³³　pa³³　tʰe¹¹　ɟʏ³³　jʏ³³.
　　　　桌子　　LOC　小刀　　　NUM　CLF　DUR　EXIST　VIS
　　　　桌子上有一把小刀。

处所结构的句法模式为"存在物+处所+存在类动词"，即存在物置于句首，存在动词后置，如：

例 89.　tʰe³³ɯ³³　jæ³⁵ko¹¹　mʏ³³　ɟʏ³³.
　　　　书　　　　家里　　　NEG　EXIST
　　　　书不在家里。

纳西语领有结构的句法模式为"领有者+被领有者+存在类动词"或"领有者+属格+被领有者+存在类动词"，这两种领有结构的相同之处是存在动词置于句尾，领有者都前置于句首，差异在于是否使用属格标记，若表示永久性拥有，则可省去属格，若表示暂时拥有，则属格不可省，如：

例 90.　ŋa¹¹　pja³³　dɯ³³　lʏ³³　ɟʏ³³.
　　　　1SG　表　　一　　块　　EXIST
　　　　我有一块表(永久拥有)。

例 91.　ŋa¹¹　gʏ³³　pja³³　dɯ³³　lʏ³³　ɟʏ³³.
　　　　1SG　GEN　表　　　一　　　块　　EXIST
　　　　我有一块表（暂时拥有）。

纳西语可以用不同的形式手段表示领有关系是暂时的还是永久的，二者的区别在于有无属格标记 gʏ³³，表示暂时领有的主语 ŋa¹¹ 因带有属格之后句法上不再充当主语，戴庆厦、傅爱兰(2001b)将这个格助词称为附加在主语上

---

① 黄成龙：《藏缅语存在类动词的概念结构》，《民族语文》2013 年第 2 期。

的方位助词，此处将其视为属格标记，若不带格标记，则表示永久领有的 ŋa¹¹ 是句子的主语，如上例所示。

纳西语存在动词与领有、处所动词同形，三者既存在本质的共性，也有着共同的底层概念结构，都表示两个客体在空间中的附着关系，根据附着程度的不同可分为存在、领有、处所三种形式，存在和处所反映的都是两个客体在物理空间的附着关系，有所不同的是，存在结构以处所为话题，而处所结构以存在物为话题，但领有则反映的是两个客体在心理空间的附属关系。

三　系动词

纳西语里的系动词只有 wa¹¹，相当于汉语的"是"，与行为动词相比，纳西语的系动词不具备指派论元的功能。它可以用于表身份、等同和修饰结构中，以及名物化之后。

例 92.　ŋɤ¹¹　　næ¹¹ɕi³³　　wa¹¹.
　　　　1SG　　纳西　　　　COP
　　　　我是纳西族。

例 93.　tʂʰɯ³³　ə³³tsɿ³³　　wa¹¹?
　　　　这　　　什么　　　　COP
　　　　这是什么？

例 94.　tʂʰɯ³³　ŋɤ¹¹　gɤ³³　　mɤ³³　wa¹¹.
　　　　这　　　1SG　 NOMIN　不　　COP
　　　　这不是我的。

例 95.　tʂʰɯ³³　ndʑɿ³³　gɤ³³　（ndʑɿ³³tso¹¹）　wa¹¹.
　　　　这　　　吃　　　NOMIN　吃 NOMIN　　　COP
　　　　这是吃的。

在一些 NP-NP 类型并列的子句中，若子句中存在对比话题，系词的使用是任意的，如：

例 96.　tʰɯ³³　　ze⁵⁵　ha⁵⁵pæ³³　　me³³,　　ŋa¹¹　ze⁵⁵　næ¹¹çi³³　me³³.
　　　　3SG　　TOP　汉族　　　女,　　　1SG　TOP　　纳西　　　女
　　　　她是汉族女人，我是纳西族女人。

例 97.　tʂʰɯ³³　nɯ³³　hY³¹　gɤ³³,　æ³³tʂʰɯ³³　nɯ³³　hæ³¹　gɤ³³.
　　　　DEM　　TOP　红　　NOMIN　DEM　　　TOP　　蓝　　NOMIN
　　　　这个是红的，那个是蓝的。

值得注意的是，纳西语中若对比话题带有名物化标记，则话题标记的位置较灵活，如例 97 中话题标记 nɯ³³ 可前置或后置于 hY³¹gɤ³³。纳西语中系动词兼具话题标记的作用，但当句中出现专有的话题标记时，此时系动词的使用不是强制的，而是选择性的。

在是非疑问句中，系词不能省略，此时系动词后常带有表示是非问的疑问词 le³³，期待得到肯定或否定的回答，在回答中只能用 wa¹¹ 的肯定或否定形式，若句中没有疑问词 le³³，则隐含问话者带有质问的口吻，如：

例 98.　—ə⁵⁵tʰe¹¹　　tʰɯ³³　pɯ³³lɯ¹¹　tsʰo³³　me³³　ə⁵⁵　wa¹¹　le³³
　　　　那边　　　　TOP　　笛子　　　跳　　　　　　QM　COP　QM
　　　　那边是在打跳吗？
　　　　—wa¹¹/mɤ³³wa¹¹
　　　　　是/不是。

系词还具有强调功能，系词后的内容是需要强调的话语的信息重点，表示对这些成分的强调，如：

例 99.　ha³³　tʂʰɯ³³　ŋɤ¹¹　nɯ³³　tʰʋ³³　gɤ³³　wa¹¹.
　　　　饭　　这　　　1SG　A　　　做　　NOMIN　COP
　　　　这是我做的饭。

例 99 中的"饭"置于句首凸显强调的作用，说明句中强调"我做"的是"饭"而不是其他。但将施事置于句首时，句中强调的就是施事，指出"这饭"是"我做"的，而不是其他人，又因纳西语属于 SOV 语序，故系动词

不论强调的是哪个成分都总是置于句尾。

例 100.　tʰɯ³³　　ŋʌ¹¹　　nɯ³³　　tʰʋ³³　　gʌ³³　　ha³³　　wa¹¹.
　　　　　DEM　　1SG　　A　　做　　NOMIN　　饭　　COP
　　　　　这是我做的饭。

第四节　动词重叠

一　动词重叠的类型

纳西语动词的重叠式，从结构类型上来看，主要有 AA 式、AAAA 式、AABB 式，其中部分形式还有语音屈折变化。

（一）AA 式重叠

AA 式重叠是指单音节动词的重叠形式。声韵母完全重叠，声调发生改变，主要的变调规则为：低平（11）的动词在重叠时，有两种情况，一种情况是重叠后第一个音节的声调变为中平（33），第二个音节的声调还为低平（11），另一种情况是重叠后两个音节的声调与基式的声调一样不发生改变，依旧为低平（11）。如：

　　ŋæ¹¹—ŋæ³³ŋæ¹¹（忍）　　lu¹¹—lu³³lu¹¹（奔跑）　　a¹¹—a¹¹a¹¹（吃草）

中平（33）的动词在重叠后，两个音节的声调与基式的声调一致，依旧为（33），如：

　　næ³³—næ³³næ³³（躲）　　mbʋ³³—mbʋ³³mbʋ³³（摞）
　　be³³—be³³be³³（做）　　　ndo³³—ndo³³ndo³³（爬）

高平（55）的动词在重叠后，两个音节的声调与基式的声调一致，但第一音节韵母的主要元音在发音时较长一些，如：

　　æ⁵⁵—æ⁵⁵æ⁵⁵（凉拌）　　hæ⁵⁵—hæ⁵⁵hæ⁵⁵（切、割）

高升（35）的汉语借词重叠后，第一音节的声调变为中平（33），第二个音节的声调不变，如：

pʰɤ³⁵— pʰɤ³³pʰɤ³⁵（拍摄）　　ta³⁵ —ta³³ta³⁵（搭）

ma³⁵— ma³³ma³⁵（抹）　　lo³³ —lo³³lo³⁵（烙）

（二）AAAA 式重叠

AAAA 式重叠是在单音节动词 AA 式基础上，进行的再重叠，这种类型的重叠式中，只发生声调的变化，韵母不发生变化。中平（33）的动词经过此类形式的重叠后，声调不变；低平（11）的动词重叠后的声调变化与上述 AA 式的第一种情况相同；高平（55）的动词重叠后第一个音节的声调为 55，第二个音节的声调为 35 或 33，第三、四个音节的声调分别为 55、33。如：

næ³³—næ³³næ³³næ³³næ³³（躲）　　ndo³³—ndo³³ndo³³ndo³³ndo³³（爬）

ŋæ¹¹—ŋæ³³ŋæ¹¹ŋæ³³ŋæ¹¹（忍）　　a¹¹—a³³a¹¹a³³a¹¹（吃草）

kʰɤ⁵⁵—kʰɤ⁵⁵kʰɤ³⁵kʰɤ⁵⁵kʰɤ³³（扣）　　lɚ⁵⁵—lɚ⁵⁵lɚ³⁵lɚ⁵⁵lɚ³³（量）

（三）AABB 式重叠

AABB 式重叠中 A 和 B 都为具有独立意义的动词，不可单独使用，需重叠后出现在句中，重叠后没有语音变化。如：

fʋ⁵⁵fʋ³³na⁵⁵na³³　　　　　　dɤ¹¹dɤ¹¹huɯ³³huɯ³³

缝 缝 补 补　　　　　　　敲 敲　打 打

缝补　　　　　　　　　　　敲打

二　动词重叠的语义特征

（一）AA 式重叠表量的概念

纳西语动词的一般重叠形式都是动词直接叠加，即 AA 式，可以构成该类型重叠的基式动词大都为自主动词，如 to¹¹to³³ "抱"、hu⁵⁵hu³³ "摇"、ȵi³³ȵi¹¹ "走"、cɤ⁵⁵cɤ³³ "煮"、cʰɤ⁵⁵cʰɤ³³ "削"、fa³³fa³⁵ "罚" 等。

动词重叠表量是动词重叠一个重要特征，纳西语中能重叠为 AA 式的自主动词可以是定量或非定量动词，其重叠式表示动作的量，动作的量可以分为动作延续时间的长短和动作的反复次数，即时量和动量。纳西语的自主动词重叠 AA 式也可以表时量和动量，一种是表示量小的概念，即表示时量短、动量小、表量的减弱，一种是表示量大的概念，即表示时量长、动量大、表量的加强。动词重叠表示事件持续的时间量有长有短，时间量的长短并不取决于动词重叠本身，而取决于句子所在的语境。如：

例 101.　tʰɯ³³　dɯ³³　sʏ¹¹　la³³　mʏ³³　be³³　be³³　ndʐɿ³³ndʐɿ³³，zʏ⁵⁵zʏ¹¹
　　　　3SG　一　样　也　NEG　做　ADV　吃　　　　孩子
　　　　cʏ³³cʏ³³　ba¹¹　dɯ³³kʰa¹¹　ȵɿ⁵⁵ȵɿ³³，　æ¹¹　ha³³　dɯ³³gu³³　jʏ⁵⁵jʏ³³
　　　　哄　太阳　一会　晒　　　鸡　饭　一会　给
　　　　他一样都不做，就是吃吃，哄哄孩子，晒晒太阳，喂喂鸡。

陈立民（2005：113）在论述动词重叠表示时量的问题时，认为动词重叠的时间可以用两种方式来体现，一是事件需要持续较长时间后才结束，二是事件不间断的反复进行多次。纳西语动词的重叠在表示时量时，既可以是有终点的事件，也可以是反复进行的事件，从而决定时量的长短。如例 101 句中的动词重叠"吃吃""哄哄孩子""晒晒太阳""喂喂鸡"中，"吃吃""哄哄孩子"其前并未有成分限制，纳西语中可以通过动词重叠表示反复体，因此可以看作是事件的反复进行，既然是反复进行，每一次短的时间经过多次的反复就相当于一个较长的时间，因此，可以表示持续时间较长。而其中"晒晒太阳""喂喂鸡"其前都有相应的成分修饰限定，即为"晒一会太阳""喂一下鸡"表示某种取得结果的事件，相对于反复进行的动词重叠，显得持续时间较短。AA 式除表示时量的长短外，也可以表示动量的大小，上述例句中的各个动词重叠都表示量小的概念。

李云兵（2002:104）认为苗语动词表示动量小的重叠式，可以表示一种尝试义。本书认为纳西语动词重叠本身并不具有尝试义，而是通过某种构式来体现，纳西语动词表示动量小的重叠式，所表示出的试探、尝试语义，是由于重叠式处于 dɯ³³AA ne¹¹ 这一构式中，如例 102a、103a 中动词"爬爬"

"摸摸"都含有试一试的意义,表示动作执行的观察效果。若是重叠式不进入这一构式中,则就没有了尝试的语义,如例 102b、103b 中的动词重叠只表示某种动作行为。

例 102a.　ŋɑ¹¹　　ndʐ̩¹¹　　tʂʰɯ³³　　ndʐ̩¹¹　　dɯ³³　　ndo³³ndo³³　　ne¹¹　　bɯ³³.
　　　　　1SG　　树　　　　DEM　　　CLF　　　一　　　爬爬　　　　　助词　　FUT
　　　　　我想爬爬这棵树。

例 102b.　ŋɑ¹¹　　ndʐ̩¹¹　　tʂʰɯ³³　　ndʐ̩¹¹　　ndo³³ndo³³　　ne¹¹.
　　　　　1SG　　树　　　　DEM　　　CLF　　　爬爬　　　　　PROG
　　　　　我正在爬这棵树。

例 103a.　nɯ¹¹　　bɑ³³lɑ¹¹　　ə⁵⁵　　pʋ¹¹　　me³³　　dɯ³³　　tʂʳ⁵⁵tʂʳ¹¹　　ne¹¹.
　　　　　2SG　　衣服　　　　QM　　干　　　助词　　一　　　摸摸　　　　助词
　　　　　你摸摸衣服干了没?

例 103b.　nɯ¹¹　　bɑ³³lɑ¹¹　　ə⁵⁵　　pʋ¹¹　　me³³　　tʂʳ⁵⁵tʂʳ¹¹　　ne¹¹.
　　　　　2SG　　衣服　　　　QM　　干　　　助词　　摸摸　　　　PROG
　　　　　你在摸衣服干了没有?

能构成 AA 式的自主动词,常表示的是动作次数的增多或动作频度的增大,因此,可看作具有时量长、动量大的语义特征。

纳西语动词 VXV 的结构可以看作是 AA 式的派生形式,该结构表示量大的概念时,存在于否定形式中,通常带有一定的结果性成分,表示动作行为进行多次后的结果,如例句中的"关不上""抓不到""走不到"。VXV 结构中的 X 常为并列连接标记 lɑ³³,故可以将此结构看作是动词并列型结构重新分析为重叠式。刘丹青(2012:5)指出汉语中存在特殊的表示疑问的手段"V 不 V",认为 V 和"不 V"的并列构成了"V 不 V"结构,随着构式的深化,整体性加强,内部句法关系模糊,因而允许成分脱落,并列属性减弱,最后因否定词脱落而彻底转化为重叠式,由并列型句法疑问句重新分析为重叠型形态疑问句。纳西语中的这一结构也经历了类似汉语"V 不 V"的重新分析。当 VXV 中的 X 省去时，此结构跟时量和动量的关系不是很明显，仅表示动作行为，如例句中的 tɚ⁵⁵ tɚ⁵⁵ mɤ³³ tʰɑ³³"不可以关"、dzʐ¹¹ dzʐ¹¹ mɤ³³ mæ³³"抓不到"、ɲʝi³³ɲʝi³³mɤ³³pjɤ³³"走不成"。

例 104.　　kʰu³³　　tʂʰɯ³³　　kʰu³³　　tɚ⁵⁵　　lɑ³³　　tɚ⁵⁵　　mɤ³³　　tʰɑ³³.
　　　　　　门　　　这　　　扇　　　关　　　也　　　关　　　NEG　　可以
　　　　　　这扇门关都关不上。

例 105.　　æ¹¹tʂʅ⁵⁵　　dzʐ¹¹　　lɑ³³　　dzʐ¹¹　　mɤ³³　　mæ³³
　　　　　　小鸡　　　　抓　　　也　　　抓　　　NEG　　得到
　　　　　　小鸡抓都抓不到。

例 106.　　çwe¹¹çɑ⁵⁵　　kʰɯ³³kɑ¹¹　　nɯ³³　　ɲʝi³³　　lɑ³³　　ɲʝi³³　　mɤ³³　　pɑ³³.
　　　　　　学校　　　　远　　　　　TOP　　走　　　也　　走　　　NEG　　到
　　　　　　学校好远，走都走不到。

由 AA 的重叠式可以派生出 dɯ³³AA ne¹¹ 形式，其中 dɯ³³AA ne¹¹ 中的动词重叠表示命令的语气，如例 107 表示命令某人"点火"，而例 108 则只表示叙述某一动作行为，并未有命令的语气：

例 107.　　mi³³　　dɯ³³　　tɑ⁵⁵tɑ³³　　ne¹¹
　　　　　　火　　　一　　　点　　　　　AUX
　　　　　　点一下火。

例 108.　　mi³³　　tɑ⁵⁵tɑ³³
　　　　　　火　　　点
　　　　　　点火

dɯ³³AA ne¹¹ 在表示命令语气时，ne¹¹ 可以隐现同时后附表示命令的 bɯ³³、lu³³，此时命令语气加强。

（二）AAAA 式表持续义

纳西语中单音节动词可以构成 AAAA 式的重叠，只表示动作的持续进行，且 AAAA 式需后附状语标记 be³³，能发生 AAAA 式重叠的动词都不可单独在句中出现，需至少有 AA 式的重叠，因此，可将此类型重叠的基式认为是 AA，如：

例 109.　bu¹¹　ndʋ³³ndʋ³³ndʋ³³ndʋ³³　　be³³　ɲʝi³³.
　　　　　猪　　拱着　　　　　　　　　ADV　走
　　　　　猪拱着走。

例 110.　be⁵⁵ti³⁵　ndo³³ndo³³ndo³³ndo³³　be³³　hɯ¹¹
　　　　　虫子　　　爬　　　　　　　　　ADV　去
　　　　　虫子爬着上去了。

例 111.　tʰɯ³³　nɯ³³　zɯ³³　mu³³mu¹¹mu³³mu¹¹　be³³　tʰɯ¹¹.
　　　　　3SG　　A　　 酒　　吹　　　　　　　　ADV　喝
　　　　　他吹着风喝酒。

纳西语该类重叠式主要表示动作的持续，与动作行为的时间量关系不明显，AA 式重叠表示对事件时间量上的持续时，有一个预期的终点，表示持续一段时间后就会结束，而 AAAA 式凸显的是事件持续的状态，而不强调结果，正如例句中动词重叠后都带有状语标记 be³³，也可作为动作事件的伴随方式，ɲʝi³³ "走" 的方式是 ndʋ³³ndʋ³³ndʋ³³ndʋ³³ "拱着"、hɯ¹¹ "去" 的方式是 ndo³³ndo³³ndo³³ndo³³ "爬着"，tʰɯ¹¹ "喝" 的方式是 mu³³mu¹¹mu³³mu¹¹ "吹着风"。

AA 式重叠和 AAAA 式重叠除表时间量上的区别之外，语用上还存在细微的差异，如例 a 表示着急地翻找东西，例 b 表示小心翼翼地找东西，例 c 使用情况较多，表示正常的翻找东西：

a.　tʰɯ³³　nɯ³³　pʰæ⁵⁵pʰæ⁵⁵　（be³³）　ja³³ko¹¹　lɚ⁵⁵tse¹¹　ʂu¹¹.
　　3SG　　A　　 翻　　　　　　（ADV）　家里　　　东西　　　找
　　他在家翻着找东西。

b.　tʰɯ³³　nɯ³³　pʰæ⁵⁵pʰæ³³pʰæ⁵⁵pʰæ³³　（be³³）　ja³³ko¹¹　lɚ⁵⁵tse¹¹　ʂu¹¹.
　　3SG　　A　　 翻　　　　　　　　　　　（ADV）　家里　　　东西　　　找
　　他在家里翻着找东西。

c. tʰɯ³³   nɯ³³   pʰæ⁵⁵pʰæ³³   be³³   jɑ³³ko¹¹   lɚ⁵⁵tse¹¹   ʂu¹¹.
   3SG   A   翻   ADV   家里   东西   找
   他在家里翻着找东西。

（三）AABB 式表反复义

纳西语 AABB 式的动词重叠常被作为四音格分析，王芳（2012:164）认为汉藏语系中的四音格词的构造特点和语义类型显示出它们与重叠和对称的紧密关系。和耀（2011:84）认为纳西语 AABB 式的四音格形式的原型为 AB，但在本书调查的纳西语 AABB 式中，AB 不能以组合的形式出现，若 A、B 分别为及物动词时，可以单独使用，若为不及物动词进入该重叠式，一般情况下不可单用，若要单独出现，则需以 AA 或 BB 重叠的形式出现。构成 AABB 式的动词大都为自主动词，其中 A 和 B 大都为语义相近的动词，当 A 和 B 为语义相反的动词时，则会形成 le³³A le³³B 的结构，如例 112、113、114 中的两个动词语义相近，例 115、116 语义相反的两个动词，也可以形成 le³³A le³³B 的结构：

例 112.   pʰɯ⁵⁵pʰɯ³³   tæ³³tæ¹¹
          拉拉   扯扯
          拉拉扯扯

例 113.   dy¹¹dy¹¹   hɯ³³hɯ³³
          敲   打
          敲敲打打

例 114.   ndʐɿ³³ndʐɿ³³   gwɤ³³gwɤ¹¹
          唱   说
          说说唱唱

例 115.   ndʐɿ³³ndʐɿ³³   tʰɯ³³tʰɯ¹¹
          吃   喝
          吃吃喝喝

例 116.　　le³³　　ŋʋ¹¹　　le³³　　zæ¹¹
　　　　　　ITER　哭　　ITER　笑
　　　　又哭又笑

动词 AABB 式重叠在语义上表示反复进行的动作行为，在时量上表示短时、延续，在动量上表示量小、轻微，通常用于轻松、随意、舒缓的语境中。le³³在纳西语中为反复体标记，le³³A le³³B 的形式也可以与 AABB 式互换（AB 语义相反）。

（四）动词重叠的相互义

相互义是动词重叠经常负载的功能之一，王芳（2012:93）考察了中国境内民族的 129 种语言的重叠发现，动词重叠更多的表达相互义，重叠手段能表达相互义的语言中，其动词重叠也可表达反复的体意义，即在动词上实现的相互义更直接的与动作的反复义相关联。纳西语中 AA 重叠式常表示相互义，也可以表示反复义，如例 117tsu³³tsu³³ "链接" 表示一种相互义，例 118kʰʋ⁵⁵kʰʋ³³ "打架" 含有相互义，同时 "打架" 具有反复多次的可能：

例 117.　　kwe⁵⁵tsɿ³³　　ɲi³³　　kʰɤ³³　　kæ⁵⁵　　tsu⁵⁵tsu³³.
　　　　　　管子　　　　两　　　根　　　DIR_PRE　链接
　　　　两个管子连起来。

例 118.　　æ¹¹pʰə³³　　tʂʰɯ³³　　ɲi³³　　me³³　　kʰʋ⁵⁵kʰʋ³³　　ni¹¹.
　　　　　　公鸡　　　　DEM　　NUM-两　CLF　　啄　　　　　　PROG
　　　　这两只公鸡在打架。

纳西语动词重叠的各类型中，分别具有各自凸显的语义特征，并不是所有重叠类型都同时具有相互义和反复义，如上文已经提到的 AABB 式重叠当可以与含有反复体标记 le³³ 的 le³³A le³³B 互换时，其语义上反复义更凸显，例 119a、b，当 AABB 式不可以拆分为 le³³A le³³B 结构时，其相互义又较凸显，如例 120：

例 119a. tʰɯ³³ dɯ³³ sɿ¹¹ la³³ mɤ³³ be³³ be³³ ndʐ³³ndʐ³³ tʰɯ³³tʰɯ¹¹.
　　　　 3SG　一　样　也　NEG　做　ADV　吃吃　　　喝喝
　　　　 他什么都不做就吃吃喝喝。

例 119b. tʰɯ³³ le³³ ndʐ¹¹ le³³ tʰɯ¹¹ ne¹¹ dɯ¹¹ sɿ¹¹ la³³ mɤ³³ be³³.
　　　　 3SG ITER 吃 ITER 喝　　一　样　也　NEG　做
　　　　 他什么都不做就吃吃喝喝。

例 120. tɤ³³tɤ³³ la⁵⁵la³³ bɯ³³ mɤ³³ ɲi¹¹.
　　　　 搥　　打　　　 FUT　NEG　要
　　　　 不要再打架了。

纳西语动词重叠式因形式类型不同而具有不同的意义，具有相互义的动词重叠式可以具有反复义，而具有反复义的动词重叠式不一定具有相互义。

三　动词重叠式的句法功能
（一）重叠所带的论元限制

从句法功能上看，数量短语可以修饰名词性成分，也可修饰动词性成分，在修饰动词性成分时语义上表示动作的动量和时量等。纳西语中单动词和 AA 式重叠动词都可以受数量短语修饰，受数量短语修饰的单动词表示全称量、不定指，而受数量短语修饰的 AA 式动词重叠表示精确量、定指，如例 121 中的两个小句，a 句表示对全部要看的对象大体看了三遍，而 b 句表示特指看某物看了三遍：

例 121a. sɿ³³ zɿ¹¹ lɤ¹¹
　　　　 三　遍　看
　　　　 看三遍

例 121b. sɿ³³ zɿ¹¹ lɤ³³lɤ¹¹
　　　　 三　遍　看
　　　　 看三遍

李宇明（1998）指出汉语动词重叠与数量短语不兼容是由于受语法化规

律和量的不兼容性影响。纳西语动词重叠却可以与数量短语共现，此时量的概念由动词重叠形式来呈现。

AA 式的重叠若出现在表随意、轻松的语境中，在句法上可不带论元，如上述例中的"吃吃"等，一般情况下都可以带论元，论元既可以是光杆名词，也可以是带有修饰成分的有指名词性短语，如：

例 122. la¹¹ tʂʰɚ³³tʂʰɚ³³ mɤ³³ bɯ³³ la⁵⁵?
手 洗 NEG 去 QM
不去洗洗手？

例 123. kʰwa⁵⁵ sl̩⁵⁵ to³³ tʂʰɚ³³ tʂʰɚ³³.
碗 三 次 洗
碗洗三次碗。

AA 式重叠可以表示动作的持续、反复、短时的语义，动词 AA 重叠可以与持续体、进行体共现，此时体标记出现的句法位置不变，如例 124、125：

例 124. tʰɯ³³ ku³³lɤ³³ tʰe¹¹ tʂʰɚ³³tʂʰɚ³³ ɲe¹¹.
3SG 头发 DUR 洗 PROG
他正洗着头发。

例 125. kʰɯ³³ɲi⁵⁵ tʰe¹¹ pʰæ³³ bi⁵⁵ ze⁵⁵ kʰɯ³³ le³³ tʂʰɚ³³tʂʰɚ³³.
狗 DUR 拴 后 停顿 脚 DIR 洗
把狗拴起来后才进屋洗脚。

AA 式重叠还可以与完结体连用，上文提到 AA 重叠可以表示持续较长一段时间事件的结束，且如果重叠式前有相应修饰限定成分时，还表示该事件取得一定结果，纳西语的 AA 式重叠可以与完结体共现，如例 126：

例 126. zʏ⁵⁵zʏ¹¹ tʂʰɚ³³tʂʰɚ³³ se³³ se¹¹.
孩子 洗 CPL PFV
孩子洗完了。

AA 式重叠是纳西语动词重叠中使用频率较高的形式，既可以后接数量短语充当论元，也可以与各种体范畴共现，这主要是由于纳西语中 AA

式重叠更倾向于刘丹青（2012）定义的原生重叠，即重叠内部的成分之间没有句法关系，而只是一种形态现象，也可能是纳西语单音节向双音节转化的结果。

从上述例句可见，与单动词相比，重叠式只能出现在少数几个句法位置上，单个动词的句法总是比其相应的重叠式的句法活跃得多，也就是说，动词重叠式具有单个动词的功能，在句中仍然处于动词中心的位置，充当句子的谓语、状语、定语。在纳西语中动词 AA 和 AABB 重叠式可以做谓语，而 AAAA 式重叠可以充当方式状语。单音节动词构成的 AA 式既然可以看作是原生重叠，那么其与单动词在句法功能上相似，大都为及物动词，可以后带论元，上文已经论述。而动词发生 AABB 式的重叠后，虽然在句中也可以充当谓语，但大都为不及物动词，不可以后带论元。

AA 和 AABB 式可以后接名物化标记 $gɤ^{33}$，充当句子的定语，如例 127 中 $çi^{33}$ "人" 作为中心语是定语中动词的施事：

例 127. $la^{55}la^{33}$　　$gɤ^{33}$　　$çi^{33}$　　$tʂʰɯ^{33}hwa^{55}$　　$bɯ^{33}$　　$mɤ^{33}$　　$tʰa^{55}$.
　　　　打架　　NOMIN　人　　这些　　　　　　走　　NEG　　可以
　　　　打架的人不要走。

例 128. $ndʐɿ^{33}ndʐɿ^{33}$　　$tʰɯ^{33}tʰɯ^{11}$　　$gɤ^{33}$　　$gʊ^{33}dʑe^{11}$.
　　　　吃吃　　　　喝喝　　　　NOMIN　东西
　　　　吃吃喝喝的东西。

（二）重叠的否定

动词重叠表达的量不论大小，它都是动词原形所表动作行为的一个动态部分。根据霍恩等级，如果需要某种动作行为相关的意愿，则可以直接否定动词重叠即可。纳西语动词各种重叠类型的否定，句法差异较大。

1. AA 式的否定

纳西语中的 AA 式重叠属于原生重叠，因此，对 AA 重叠的否定也就是对动作行为意愿的否定，当 AA 重叠式不带其他成分自然成句时，否定词直接前置 AA 式，如：

例 129.　　mu^{11}zo^{33}　　nɯ^{33}　　bʋ^{33}　　kɤ^{55}　　mɤ^{33}　　ka^{55}ka^{33}.
　　　　　　小圆簸箕　　INSTR　锅　　上　　NEG　　盖
　　　　　　罩子不盖住锅。

例 130.　　mi^{33}　　mɤ^{33}　　ta^{55}ta^{33}
　　　　　　火　　NEG　　点
　　　　　　不点火

如果 AA 式重叠后带趋向动词、结果补语、情态范畴时，则否定词置于重叠式之后。纳西语动词重叠式与趋向动词在疑问句中共现时，趋向动词成为表现动词重叠意愿或建议性的显性形式，如例 131、132、133 动词重叠表现出用于陈述时的意愿或建议性，此时否定词虽然后置于重叠式，但辖域仍为动词的重叠式，如例句中的"不搅一下""不看看""不洗洗手"：

例 131.　　nɯ^{11}　　tsʰa^{33}tsʰa^{11}　　mɤ^{33}　　bɯ^{33}　　la^{55}?
　　　　　　2SG　　搅　　　　　　　NEG　　去　　QM
　　　　　　你不搅一下？

例 132.　　nɯ^{11}　　dɯ^{33}　　lɤ^{33}lɤ^{11}　　mɤ^{33}　　bɯ^{33}　　la^{55}?
　　　　　　2SG　　一　　看看　　NEG　　去　　QM
　　　　　　你不去看看吗？

例 133.　　la^{11}　　tʂʰɚ^{33}tʂʰɚ^{33}　　mɤ^{33}　　bɯ^{33}　　la^{55}
　　　　　　手　　洗　　　　　　　NEG　　去　　QM
　　　　　　不去洗洗手？

当 AA 式重叠与结果补语和情态范畴连用时，否定词置于重叠之后，否定的是动作事件的结果或言者对事件的态度，如例 134 表示"找"的动作已经发生，但否定的是"找"的结果，例 135 表示在客观条件下不被允许，例 136 是对动作实施能力的否定。

例 134.　ʂu³³ʂu¹¹　mɤ³³　mæ³³
　　　　　找　　　NEG　得到
　　　　　找都找不到。

例 135.　nɯ¹¹　ŋa¹¹　kʰa³³kʰa³³　mɤ³³　ɲi¹¹.
　　　　　2SG　　1SG　　骂　　　　NEG　　要
　　　　　你不要骂我了。

例 136.　tʰɯ⁵⁵　kæ³³　gʊ⁵⁵gʊ⁵⁵　mɤ³³　tʰa⁵⁵　jɤ³³.
　　　　　腰　　　DIR　　弯　　　　NEG　　可以　　VIS
　　　　　腰弯不下。

2.AAAA 式否定

纳西语中 AAAA 式的重叠后常带状语标记 be³³，但对其进行否定时，否定词后置重叠式，动词否定的辖域为重叠部分，如例 137、138 中否定词分别对动词 ɲʨi³³ "走"、tʰɯ¹¹ "喝" 的方式进行否定，其中否定词 mɤ³³ 的位置不固定，有如下几种情况：

例 137.　hu⁵⁵hu³³hu⁵⁵hu³³　mɤ³³　be³³be³³　ɲʨi³³.
　　　　　摇　　　　　　　　NEG　　ADV　　　走
　　　　　不要摇着走。

　　　　　hu⁵⁵hu³³hu⁵⁵hu³³　be³³　mɤ³³　be³³ be³³　ɲʨi³³.
　　　　　摇　　　　　　　　ADV　　NEG　　ADV　　　走
　　　　　不要摇着走。

　　　　　hu⁵⁵hu³³hu⁵⁵hu³³　be³³　mɤ³³　ɲʨi³³.
　　　　　摇　　　　　　　　ADV　　NEG　　走
　　　　　不要摇着走。

　　　　　mɤ³³　hu⁵⁵hu³³hu⁵⁵hu³³　be³³　ɲʨi³³.
　　　　　NEG　　摇　　　　　　　　ADV　　走
　　　　　不摇着走。

例 138. tʂʰɯ³³tʂʰɯ³³tʂʰɯ³³tʂʰɯ³³　　mɤ³³　be³³be³³　tʰɯ¹¹.
　　　　兑　　　　　　　　　　　　　NEG　ADV　　　 喝
不要兑着喝。

若要对主要动词进行否定，则重叠式前需添加表示状态持续的体标记 tʰe¹¹，否定词前置主要动词，如例 139：

例 139. tʰe¹¹　hu⁵⁵hu³³hu⁵⁵hu³³　　be³³　mɤ³³　ɲʝi³³.
　　　　CON　摇　　　　　　　　　　ADV　NEG　走
摇着不走。

3.AABB 式的否定

纳西语中 AABB 式重叠的否定也同 AA 式否定一样，否定词可以前置重叠式也可以后置，当重叠式后接情态范畴时，否定的辖域为情态范畴，当否定词前置重叠式时，否定的辖域为动词重叠式，如例 140：

例 140. mɤ³³　tɤ³³tɤ³³la⁵⁵la³³　be³³　ndzʋ³³ndzʋ³³　fæ³³.
　　　　NEG　捶打　　　　　　ADV　相处　　　　　IMP
要不打架地去相处。

第五节　动词的名物化

纳西语常用名物化标记有 gɤ³³、tso³³、kʋ³³，由名物化标记构成的名物化形式反映了关系子句的早期形式。其中名物化标记 gɤ³³ 表示"用来做……的"，tso³³ 泛指某一类的工具，kʋ³³ 本义为"头"，其隐喻为表"……之上"，后表示"……的处所"，其中 kʋ³³ 既可以附加在及物动词后也可以附加在不及物动词后表示相应动词的名物化。如：

ndzɿ¹¹gɤ³³坐的　　　　　　　　　　tʰɯ¹¹gɤ³³喝的
tɤ³³tso³³棍子　　　　　　　　　　　hæ⁵⁵lɚ³³tso³³风箱
ha³³ndzɿ³³kʋ³³吃饭的地方　　　　　ndzɿ¹¹kʋ³³坐的地方

名物化标记除了能使动词转化为名词外，还能临时搭配成为指称特定的人或事物的子句，在这里关系子句的原始功能显得很明确。如：

例 141.　ŋa¹¹　　tʰɯ³³　　gʐ³³　　ɲʐ³¹.
　　　　　1SG　　喝　　　NOMIN　EXIST
　　　　　我有喝的。

例 142.　gu³³mo³³　　tʰæ³⁵　　（gʐ³³）　　ɕi³³　　tʂʰɯ³³　　ɲi³³　　kʋ³¹
　　　　　帽子　　　　戴　　　NOMIN　　人　　　这　　　　两　　　CLF
　　　　　戴帽子的那两个人。

例 143.　tʰo³³læ³³ɕi³³　　kʰæ³³　　tʂʰɯ³¹　　gʐ³³　　ŋa¹¹　　di³³　　wa³¹.
　　　　　拖拉机　　　　　开　　　这　　　　NOMIN　1SG　　爸　　　COP
　　　　　那个开拖拉机的是我爸。

由名物化标记构成的名物化结构可以用来修饰另一个名词性短语，经过进一步的演化发展，被重新分析为一个名物化子句，修饰一个名词，从而形成纳西语关系子句的基本结构。

纳西语的关系化无须关系代词，通常用名物化标志 gʐ³³ 作为关系子句的标志，关系标志的有无依赖于关系子句中核心词的语义角色。

例 144.　tʂʰʅ³³kʰa³³　　ʐɯ³³　　pu⁵⁵　　ne¹¹　　（gʐ³³）　　æ³³su³⁵　　tʂʰɯ³³　　kʋ³¹.
　　　　　这会儿　　　　酒　　　烤　　　PROG　　NOMIN　　叔　　　　这　　　　CLF
　　　　　那个正在烤酒的叔叔。

上述例句为核心后置关系子句，核心词为关系子句的施事者。ʐɯ³³pu⁵⁵ne³³gʐ³³"烤酒的"出现在核心词"叔叔"之前，并修饰核心词，而指量短语置于核心词后。

在某些情况下，如果名物化的子句的所指是处所、时间或工具，那么关系化标志可省，其中表工具意义的名物化子句中可以使用工具标志，如：

例 145.　ŋʐ¹¹　　nɯ³³　　kʰɯ³³　　gʐ³³　　u³³tʰɯ³³　　mbe³³.
　　　　　1SG　　A　　　去　　　　NOMIN　　那　　　　　村子
　　　　　我去的那个村子。

例 146.　ɻi¹¹　　tsʅ¹¹　　kʋ³³　　tse¹¹　　gɤ³³　　　æ¹¹mæ⁵⁵ tʂʰɯ³³　kʰɯ³³.
　　　　　房子　　竖　　　地方　　INSTR　NOMIN　绳子　　　这　　　CLF
　　　　　竖房子地方用的绳子。

例 147.　ŋɑ³⁵ŋɯ³³　　kʰɯ³³　　tʂʰɯ³³kʰɑ¹¹　　nɑ¹¹fʋ³³　　se¹¹.
　　　　　1PL　　　　　去　　　　那时　　　　　　天黑　　　　PFV
　　　　　我们去的时候天黑了。

若核心词还有其他修饰成分时，这些修饰成分都后置核心词，如：

例 148.　tʰɯ³³　　kɤ⁵⁵ gɤ³³　　mi³³ zʋ³³　　tʂʰɯ³³　　kʋ³¹　　ʝæ³⁵ mæ³³hæ⁵⁵ jɤ³³.
　　　　　裙子　　　穿 NOMIN　　女 小孩　　　这　　　　CLF　　很　可爱　　VIS
　　　　　穿裙子的可爱的小女孩。

关系子句中若已有体标记存在时，关系化标志不可省，如：

例 149.　ŋɤ¹¹　　nɯ³³　　hɑ³¹　　le³³　　jɤ⁵⁵　bi³³　　gɤ³³　　bu¹¹　　tʂʰɯ³³　　me³³.
　　　　　1SG　　A　　　饭　　　INTR　　给　CPL　　NOMIN　猪　　　这　　　　CLF
　　　　　我喂过的那头猪。

例句中的关系子句带反复体标记 le³³，而关系子句的施事者带施事格标志 nɯ³³ 来标记关系子句是一个施受结构。

纳西语中核心前置的关系子句中，关系标志不可省，关系化子句所指既可以是施事也可以是受事，如：

例 150.　zɯ³³　　tʰɯ¹¹　sʅ³³　　gɤ³³　　æ³³ʂu⁵⁵ tʂʰɯ³³　　kʋ³¹　　tʂʰɯ³³ɲi³³　　ʝæ³⁵go³¹　ɟɤ³¹.
　　　　　酒　　　喝　　喜欢　　REL　　叔叔　　这　　　　CLF　　今天　　　　家里　　　EXIST
　　　　　喜欢喝酒的叔叔今天在家。

第三章　趋向范畴

趋向范畴是纳西语及同语族其他语言所特有的一种范畴,在藏缅语族语言中具有特殊地位。孙宏开先生早期（1981a:34-42）详尽描写了羌语及其亲属语言动词趋向前加成分的形式特点及语法意义。傅爱兰（1998）《普米语动词的语法范畴》一书中首先对趋向范畴进行了描写分析,文中提到的普米语动词的趋向范畴主要指六个彻底虚化的动词前缀。此外还有杨将领（1991）对独龙语动词趋向范畴共时和历时的分析,探讨了趋向范畴的来源。宋伶俐（2006）从认知语言学的角度分析了尔苏语趋向范畴与时体、空间、语气范畴的密切关系。

以上的研究都对动词趋向前缀进行了不同角度的分析,但并未对整个趋向系统进行描写。纳西语也同羌语支一样,动词存在较成系统的趋向范畴,本章所讨论的趋向附置词,不仅包括趋向前置词,也包含趋向后置词。根据趋向附置词在纳西语谓语动词的句法槽位置,将其分为核心前句法槽和核心后句法槽。现对纳西语趋向附置词进行初步描写,并尝试解释它们在动词前后的用法,以便阐述趋向附置词的扩展功能。

第一节　趋向附置词的基本特点

纳西语动词前表趋向的成分称为附置词而不是词缀,是由于纳西语的趋向附置词并不像羌语支语言的趋向前缀与动词的黏着性那么高,纳西语表趋向的前置词与动词之间可以插入副词、否定词等其他成分,因此,文中将置于动词前后的表趋向的成分称为趋向前置词和趋向后置词。

一 趋向前置词

纳西语的趋向前置词是指前置核心动词的表方向义的附置词,主要有 $gɤ^{11}$"上"、$mɯ^{11}$"下"、$kæ^{33}$"前"、$mæ^{55}$"后"四个空间方位词。

$gɤ^{11}$表示动作是向上进行

$gɤ^{11}tæ^{11}$往上拉　　$gɤ^{11}mɤ^{55}$往上推(竖房子时将立柱往上推使其直立)

$mɯ^{11}$表示动作是向下进行

$mɯ^{11}ndzu^{11}$掉下来　$mɯ^{11}pi^{33}li^{11}$滚下去

$kæ^{33}$表示动作是向前进行或多用来表示朝着某一特定的中心方向进行的动作行为,可称之为向心趋向前置词。

$kæ^{33}ŋgʋ^{11}$向前推　　　$kæ^{33}nɚ^{55}$转紧绳子

$mæ^{55}$表示动作是向后进行或表示动作朝着离开某一中心的方向进行,可以称之为离心趋向前置词。

$mæ^{55}ɲɟi^{33}$向后推　　　$mæ^{55}li^{33}$溢出

二 趋向后置词

纳西语中置于动词后的附置词主要有体标记、情态标记、传信标记和趋向后置词,此处主要是指后置核心动词的虚化或半虚化的表示"来""去"义的趋向附置词,其中表示"来"的 $lɯ^{33}$、$tɕhi^{11}$、lu^{33} 和表示"去"的 $hɤ^{11}$、$bɯ^{33}$、$bɤ^{11}$、$hɯ^{33}$、$fæ^{33}$、lo^{55}。如:

$lɯ^{33}$表示趋向时可以直接后置动词,也可以在动词之间加入其他标记或成分,如例 1 中 $lɯ^{33}$直接后置动词 $ʂu^{11}$"找",表示动作的方向性较明确,例 2 中 $lɯ^{33}$前出现了表趋向的 le^{33},而且主要动词 $le^{33}u^{55}$"回"的方向性已经很明确,此时 $lɯ^{33}$的趋向义较弱。

例 1.　tʰɯ³³　ŋa¹¹　le³³　ʂu¹¹　lɯ³³　tsa¹¹.
　　　　3SG　1SG　DIR　找　来　INFR
　　　　他可能回来找我。

例 2.　tʰɯ³³　so¹¹ɲi³³　le³³u⁵⁵　le³³　lɯ³³　tsa¹¹.
　　　　3SG　明天　回来　DIR　来　INF
　　　　他明天可能回来。

趋向后置词 lɯ³³ 在表将行义时常与推测情态标记共现，推测情态是对未然事件的主观态度，动词后出现 lɯ³³，则可以更加凸显将来意义。

tɕʰi¹¹ 表趋向时可以后置动词，如例 3 中后置于主要动词 u⁵⁵ "打"。当 tɕʰi¹¹ 和动词之间插入表趋向的 le³³ 时，tɕʰi¹¹ 的趋向义减弱，见例 4。当 tɕʰi¹¹ 与动词之间插入副词性的动态状语标记 bʌ⁵⁵，且主要动词前已有表示动作方向的趋向前置词 gʌ¹¹，可见此时 tɕʰi¹¹ 已成为虚化的后置词。

例 3.　ji¹¹　ŋʌ¹¹　nɯ¹¹　u⁵⁵　tɕʰi¹¹　se¹¹.
　　　　水　1SG　A　打　来　PFV
　　　　水，我打好了。

例 4.　sʐ³³ndʋ³³　pi³³li¹¹　le³³　tɕʰi¹¹.
　　　　木头　滚　DIR　来
　　　　木头滚下去了。

例 5.　bʋ¹¹　lo¹¹　ʂɯ³³　gʌ¹¹　ʌ¹¹　bʌ⁵⁵　tɕʰi¹¹.
　　　　锅　里　肉　DIR_PRE　捞　ADV　来
　　　　把锅里肉捞起来。

lu³³ 在纳西语中可以后置于动词，也可以在动词之间插入副词性状语 bʌ⁵⁵，表示命令的语气。

例 6.　nɯ¹¹　ə³³ʂə¹¹　ŋʌ¹¹　ku¹¹　lu³³.
　　　　2SG　筷子　1SG　递　来
　　　　你把筷子递给我。

例7. nɯ¹¹   ha³³   dɯ³³   tsʰʅ³³   bɤ⁵⁵   lu³³.
      2SG   饭   一   热   ADV   来
      你去把饭热一下。

hɤ¹¹ 在纳西语中后置主要动词，趋向义减弱，表示动作完成，具有完结体的功能。也可在 hɤ¹¹ 与动词之间同时插入动态状语标记和表趋向的 le³³，故 hɤ¹¹ 也可以处理为虚化的后置词。

例8. tʰɯ³³   ʂɯ³³   dɯ³³   kʰwa⁵⁵   ndʑ¹¹   hɤ¹¹.
      3SG   肉   一   碗   吃   DIR_PRO
      他吃掉一碗肉。

例9. bu¹¹bɤ³³   tʰɯ³³   nɯ³³   kʰæ⁵⁵   bɤ⁵⁵   le³³   hɤ¹¹.
      猪圈   3SG   A   拆   ADV   DIR   DIR_PRO
      猪圈被他拆了。（还拿走了做猪圈的材料）

lo⁵⁵ 在纳西语中的实词义较强，可以独立做谓语表示动作趋向，不可置于动词后，无虚化迹象。

例10. tʰɯ³³   ci³³   ci³³kæ³³kæ³³   ne¹¹   lo⁵⁵   le³³   hɤ¹¹.
       3SG   匆匆忙忙   PROG   去   DIR   DIR_PRO
       他匆匆忙忙走了。

例11. tʰɯ³³   dzɯ³³   lo¹¹   lo⁵⁵   hɯ³³.
       3SG   城   里   去   DIR_PRO
       他去城里了。

bɤ¹¹ 与动词的位置较灵活，既可以前置动词，也可以后置动词，当 bɤ¹¹ 置于动词后，且与动词之间无任何成分时，bɤ¹¹ 的趋向义减弱；当 bɤ¹¹ 前置于动词，表示目的时，趋向义较强；当 bɤ¹¹ 与动词之间插入其他成分时，其处于半虚化阶段，如：

例12. ŋɤ¹¹   nɯ³³   nɯ¹¹   ʂʋ³³   bɤ⁵⁵   dɯ³³   ɲʈi³³ɲʈi³³   bɤ¹¹.
       1SG   A   2SG   带   ADV   一   走走   去
       我带你去走走。

例 13. ŋɑ³⁵ ʝi¹¹ mbə³³ bɤ⁵⁵ pjɤ³⁵gɤ³³ dɯ³³ bɤ¹¹ ndʑŋ¹¹ le³³ bɤ¹¹.
　　　1SG 家 搬 ADV 别的 一 去 住 DIR 去
　　　我家要搬到别的地方住了。

hɯ³³ 在纳西语中可以后置动词，与主要动词之间可以插入否定副词，趋向义减弱，语法化后表示一种未然事件，用来标记将行体。

例 14. ɑ³³mo³³ nɯ³³ tʰɯ³³ kʰwɑ⁵⁵ tʂʰə³³ hɯ³³ tʂɚ¹¹.
　　　阿妈 A 3SG 碗 洗 去 CAUS
　　　阿妈让他去洗碗。

例 15. tʰɯ³³ i⁵⁵ mɤ³³ hɯ³³.
　　　3SG 睡 NEG 去
　　　他没有去睡。

bɯ³³ 可以后置动词，与主要动词之间可以插入否定副词，趋向义不凸显，已虚化为将行体标记：

例 16. tʰɯ³³ i⁵⁵ mɤ³³ bɯ³³ tse⁵⁵.
　　　3SG 睡 NEG 去 REP
　　　他不去睡。（他不想去睡觉）

例 17. ŋɑ¹¹ hɑ³³ ndʑŋ³³ bɯ³³ se¹¹.
　　　1SG 饭 吃 去-FUT PFV
　　　我要去吃饭了。

fæ³³ 置于动词后表示命令语气，比 lu³³ 的语气更强硬：

例 18. dɯ³³mæ³³ tʂʰu¹¹ lu³³ ndʑŋ⁵⁵ fæ³³ lɑ¹¹.
　　　一点儿 快 地 锄 去 AUX
　　　快点来锄地!

例 19. ə⁵⁵tʰe¹¹ ʂɯ³³ fæ³³.
　　　DEM 死 去
　　　死远点!

以上对纳西语表示"来""去"的趋向动词进行尝试性的分析，发现纳西语中已经虚化为趋向后置词有 lɯ³³、tɕʰi¹¹、hɤ¹¹、bɯ³³、hɯ³³，bɤ¹¹与动词的位置较灵活，处于半虚化过程，fæ³³和 lu³³为典型的命令式标记。

第二节 动词的趋向范畴和空间方位概念

纳西语的趋向前置词，常与方位词有密切的关联。纳西语中的方位名词除了"上""下""前""后"还有表示"左"wɑ³³、"右"i¹¹、kʰʊ³³"里"、bʊ³¹"外"。纳西语方位词只有"上、下、里、外"体现出三位一体的区分，分为"近、较远、远"三种形式，通过语音屈折和附加前缀 ə⁵⁵来表示，其中表达"远"的形式时，只需延长前缀 ə⁵⁵的语调来表示，如：

	近	较远
上面	gɤ³³twɤ¹¹	ə⁵⁵gɤ³³twɤ¹¹
下面	mɯ³³tʰæ³³	ə⁵⁵mɯ³³tʰæ³³
里面	kʰʊ³³cʏ³¹	ə⁵⁵kʰʊ³³cʏ³¹
外面	mæ⁵⁵cʏ³¹	ə⁵⁵mæ⁵⁵cʏ³¹

可见纳西语动词的趋向前置词与方位名词在内容和形式上相一致。孙宏开（1981：36）提到，动词的趋向前加成分是由方位名词的词根经过紧缩以后，缀于动词之前，以表示方向概念。纳西语动词的趋向前置词虽然与方位名词有着密切关系，但在句中的作用和用法却不同，表示趋向的前置词与动词的其他语法范畴标记一样，不能脱离动词单独存在。当这些前置词进入动词趋向范畴后，与方位名词已属于两种不同的语言成分，方位名词是实词，有确定的词汇意义，在句中可以充当主语、宾语、状语等，但趋向前置词是表示语法意义的形态成分，需与动词共现。本书调查的片丁纳西语中的趋向前置词大都为单音节词，Lidz（2010:337）提到永宁纳西语中也有前置于动词的空间指示词，这些空间指示词大都以双音节的形式存在，如下例：

lə³³-zɯ³¹	ŋu³³	tɔ³¹	ɢɑ³³ɬɑ³³	tʰɯ³³	wu³³	nɑ³³-nɑ³³
ACCOMP	睡	时候	神	DEM	CLF	悄悄

ʐwæ³³	tɔ³¹	tʰɯ³³-dzæ³³	gɯ³³-tɕɔ³³	tsʰɔ⁵⁵	hɯ³³.
马	上面	起	上面	跳	去

睡着的时候，这个神悄悄地骑在马上跳到天上去了。(Lidz 2010:338)

例句中的 gɯ³³-tɕɔ³³ "上面"，以及文中前置于动词的 mʊ³¹-tɕʰɔ³³ "下面" 等，与本书调查的纳西语方位词 gɤ³³tɯɤ¹¹ "上面"、mɯ³³tʰæ³³ "下面" 相对应，但在片丁纳西语中双音节的方位词不可前置于动词，其中一些趋向前置词在与动词结合时，可以插入程度副词、否定副词、体标记等成分，如例20—24的趋向前置词 kæ³³、mæ⁵⁵ 与动词之间分别可以插入否定副词 mɤ³³、持续体标记 tʰe¹¹、程度副词 tʰɑ⁵⁵，而例24a/b中的趋向前置词 gɤ¹¹、mɯ¹¹ 与动词的紧密度较高，之间不可以插入任何成分，这些成分只能后置于动词：

例 20. tʰɯ³³   ku³³lɤ³³   kæ³³   mɤ³³   gʊ⁵⁵   je³³   kɯ³³tʂɯ¹¹.
        3SG   头   DIR_PRE NEG   弯   SVCs 说话
        他没低着头说话。

例 21. pe³³tsɿ³³   ku³³kɑ⁵⁵   kæ³³   tʰe¹¹   kɑ³³.
        杯子   盖子   DIR_PRE   DUR   盖
        把杯盖盖好。

例 22. ɣ³³sæ³³   mæ⁵⁵   mɤ³³   kʰæ⁵⁵.
        雨伞   DIR_PRE   NEG   撑开
        打不开雨伞。

例 23. pɑ³³pɑ³³   mæ⁵⁵   tʰɑ⁵⁵   pʰɯ⁵⁵   ndʐ³³.
        粑粑   DIR_PRE   可以   掰   吃
        粑粑可以掰开吃。

*例 24a. jɤ³³   gɤ¹¹   mɤ³³/tʰɑ⁵⁵   tʂʰɯ³³.
         烟   DIR_PRE   NEG/可以   挂
         不/可以挂烤烟

*例 24b. gʋ³³ndʋ¹¹ hu⁵⁵hu³³ mɯ¹¹ mɤ³³/tʰa⁵⁵ ndzu¹¹

核桃　　摇　　　　DIR_PRE　NEG/可以　掉

核桃摇不/可以（摇）下来。

第三节　趋向附置词和其他语法范畴之间的关系

纳西语中的大部分动词都可以带趋向附置词，并非必然表示趋向语义，这表明趋向附置词在纳西语中已经逐渐语法化，其功能得以扩展。纳西语趋向附置词主要有以下扩展功能。

一　与体范畴的关系

傅爱兰（1998:72、122、125）分别提到普米语动词的有些趋向前缀甚至与方向无关，而表示别的语法意义，如完成体。"已行体中绝大部分需要加前缀，而进行体一般不与趋向前缀搭配"。"将行体一般不加趋向前缀，只有当强调施事者一定会实施某动作时，才加前缀，如果加前缀则表示动作的结果，而不加前缀只指将来，不强调完成或结果"。[①] 纳西语中趋向前置词可以与进行体、持续体连用，如：

例 25.　pe³³tsɿ³³　kæ³³　kɑ⁵⁵kɑ³³　（ne¹¹）.

杯子　　　DIR　　盖　　　PROG

正在盖杯子。

例 26.　pe³³tsɿ³³　ku³³kɑ⁵⁵　kæ³³　tʰe¹¹　kɑ³³.

杯子　　　盖子　　　DIR　　DUR　　盖

把杯盖盖好。

例 27.　tʰɯ³³　ku³³ly³³　kæ³³　tʰe¹¹　gʋ⁵⁵　je³³　mɤ³³　kɯ³³tʂu¹¹.

3SG　　头　　　　DIR　　DUR　　弯　　SVC　NEG　说话

他低着头不说话。

[①] 傅爱兰：《普米语动词的语法范畴》，中国文史出版社 1998 年版，第 72、122、125 页。

例 28.   mjɤ¹¹   gɤ¹¹   kʰɑ⁵⁵

　　　　眼睛   DIR   睁

　　　　睁开眼

例 25、26 中有都有显著的持续体标记 tʰe¹¹，趋向前置词 kæ³³的体意义并不凸显，但让 tʰe¹¹ kɑ³³ "盖着"、tʰe¹¹gʊ⁵⁵ "弯着"的这一持续状态更凸显，强调的是动作的结果。例 25 中若没有进行体标记，也表示 "盖杯盖子" 这一动作正在发生，因此，进行体标记此时在存在趋向前置词的前提下是可选的。更凸显的例子如 28 中的前置词 gɤ¹¹，如无趋向前置词 gɤ¹¹，mjɤ¹¹ kʰɑ⁵⁵ 只表示 "睁眼" 的动作，加入趋向前置词 gɤ¹¹ 则表示动作的结果和状态的持续，此时趋向前置词 gɤ¹¹ 更起到了持续体的作用，gɤ¹¹ 与动词之间不可插入任何成分。

纳西语的一些趋向后置词成为表达将行体、完结体的主要手段。趋向后置词 bɯ³³、bɤ¹¹、lɯ³³ 经语法化为将行体标记，tɕʰi¹¹、hɯ³³、hɤ¹¹ 经历了不同程度的语法化为完结体标记。木仕华（2003）认为 bɯ³³ 是经由动词 "去" 语法化为辅助动词，从而引发意义重心的转移，形成动词加辅助动词的并用状态，逐步向语法功能增强的方向过渡。在本书调查的纳西语方言点中，bɯ³³ 常用来标记将行体，此时句中动词前可不出现其他趋向前置词，如：

例 29.   nɯ¹¹   ku³³lɤ³³   tʂʰə³³   ə⁵⁵   bɯ³³.

　　　　2SG   头   洗   QM   FUT

　　　　你要洗头发吗？

例 29 中 tʂʰə³³ "洗" 的动作并未发生，后置的 bɯ³³ 趋向义消失，只表示动作的将行体意义，句中谓语动词 tʂʰə³³ 前也无须再加入任何趋向前置词。当 bɤ¹¹ 后置动词时，表达的将行义与 bɯ³³ 相似，但 bɤ¹¹ 常与 mi³³ "想" 搭配表示 "想要"，此时 bɤ¹¹ 表将来的语义更加凸显。

例 30.   ŋɑ¹¹   mi³³   kʰɯ⁵⁵   je⁵⁵   mjæ⁵⁵   cɤ⁵⁵   nɯ¹¹   jɤ⁵⁵   bɤ¹¹.

　　　　1SG   火   烧   SVCs   面   煮   你   给   FUT

　　　　我烧火煮面给你。

例31. ŋa¹¹　　ha³³　　tʰʋ⁵⁵　　bɤ¹¹　　mɤ³³　　mi³³
　　　　1SG　　饭　　　煮　　　FUT　　没　　　想
　　　　我不想煮饭。

tɕʰi¹¹、huɯ³³都后置动词并可以独立表达事件的完成，此时还都带有趋向义，如例32—35中的趋向后置词使得动作事件的完成意义更凸显：

例32. jɤ³³　　duɯ³³　　po¹¹　　hæ¹¹　　bɤ⁵⁵　　tɕʰi¹¹.
　　　　烟　　　一　　　包　　　买　　　ADV　　来-CMPL
　　　　买来一包烟。

例33. ŋa¹¹　　ndʐ̩³³　　bɤ⁵⁵　　tɕʰi¹¹　　se¹¹.
　　　　1SG　　吃　　　ADV　　CMPL　　PFV
　　　　我吃过了。

例34. tʰɯ³³　　nɯ³³　　ʐ̩³³tʰe³³　　tʰʋ¹¹　　lo¹¹　　ndzʋ¹¹　　huɯ³³.
　　　　3SG　　A　　　刀　　　　桶　　　里　　　掉　　　CMPL
　　　　他把刀掉进桶里了。

例35. tʰɯ³³　　ndʐ̩³³　　se³³　　bɤ⁵⁵　　huɯ³³　　se¹¹.
　　　　3SG　　吃　　　CMPL　　ADV　　去　　　PFV
　　　　他吃完走了。

hɤ¹¹后置动词不仅可以表示动作的完成，也表示动作的结果，如：

例36. huɯ¹¹　　nɯ³³　　mi³³　　kʰɤ⁵⁵　　bɤ⁵⁵　　hɤ¹¹.
　　　　雨　　　A　　　火　　　灭　　　ADV　　CMPL
　　　　雨水把火浇灭了。

例37. tʰɯ³³　　ʂɯ³³　　duɯ³³　　kʰwa⁵⁵　　ndʐ̩¹¹　　hɤ¹¹.
　　　　3SG　　肉　　　一　　　碗　　　吃　　　CMPL
　　　　他吃掉一碗肉。

纳西语动词原本就有相应的体形态标记，但是当趋向附置词在与体标记搭配时，趋向前置词与动词之间可以插入体进而凸显体意义或对体意义有稍微的区分，而趋向后置词一般都可以直接代替体形式表达体意义。

二 与动词命令式的关系

纳西语中动词命令式的表达方式与趋向范畴有一定的联系。孙宏开（1981）指出羌语动词表命令时，使用哪一个趋向成分是约定俗成的，但所使用的趋向成分多是和发出命令的人当时当地所处的地理环境有一定的关系。纳西语有自己的分析手段，即在动词后加相应的标记 bi^{55} 表示命令，此时命令式中一般会加有趋向前置词，但如果特意强调说话对象时，可省去趋向前置词。因此，可见趋向前置词与命令式是非强制的，如：

例 38.　ba^{33}la^{11}　　mæ^{55}　　pʰʋ^{55}　　bi^{55}.
　　　　 衣服　　　DIR_{PRE}　脱　　　IMP
　　　　 把衣服脱掉。

例 39.　ba^{33}la^{11}　　pʰʋ^{55}　　bi^{55}　　bɯ^{33}.
　　　　 衣服　　　脱　　　IMP　　FUT
　　　　 自己脱衣服。

例 38 中通过在动词 pʰʋ^{55} 后添加标记词 bi^{55} 来表命令，此时句中说话对象不明确，默认为第二人称，但实施动作行为者可以是说话对象"你把衣服脱掉"，也可以是第三人"让他把你衣服脱掉"。例 39 中出现了表示第一人称的情态标记，强调动作行为由"自己"进行。

纳西语的趋向后置词 lu^{33}、fæ^{33} 经语法化后可以表示命令语气，趋向后置词 bɯ^{33} 与动词的命令式也有一定联系，如：

例 40.　pe^{33}tsɿ^{33}　　ɣ^{11}　　ŋa^{11}　　ku^{55}　　lu^{33}.
　　　　 杯子　　　拿　　　1SG　　给　　　IMP
　　　　 杯子拿给我。

例 41.　mjɤ^{11}lɤ^{33}　　ka^{55}ka^{33}　　mɤ^{33}　　bɯ^{33}.
　　　　 眼睛　　　　蒙　　　　　NEG　　FUT
　　　　 不要蒙眼睛。

例 42a.　nɯ¹¹　ə⁵⁵tʰe³³　fæ³³.
　　　　　2SG　那边　　　去-IMP
　　　滚到那边去

例 42b.　nɯ¹¹　kæ³³　bɤ¹¹　lu³³.
　　　　　2SG　前边　去　　IMP
　　　你去前边。

纳西语 bɯ³³ "去"、lu³³ "来" 经语法化后可表命令语气，bɯ³³意愿性较强，表示说话人从所在地到别的地方去的意愿，若表示命令语气时，常用于否定句中；而 lu³³表示命令语气时常出现在主语为第二人称的肯定句中，表示命令听话人向说话人靠近。纳西语中表示"去"的词还有 fæ³³，常用于第二人称，表示命令某人离开说话人所在的地方，说话者使用 fæ³³时，表示的是一种不礼貌、厌恶的态度，而 bɯ³³和 lu³³表示的是一种委婉、礼貌的语气。lu³³用于命令句时，可以单独成句，表示召唤、命令牲畜。

bɯ³³、lu³³可以在句中共现，lu³³常出现在 bɯ³³的后面置于句尾，此时 lu³³更倾向于句尾语气词，相当于汉语的"吧"表示的是应允、祈求的语气，语法化程度较高，如：
bɯ³³ lu³³ "去吧（慢走）"。

例 43.　nɯ¹¹　hɑ³³　dɯ³³　tsʰɿ³³　bɯ³³　lu³³.
　　　　2SG　饭　　一　　热　　　去　　来
　　　你去把饭热一下吧。

宋伶俐（2006）从认知语言学角度论证了尔苏语动词趋向范畴和时体、语气的关系，认为趋向范畴的时体意义来自于空间隐喻，用时体标记表达命令语气，是一种客观范畴向主观范畴的投射，命令式要求对方的动作具有完整性。纳西语的趋向后置词占据了原来表命令式标记的位置，由表示体标记演化为表示命令语气，是宋文提到的一种客观范畴向主观范畴投射的过程。

第四节　趋向附置词的语义扩展

　　傅爱兰（1998:51）中提到动词能否附加趋向前缀，趋向前缀的数量与动词本身的语义性质有关。纳西语的大多数动词可以附加趋向前置词，趋向前置词的类型，除了与动词的语义性质相关外，还具有认知上的某种类化的趋向指向。如 $gɤ^{11}duɯ^{11}/dɤ^{11}$"长大"、$muɯ^{11}le^{33}gʋ^{55}$"趴下"等，动词 $duɯ^{11}/dɤ^{11}$"长"的方向是向上运动，而 $le^{33}gʋ^{55}$"趴"的动作方向是向下运动，与这些动词相搭配的趋向前置词是由动词的自身语义决定的。但也有存在一些不表示动作方向性的动词，只是认知上的某种变化，如 $pʰuɯ^{55}$"断"、$pʰɚ^{11}$"解开"、$pʰʋ^{55}$"脱"、$sɑ^{55}$"溢"等动词都可以带 $mæ^{55}$表离心的趋向前置语素，表示的动作的趋向义是隐性的，$mæ^{55}$ $pʰɚ^{11}$"解开"、$mæ^{55}$ $pʰʋ^{55}$"脱掉"隐含动作的方向是远离施事起点的。

　　纳西语同一个动词可以分别带不同的趋向前置词，表示相近或相反的语义，如：

例 44.　　$ko^{33}kæ^{55}$　　$gɤ^{11}/mæ^{55}$　　$pʰu^{33}$　　$jɤ^{55}$.
　　　　　锅盖　　　　上　　　　　揭　　　OPT
　　　　　揭开锅盖。

例 45.　　$le^{55}kʰɯ^{33}$　　$gɤ^{11}/mæ^{55}$　　$nduɯ^{11}$
　　　　　裤腿　　　　DIR　　　　卷
　　　　　卷裤腿/解开裤腿。

　　句中动词 $pʰu^{33}$"揭"的动作方向是向上运动，因此可以附加表示向上的前置词 $gɤ^{11}$，同时"揭开"这一动作又是离开施事的动作起点，因此也可以带表示离心的附置词 $mæ^{55}$，但都表示"锅盖揭开"这一动作。$nduɯ^{11}$"卷"前加表向上的 $gɤ^{11}$时，强调"卷"的动作，前加表离心的 $mæ^{55}$时，强调的是将卷好的裤腿解开的动作。

　　纳西语趋向附置词可以构成四字格或进入某一构式修饰动词，表示动作的重复和不确定性，如：

例 46.　gɤ¹¹　　tʂʰwɑ⁵⁵　　muɯ¹¹　　zɑ¹¹
　　　　向上　　爬　　　　下　　　　跳
　　　　上蹿下跳

例 47.　kæ³³　　ɲʑi³³　　mæ⁵⁵　　ɲʑi³³
　　　　前　　　走　　　　后　　　　走
　　　　进进出出

例 48.　kæ³³　　nuɯ³³　　mæ⁵⁵　　le³³　　mbi¹¹
　　　　前　　　AUX　　　后　　　　AUX　　飞
　　　　飞来飞去

刘丹青（2013）提到普米语的趋向前缀可以表示语用性否定意义，"向下""离心"一类可带负面色彩的趋向成分表示说话人的主观态度。纳西语也可见趋向附置词与说话者的主观态度的关联。如：

例 49.　tʂɯ³³　　sɚ³³　　muɯ¹¹　　tʰe¹¹　　zɿ³³zɿ¹¹　　lɑ¹¹　　（huɯ¹¹）．
　　　　这　　　事　　　下　　　　DUR　　　隐藏　　　　劝说　　（已经被隐瞒）
　　　　这件事儿尽量隐瞒着。

例 50.　tʰɯ³³　　ə³³me³³　　nuɯ³³　　mæ⁵⁵　　ŋgu¹¹　　nv̩⁵⁵me³³　　ɲɤ¹¹　　tʂɚ¹¹．
　　　　3SG　　　母亲　　　A　　　　向后　　之后　　　心　　　　　担　　　CAUS
　　　　他让妈妈很担心。

例 51.　zʏ⁵⁵zʏ¹¹　　gɤ¹¹　　nuɯ³³　　tɕʰi¹¹　　jɤ³³．
　　　　孩子　　　　上　　　醒　　　　来　　　　VIS
　　　　孩子醒来了。

例 49 中动词 zɿ³³zɿ¹¹ "隐藏"含有负面的、不受欢迎的语用意义，而趋向前附语素 muɯ¹¹ "向下"也具有负面色彩，如汉语中的"沉沦下去"，因此，zɿ³³zɿ¹¹ "隐藏"与表示"向下"的前置词搭配在语义句法上是相对称的。例 50 中的动词 nv̩⁵⁵me³³ɲɤ¹¹ "担心"如同例 44，使用表示"离心"的趋向前置词与之相匹配，表示说话者的主观态度。例 51 中的动词 nuɯ³³ "醒"表明言者的心理认知是"向上"的，可与 gɤ¹¹相匹配。纳西语的这类趋向前置词与普米语不同的是，不仅表示说话者的态度，还可以加强或强调句中的动作行为。如例 49 中动词前加入"向下"的趋向前置词 mɯ^{11}后，表示的是对动作"隐藏"的进一步强调，即要"尽量隐藏"。而例 50 中动词前加入"离心"的趋向前置词 mæ^{55}后，表示的是对动词"担心"程度的加强。

第四章 动词的情状类型和体

纳西语中有一套丰富的体标记,表示动作行为进行的阶段、时间和状态。对纳西语动词体范畴的研究,为纳西语的语法系统和藏缅语语族语言体范畴的研究提供类型学参项。本章将从纳西语不同情状类型的动词与体类型的搭配限制、体的类型、体标记的连用进行分析。

第一节 动词的情状类型

体与动词词义关系密切,同样的体形态加在动词的不同小类上,因体的抽象意义和动词词义的互动会产生各种具体的意义变体,为了沟通动词词义和体意义的关系,一些学者在动词词义和体之间增设了一个中介层次——动词情状类型。

句子的体意义既可以通过词汇体意义构成,也可以由动词短语所对应的情状类型为基础构成,所谓情状类型(situation types)是指通过动词以及动词的配价成分或相关的数量或时间性成分组成的短语来对一个事件的时间类型进行表现的,也可以称为情状体(situation aspect)。Vendler(1957)最早对情状类型提出了四个概念系统:状态(states)、活动(activities)、完成(accomplishment)、成就(achievement)。陈前瑞(2008:267)将汉语动词的情状体根据是否具有[+终结]特征分为终结性情状和非终结性情状,终结性情状包括结束情状和达成情状，它们的区别在于是否具有[+持续]特征；非终结性情状包括状态情状和活动情状，它们的区别在于是否具有[+动态]特征。据此，我们可将纳西语动词的情状类型分为：

（一）状态（states），指动作性较弱的动词，主要包括心理动词或静态动词。该类情状体的意义可由动词本身的语义特征来确定的，如：wɑ¹¹"是"、ɲɟY¹¹"有"、sɿ³³"知道"、tsæ¹¹"高兴"、gɯ³³lɯ³³"伤心"等。

（二）活动（activity），指动作性较强的可持续性行为，动词具有可控性，且大部分为弱持续性动词，该类情状体的意义可由动词本身的语义特征或动词及其相搭配的成分的语义分类共同来确定，如：ndʐŋ¹¹"吃"、tsʐ⁵⁵"腌制"、hæ⁵⁵"挂"等表示动作行为本身的持续，若动词与数量或时间性成分结合时，又可表示动作行为造成的状态的持续，如：dɯ¹¹kʰwɑ³³ndʐŋ¹¹"吃了一碗饭"、ʂɯ³³tʰe¹¹tsʐ⁵⁵"腌着肉"、pʰe⁵⁵tʰe¹¹hæ⁵⁵"挂着布"。

（三）完成（accomplishment），指有内在的终结点的非持续性动词，如：ʂɯ¹¹"死"、pʰi¹¹"丢"、le³³u⁵⁵"回来"等非持续性动词，该类词的情状体意义由动词本身的语义表示，若附加时量成分后表示的是动作结束后经历的时间，如：ɲi³³he³³ʂɯ¹¹"死了两个月了"。

（四）成就（achievement），由动词与结果补语构成的非持续性动词性结构，如：ndɑ⁵⁵pʰɯ⁵⁵"砍断"、mi³³"听见"、to³³"看见"等。

第二节　动词的体

一　体的概述

关于时体的定义和区分一直是普通语言学研究的重要问题。时是以说话时为基准的句子所表事件、命题所在的时间位置，体按照戴耀晶（1997）的定义为观察时间进程中的时间构成的方式。时客观性较强，而体主观性较强。

在没有时范畴的语言中，体在功能上可以部分代替时的定位作用，但并不改变体的本质。时体范畴是指用形态这类综合性手段、虚词之类分析性形态或是半虚化的词语来表示的语法范畴。任何语言都有表达时和体的词语，它们承载的时和体意义隐含在词义中，可以直接通过词汇来表示，在句法上是显性的，而在使用形态手段时，形态并没有内在的词义，只有通过句子才可以获得。某种类型的形态有其专属性，只用来表达该类型的意义。据此，可以认为纳西语中没有专有的表示时的形态标记，只是用纯粹的实词即时间名词之类表达，如：

例1. ŋa¹¹ jæ³³ko¹¹ le³³ pa³³ tɕʰi¹¹ tʂʰɯ³³kʰɑ¹¹ tʰɯ³³ ja³³ko¹¹ mɤ³³ ɲɟY¹¹.
　　 1SG　家里　 DIR 到　来　 这会儿　　　3SG　家里　NEG EXIST
　　 我回来的时候他不在家。

例2. ŋa³¹ dɯ³³ kʰɑ¹¹ gʋ³³　　　 bɯ³³ se¹¹.
　　 1SG　一　时　LOC-时候　去　PFV
　　 我将要走了。

例3. tʰɯ³³ i⁵⁵ me³³ dɯ³³kʰɑ¹¹ gʋ³³ se¹¹.
　　 3SG　睡　AUX　一时　　　LOC-时候　PFV
　　 他睡觉已经有一会了。

上述例句 1—3 中并没有专有的表示时的形态标记，而是用时间名词表达时的意义，即以说话时为基准的句子所表达的事件、命题所在的时间位置。通过时间名词 tʂʰɯ³³kʰɑ¹¹ "这时候" 表示近将来时和现在时，用时间名词 dɯ³³kʰɑ¹¹ "某时" 表示将来时。同理，纳西语中表示过去时也主要用相应的过去的时间名词来表示。纳西语中表示时的名词也常与体标记交融，而且某些体与时的划分也很微妙，常把时处理为体范畴，如：

例4. bæ³³la¹¹ cæ³³cæ³³ tʂʰɚ³³ se³³ se¹¹.
　　 衣服　　刚刚　　洗　　CMPL PFV
　　 衣服刚刚洗完。

例 4 中出现了表示谓语过去时间的 cæ³³cæ³³ "刚刚"，同时也出现了表示完成体的标记 se^{33}，说话人将观察角度调整为注视其动作的完成点上，即"洗衣服"的动作已经完成。

我们可以将纳西语谓语的时间进行三分，即过去时、现在时和将来时，而这三种时意义主要通过时间名词来表达，我们要讨论的时体主要是通过形态手段或半虚化的词语来表示，是有标记的，因此可以认为纳西语的时是无标记的，暂不列入本书讨论范围。

二 体的定义

学界对"体"的界定尚未达成统一认识，其中影响较大的是 Comrie（1976）对体的定义，认为体是对情状内在时间构成所持的不同的观察方式，主要的观察方式有完整体和未完整体两类[①]。戴耀晶（1997）在此基础上进行了修正的定义，他认为体不仅与动词有关，还与整个事件有关，即体是观察时间进程中的事件构成的方式。本书在参照以上学者对体的界定时，结合纳西语事实，可对纳西语动词体范畴进行尝试性的界定，通过相应的语法形式来表达事件在一定时间过程段的状态的语法范畴。

第三节 体的类型及特征

Comrie 将体分为完整体（perfective）和未完整体（imperfective），完整体从外部观察情状而没有必要去区分情状的内在结构；未完整体从内部观察情状，跟情状的内在结构有密切关系。未完整体又可分为惯常体（habitual）和持续体（continuous）；持续体又可分为进行体（progressive）和非进行体（nonprogressive），前者用于动态动词，后者用于状态动词[②]。Comrie 的经典体系奠定了体研究的基础。针对藏缅语体的研究主要有黄布凡（2000）将羌语体范畴分为 3 个层级 11 类，即时体（进行体、将行体、已行体）、情体

[①] Comrie, B. *Aspect*, 转引自陈前瑞《汉语体貌研究的类型学视野》, 商务印书馆 2008 年版, 第 15 页。
[②] 同上。

（始行体、即行体、方行体、变化体）、状体（重行体、曾行体、常行体、续行体）。胡素华（2001）将彝语体分为进行体、完成体、变化体、未完成变化体。江荻（2005）将藏语的体分为9类，分别是将行体、即行体、待行体、实现体、持续体、结果体、方过体、已行体、与境体，且这些语法体都有形式上的"体"标记。基于以上学者对不同语言体的分类，本书试根据纳西语动词的情状类型将体分为完结体、经验体、进行体、持续体、单变体、反复体、将行体、完整体8种类型。

一 完成体（completive）

完成体表示动作的完成或结束，汉语完成体标志可以用于结束情状和活动情状类型，如果是结束情状动词，表示抵达情状内在的自然终止点；如果为活动情状动词，则表示情状实现其任意终止点。纳西语中表示完结体 se^{33} 可以单用作动词或出现在连动结构中。

例5.　me³³,　　mæ⁵⁵　　tʂʰɯ³³　　so³⁵　　ze⁵⁵　　gu³³me³³　　tʂʰɯ³³
　　　但是　　后　　　DEM　　早晨　　表停顿　妹妹　　　DEM

　　　kv̩⁵⁵　　ndʐɿ³³
　　　CL　　　吃

　　　se³³　　bɤ⁵⁵　　hɯ³³　　se¹¹　　tse⁵⁵,　　mɤ³³　　ʝɤ³³
　　　CMPL　离开　　去　　　PFV　　QUOT　　NEG　　EXIST

　　　se¹¹.
　　　PFV

　　　第二天妹妹被吃掉了（妖怪也走了），故事讲完了。（c29）

例6a.　ba³³la¹¹　　tʂʰɚ³³　　se³³　　se¹¹.
　　　衣服　　　洗　　　　CMPL　PFV
　　　洗完衣服了。

例6b.　ba³³la¹¹　　tʂʰɚ³³　　se¹¹.
　　　衣服　　　洗　　　　PFV

洗了衣服。

例 7a.　ho³³pɑ³³mi³³　　ndzu³³　se³³　jɤ³³.
　　　　火把　　　　　燃烧　　CMPL　VIS
　　　　（我看见）火把已经烧完了。

*例 7b.　ho³³pɑ³³mi³³　　ndzu³³　se³³　se¹¹.
　　　　火把　　　　　燃烧　　CMPL　PFV
　　　　火把已经烧完了。

*例 7c.　ho³³pɑ³³mi³³　　ndzu³³　se¹¹.
　　　　火把　　　　　燃烧　　PFV
　　　　火把燃烧过了。

*例 7d.　ho³³pɑ³³mi³³　　se³³　se¹¹　jɤ³³.
　　　　火把　　　　　CMPL　PFV　VIS
　　　　火把烧完了。

例 8a.　ho³³pɑ³³mi³³　　tʂɯ⁵⁵　se³³　　se¹¹.
　　　　火把　　　　　点　　CMPL-完/掉　PFV
　　　　已经点完火把了。

例 8b.　ho³³pɑ³³mi³³　　tʂɯ⁵⁵　se¹¹.
　　　　火把　　　　　点　　PFV
　　　　点过火把了。

上述例句 5、6a 中的 se³³ 表示"完成"义，而 se¹¹ 置于句尾是表示事件的完整性，此时与活动情状类动词连用表示动作可以在任意时间点终止，如例句中 tʂʰɚ³³"洗、ndzu³³ 吃"都是单纯的动作，及物性较高，可以在任何时间终止。而例 6b 的 se¹¹ 表示"洗"的动作已经发生过并结束了。例 7 中 ndzu³³"燃烧"为结束情状类动词，动词本身有内在的终结点，及物性较低，因此不可与完整体标志 se¹¹ 连用，如例 7b/c/d 都不可以说。例 8 中 tʂɯ⁵⁵"点"为具有及物性的活动情状类动词，后接 se³³ 表示对"点"的动作的补充说明，而 se¹¹ 表示整个事件的一个结果状态。例 8b 中表示 tʂɯ⁵⁵"点"的动作已经发生过并结束了。因此我们认为，纳西语中的完整体标志 se^{11} 和表示"完成"义的动词 se^{33} 连用时，表示动作结束的参照时间点为说话者的时间点，而当 se^{11} 与动词连用时表示动作结束的时间点先于说话者的时间点。

纳西语中的 t^hv^{33} 也可以表示动作的完成，t^hv^{33} 的动词义具有产生、发生义，当 t^hv^{33} 与完整体标记 se^{11} 连用时，表示"完成"义，其功能相当于 se^{33}，因此上述例句中的 se^{33} 也可以用 t^hv^{33} 来代替。

二 经验体（experiential）

经验体是指相对于某个参照时间而言，动作所进行的事件是一个在参照时间之前发生并与参照时间脱离，表示事件已经被尝试、经历过。整个事件具有经历性和动态性。纳西语中的经验体标记 ji^{33} 可以用于自主和非自主动词后表示经历过某事件。

经历体按照参照时间的远近，可以分为远过去和近过去，当动词为非持续性的动作或状态时，此时体标记 ji^{33} 只可以与远过去时间连用，不可以与近过去时间连用；当动词为持续性的动作或状态时，此时体标记 ji^{33} 可以与近过去和远过去两种参照时间。如：

例 9a. $\eta\gamma^{11}$　$ci^{55}\textltailn\gamma^{35}$　$n\textbaru^{11}$　do^{11}　ji^{33}.
　　　　1SG　小时候　　2SG　看见　EXPER
　　　　我小时候见过他。

*例 9b. $\eta\gamma^{11}$　$\textschwa^{33}\textltailn i^{33}$　$n\textbaru^{33}$　do^{11}　ji^{33}
　　　　1SG　昨天　　2SG　看见　EXPER
　　　　我昨天见过他。

例 10a. $\eta\gamma^{11}$　$ci^{55}\textltailn\gamma^{35}$　$\eta gu^{11}be^{33}$　pa^{33}　ji^{33}.
　　　　1SG　小时候　　丽江　　到　EXPER
　　　　我小时到过丽江。

*例 10b. $\eta\gamma^{11}$　$\textschwa^{33}\textltailn i^{33}$　$\eta gu^{11}be^{33}$　pa^{33}　ji^{33}.
　　　　1SG　昨天　　丽江　　到　EXPER

我昨天去过丽江了。

例 11a. ŋa¹¹ ə³³ɲi³³ tʰe³³ɯ³³ ə³³tʰɯ⁵⁵ tsʰæ³³ lʏ¹¹ ʝi³³.
　　　　 1SG 昨天　　书　　 DEM　　 CLF　 看　EXPER

我昨天看过那本书。

例 11b. ŋa¹¹ ə³³be³³ tʰe³³ɯ³³ ə³³tʰɯ⁵⁵ tsʰæ³³ lʏ¹¹ ʝi³³.
　　　　 1SG 去年　　书　　 DEM　　 CLF　 看　EXPER

我去年看过那本书。

例 12a. ŋa¹¹ ə³³ɲi³³ pæ³³ti⁵⁵ tʂʰɯ³³ pa³³ dɯ³³ dʑɻ¹¹ ʝi³³.
　　　　 1SG 昨天　 板凳　 DEM　 CLF　一　 坐　EXPER

我昨天坐了一下这个凳子。

例 12b. ŋa¹¹ ci⁵⁵ɲɤ³⁵ pæ³³ti⁵⁵ tʂʰɯ³³ pa³³ ndʑɻ¹¹ ʝi³³.
　　　　 1SG 小时候　 板凳　 DEM　 CLF　坐　EXPER

我小时候坐过这个凳子。

上述例句中 9、10 的动词 do¹¹ "看见"、pa³³ "到" 都为非持续性动词，此时体标记只可与表示远过去的参照时间连用，如 9a、10a 中的 ci⁵⁵ɲɤ³⁵ "小时候" 都为远过去时间，而 9b、10b 中的参照时间 ə³³ɲi³³ "昨天" 为近过去的时间，与说话时间相比，"昨天"的时间较短，已经可以表示动作从发生到结束的过程，不需要再加体标记 ʝi³³ 表示。例 11、12 中动词 lʏ¹¹ "看"、ndʑɻ¹¹ "坐" 为持续性动词，此时与经验体连用的既可以是距离说话者时间较近的 ə³³ɲi³³ "昨天"，也可以是距离说话时间较远的 ə³³be³³ "去年"，但是值得注意的是，例 12a 中的动词 ndʑɻ¹¹ "坐" 为强持续性动词，在与表近过去的时间连用时，需要用表示动作量的结构 dɯ³³ dʑɻ¹¹ "坐一下" 来表示，如句中的 "我昨天坐过一下那个凳子"，在纳西语中不可以说 "我昨天坐过那个凳子"。

经验体表达的都是经历上的事件，该事件在时间上已经发生并终止，这个过程中存在动作的变化，因此，纳西语中的经验体也可以表示事件的动态性，如：

例 13. ŋa¹¹   dɯ³³   ŋu¹¹   ŋgu³³   ʝi³³.
      1SG   一   CLF   得病   EXPER
      我得过一场病。

例 14. ŋa³⁵ɲi³³kv̩⁵⁵   do³³do¹¹   ʝi³³.
      1PL   见面   EXPER
      我俩见过面。

例句中的 ŋgu³³、do³³do¹¹ 都表示事件在时间的变化过程中所具有的动态性。纳西语中完结体标记 se¹¹ 也具有动态性，在与状态情状类动词连用时，完结体 se¹¹ 表示的动态性是进入某种状态的变化，而经验体的 ʝi³³ 表示的是离开某种状态的变化，如：

例 15. ŋa³⁵ɲi³³kv̩⁵⁵   do³³do¹¹   se¹¹.
      1PL   见面   CMPL
      我俩见面了。

例 14 表示的是说话者已经离开了"见面"的这一状态，而例 15 表示的是说话者经过起始的动态变化，进入了"见面"的状态。此时的状态动词大都为有界动词，一些无界的状态情状类动词无法与经验体连用，如上文提到的状态情状类型中的心理动词"知道、高兴"等。

三 进行体（progressive）

进行体表示动作行为正在进行或状态的存续，纳西语中的标记 ne¹¹ 表示动作的进行或存续，通常包括进行、状态和规律性意义。进行体的未完整性表现在它是对时间进程中的事件起始后与结束前之间的持续情况的考察，即关注的是情状的内部结构，如：

例 16. ʐwa³³   zo³³   ʝɤ¹¹   ne¹¹   ʝɤ³³.
      马   指小   跑   PROG   VIS
      小马在跑。

例 17.　　kʰɯ³³ɲi⁵⁵　　çi³³　　ko⁵⁵　　jɤ¹¹　　ne¹¹　　jɤ³³.
　　　　　狗　　　　人　　P　　舔　　PROG　VIS
　　　　　狗在舔人。

例句中 jɤ¹¹ "跑"、jɤ¹¹ "舔" 等活动情状动词与进行体结合时，并不关注事件的起始和终止点，表达的是动作进行的意义，强调的是动词的内在情状。由于进行体的未完整性，它不可以与表达事件具体时间的词语相搭配，如："五分钟""一个月"等，该类词语具有完整性。

存续体指动作完成后的结果继续存在一段时间，强调一个动态行为的变化过程，且达到结果之后能保持这个结果，纳西语中进行体 ne¹¹ 可以表达这个功能，此时的动态变化过程，可以看作是进行体的前一阶段，而对结果的保持，则具有存续性。如

例 18.　　ndʐɿ³³　　pʰjɤ³³　　sɿ³¹　　ne¹¹　　jɤ³³.
　　　　　树　　　　叶子　　黄　　CON　VIS
　　　　　树叶子变黄了。

例 19.　　lɤ³³　　le³³　　mi⁵⁵　　ne¹¹　　jɤ³³.
　　　　　果子　DIR　熟　　CON　VIS
　　　　　果子快熟了。

上述例句 18、19 中的 ne¹¹ 与状态情状动词搭配，除表示有一个"变黄""熟"的动态过程，还表示一直保持"黄""熟"的这个结果，因此这时的 ne¹¹ 表示的是动作结果的存续。而例 16、17 中的 ne¹¹ 与活动情状动词连用，强调的是"跑""舔"的动作行为直到产生结果的阶段。

四　持续体(Durative)

持续体表示的是某个状态或动作在任何时间段持续进行，通过在动词后加前置型的体标记 tʰe¹¹ 表示。纳西语中的持续体与存续体不同，持续体不强调结果，而存续体强调达成某个结果后并保持这一结果。如：

例 20.　la³⁵tsʅ³³　kʰɯ¹¹tsʅ⁵⁵　　lo¹¹　　tʰe¹¹　kʰɯ⁵⁵.
　　　　辣子　　竹篾　　　　INESS　DUR　放
　　　　辣子放在竹篓里。

例 21.　sæ³³læ¹¹　kʋ³³　zʅ³³tʰe³³　tʰe¹¹　ʝɤ³³　　jɤ³³.
　　　　桌子　　LOC　小刀　　　DUR　EXIST　VIR
　　　　桌子上有小刀。

例 22.　tʂʰwæ³³hu³³　to⁵⁵　　kʰwa⁵⁵tʂɚ³³pʰe⁵⁵　tʰe¹¹　hæ⁵⁵　jɤ³³.
　　　　窗户（CH）　LOC　　洗碗布　　　　　DUR　挂　　VIR
　　　　门窗上挂着毛巾。

例 23.　ŋa¹¹　æ³³tʂʰʅ³³　pa³³　lo¹¹　tʰe¹¹　tʂɚ³³tɤ³³.
　　　　1SG　DEM　　　地方　LOC　DUR 记得
　　　　我记得那个地方。

纳西语中持续体 tʰe¹¹ 可以与状态和活动情状动词共现，如例 21、23 中的状态情状 ʝɤ³³ "有"、tʂɚ³³tɤ³³ "记得"，都表示状态的持续，属于未完整体意义。例 20、22 中的 kʰɯ⁵⁵ "放"、hæ⁵⁵ "挂" 为活动情状动词，当与持续体 tʰe¹¹ 共现时，其活动情状较弱，而存在状态情状凸显，表示的是动作的持续。

不论是表示状体的持续还是动作的持续，持续体都要求情状在某一参照点内存在，纳西语中 tʰe¹¹ 不仅表示当时存在，也可以表示在将来和过去的时间段，如：

例 24.　mɤ⁵⁵ndɤ¹¹　tʰe¹¹　cʰɚ³³　bɯ¹¹　jɤ³³.
　　　　棍子　　　DUR　断　　FUT　VIS
　　　　棍子快要断了。

例 25.　tʰɯ³³　cæ³³cæ³³　tʂwa³³　kʋ³³　tʰe¹¹　i⁵⁵.
　　　　3SG　　刚刚　　　床　　　LOC　DUR　躺
　　　　他刚刚在床上躺着。

例句 24 中的 bɯ¹¹ 为将来体的标志，tʰe¹¹ cʰɚ³³ 表示的是"断"的动作可能将要发生并会一直持续到将来的某个时间。例 25 中出现表过去的时间词 cæ³³cæ³³ "刚刚"，tʰe¹¹ i⁵⁵ "躺着"的这一状态在过去的时段一直持续，可能会持续到现在。

　　进行体本身所具有的存续性，使得持续体 tʰe¹¹可以与进行体 ne¹¹共现，此时的动词必须为动作性较强的活动情状类动词，表示某一动作持续进行中，例 26、27，而活动情状中动态性较弱的动词不可以与 tʰe¹¹、ne¹¹共现，例 28、29，如：

例 26.　　tʰɯ³³　　ku³³lɤ³³　　tʰe¹¹　　tʂʰə³³tʂʰə³³　　ne¹¹.
　　　　　3SG　　头发　　　DUR　　洗　　　　　　　PROG
　　　　　他正洗着头发。

例 27.　　tʰɯ³³　　zɯ³³　　tʰe¹¹　　tʰɯ¹¹　　ne¹¹.
　　　　　3SG　　酒　　　DUR　　喝　　　PROG
　　　　　他正喝着酒。

*例 28.　　tʰɯ³³　　tʂwa³³　　kʊ³³　　tʰe¹¹　　i⁵⁵　　ne¹¹.
　　　　　3SG　　床　　　　LOC　　DUR　　睡　　PROG
　　　　　他正在床上躺着。

*例 29.　　kʰɯ¹¹　　tʂʰɯ³³　　kʰɯ¹¹　　kʰu³³　　to⁵⁵　　tʰe¹¹　　hæ⁵⁵ ne¹¹　　jɤ³³.
　　　　　线　　　　DEM　　　CLF　　　门　　　　LOC　　DUR　　挂　　PROG　　VIS
　　　　　这根线挂在门上。

　　纳西语中前置的体标记与动词的结合度没有那么紧密，可以在动词之间插入其他成分，如下述三例中 tʰe¹¹和动词 tʂɤ³³tɤ³³ "记得"之间插入副词 ta⁵⁵，此时 tʰe¹¹和 ta⁵⁵常发生合音为 tʰe³⁵，正如例句中 "饭是热的"省去了 ta⁵⁵。动词若单独出现在句中，否定词可以置于 tʰe¹¹和动词之间，若动词后带有情态范畴等成分，则否定词后置，如例 32 否定的是 "闭"这个动作行为，而例 33 是对允许情态义进行否定，表示客观条件下不被允许。

例 30.　　ŋa¹¹　　ə⁵⁵tʂʰɯ³³　　pa⁵⁵　　lo¹¹　　tʰe¹¹　　ta⁵⁵　　　tʂɤ³³tɤ³³.
　　　　　1SG　　DEM　　　　　地方　　LOC　　DUR　　ADV-仅　　记得

我还（一直）记得那个地方。

例 31.　hɑ³³　　tʰe³⁵　　tsʰɿ³³.
　　　　 饭　　　DUR　　热
　　　　饭是热的。

例 32.　nv̩⁵⁵bi¹¹　　tʰe¹¹　　mɤ³³　　mɚ⁵⁵mɚ³³.
　　　　嘴唇　　　　DUR　　NEG　　闭
　　　　不闭嘴。

例 33.　nv̩⁵⁵bi¹¹　　tʰe¹¹　　mɚ⁵⁵mɚ³³　　mɤ³³　　ɲi¹¹.
　　　　嘴唇　　　　DUR　　闭　　　　　　NEG　　要
　　　　不要闭嘴。

五　单变体（semelfactive）

单变体指不能延长的一次性结束的动作行为，更凸显一次性。纳西语中的单变体用 dɯ³³ "一" + V₁ + dɯ³³ "一" + V₁ + ni¹¹/bɤ⁵⁵/be³³ + V₂ 的形式表示，其中 ni¹¹ 在该结构中较常用，V₂ 的情状类型与 V₁ 要相匹配，如：

例 34.　dɯ³³　　lY¹¹　　dɯ³³　　lY¹¹　　ni¹¹　　ɲʑi³³
　　　　一　　　看　　　一　　　看　　　PROG　走
　　　　边看边走

例 35.　dɯ³³　　lY¹¹　　dɯ³³　　lY¹¹　　bɤ⁵⁵　　ɲʑi³³
　　　　一　　　看　　　一　　　看　　　FUT　　走
　　　　（先观察再走）边看边走

例 36.　dɯ³³　　lY¹¹　　dɯ³³　　lY¹¹　　be³³　　ɲʑi³³
　　　　一　　　看　　　一　　　看　　　ADV　　走
　　　　看着走

例 34 的"看"和"走"的动作同时进行，因此，这里的 ni¹¹ 可以看作是进行体标记。例 35 中 bɤ⁵⁵ 为将来体标记，表示先观察，先看，然后再走的动作。例 36 中 be³³ 是纳西语中的状语标志，用来表示"走"的方式。以上三例都表示了动作的一次性完成并伴随某种显性或隐性的后果。由于 ni^{11} 的特殊性，当 ni^{11} 不表示体标记时，它在单变体结构中的位置较灵活，如上例 34 可以说，$dɯ^{33}$ $lʏ^{11}$ ni^{11} $dɯ^{33}$ $lʏ^{11}$ ni^{11} $ɲʨi^{33}$ "看着看着走（小心翼翼地走）"，此时与 Lidz（2010:438）中提到的永宁纳西语中单变体可以通过重叠短时体的形式来表示相同。但此时 $bʏ^{55}/be^{33}$ 的位置较固定，不可以随意移动，如*$dɯ^{33}$ $lʏ^{11}$ be^{33} $dɯ^{33}$ $lʏ^{11}$$be^{33}$ $ɲʨi^{33}$、*$dɯ^{33}$ $lʏ^{11}$ $bʏ^{55}$ $dɯ^{33}$ $lʏ^{11}$ $bʏ^{55}$$ɲʨi^{33}$。

纳西语单变体的这一结构可以表示动作的非持续性，是由这一构式本身的语义决定，因此，非持续性动词进入这一结构中时，V_2 的情状类型需与 V_1 相匹配，即上例中的 V_2 "走" 与 V_1 "看" 都为活动情状类动词，与单变体所表示的非持续义相吻合。再如例 37 中 "舔" 和 "吃" 都是表示动作性较强的非持续动词，可以进入这一结构中，如：

例 37. $k^hɯ^{33}ɲi^{55}$ $hɑ^{33}$ $dɯ^{33}$ $jʏ^{11}$ $dɯ^{33}$ $jʏ^{11}$ ne^{11} $ndʐ̩^{33}$.

         狗   饭   一   舔   一   舔   PROG   吃

         狗一舔一舔的吃。

因此，若为持续性动词或状态动词进入这一结构中，则表示的是动作的反复进行，整个行为在反复中进行，即下节中的反复体，如：

例 38. $dɯ^{33}$ $sɿ^{33}ndv^{33}$ $dɯ^{33}$ $sɿ^{33}ndv^{33}$ ni^{11} $ʂʏ^{55}$.

         一   想   一   想   AUX   说

         想一会说一下，想一会说一下。

纳西语中的单变体形式若省去 V_2，即用 $dɯ^{33}$ "一" + V + $dɯ^{33}$ "一" + V + ni^{11} 的形式表示，此时表达的是动作的反复持续进行，并不强调动作的一次性，但该结构在句中需要有相应的停顿标志，如：

例 39. $dɯ^{33}$ fu^{55} $dɯ^{33}$ fu^{33} ni^{11}, $gu^{33}næ^{33}$ be^{33} $mʏ^{33}$ fu^{55}.

         一   补   一   补   AUX,   NEG   补   NEG   补

         东补补，西补补，也没有补好。

六 反复体（Iterative）

纳西语中的反复体主要指进行持续的反复体，通常用 dɯ³³"一"+VV，纳西语中省去 dɯ³³"一"只通过单个动词的重叠常表示相互义，如 nɚ³³"推"，nɚ⁵⁵nɚ³³"互相推"。纳西语 dɯ³³"一"+VV 结构表示的反复体主要是指动作行为的反复完成，而这种反复完成是在同一时间段里连续发生的，作为事件来说是进行或持续的。与单动词重叠式不同的是，dɯ³³"一"+VV 结构并不具有尝试义，若要表示尝试义，则该结构中动词不可以重叠形式出现，如：

例 40. lɑ¹¹ʂɯ⁵⁵tso³³　　ko⁵⁵　　dɯ³³　　kʰʋ⁵⁵kʰʋ³³　　ne¹¹.
　　　 毛巾　　　　　 LOC　　一　　 RDP-擦　　　　 AUX
　　　 毛巾上擦一擦手。

　　　 lɑ¹¹ʂɯ⁵⁵tso³³　　ko⁵⁵　　dɯ³³　　kʰʋ⁵⁵　　ne¹¹.
　　　 毛巾　　　　　 LOC　　一　　 擦　　　　 AUX
　　　 毛巾上擦一下手。

例 41. pæ³³ti⁵⁵　　dɯ³³　　pjɤ³³pjɤ³³　　ne¹¹.
　　　 板凳　　　 一　　　 RDP-挪　　　　AUX
　　　 挪一挪凳子。

　　　 pæ³³ti⁵⁵　　dɯ³³　　pjɤ³³　　ne¹¹.
　　　 板凳　　　 一　　　 挪　　　 AUX
　　　 挪一下凳子。

例 42. bɑ³³lɑ¹¹　　dɯ³³　　fʋ⁵⁵fʋ³³　　ne¹¹.
　　　 衣服　　　 一　　　 缝　　　　 AUX
　　　 缝一缝衣服。

上文提到纳西语变体的 dɯ³³"一"+V+dɯ³³"一"+V+ni¹¹ 的形式也可以表示动作的反复义，在此不再赘述。此外，还可以通过重叠 dɯ³³"一"+VV 的形式表示反复义，如：

例 43.　dɯ³³　tɤ³³tɤ³³　dɯ³³　tɤ³³tɤ³³　be³³　be³³.
　　　　一　　敲　　　一　　敲　　　ADV　做
　　　敲一下做一下，敲一下做一下。

例 44.　dɯ³³　kʰwɤ⁵⁵kʰwɤ³³　dɯ³³　kʰwɤ⁵⁵kʰwɤ³³　ne¹¹　ɲʝi³³
　　　　一　　摸　　　　　　一　　摸　　　　　　AUX　走
　　　摸一段走一段，摸一段走一段

上述两例中都表示"敲一下做一下""摸一段走一段"的动作已经完成一次，并还在持续反复进行中，因此重叠 dɯ³³ "一" +VV 的形式更能凸显反复、重复义。

纳西语除通过重叠手段来表达反复、重复义外，还可以配以成对的半虚化成分表示反复义，如：

例 45.　tʰɯ¹¹　nɯ³³　tʰe⁵⁵ɯ³³　tʂʰɯ³³　tsʰæ¹¹　kɤ⁵⁵pʰʋ³³　kɤ³³　le¹¹.
　　　　3SG　　AGT　书　　　　DEM　　CLF　　翻　　　　　翻　　AUX
　　　他把这本书翻来翻去。

例 46.　æ¹¹　tʂʰɯ³³　me³³　gɤ¹¹　tsʰo³³　mɯ¹¹　tsʰo³³.
　　　　鸡　　DEM　　CLF　　上　　跳　　　下　　跳
　　　这只鸡跳来跳去。

例 47.　kæ³³　nɯ³³　mæ⁵⁵　le³³　sɿ³³ndv³³
　　　　前　　AUX　　后　　ITER　想
　　　想来想去

上述例句中"上""下"具有一定的方向指示义，但并非就是指具体的"跳"到上面或者"跳"到下面，"上""下"都已有所虚化，而对于"想来想去"这一非移位行为，"前""后"就更虚化了。因此，可将纳西语中这类表示反复义的形式看作广义的形态性构式，表示同一动作的反复。

从形式上看，纳西语通过 dɯ³³+V 或 VV 结构来表示短时体、一次体和反复体，很符合象似性的手段。对此，可将纳西语短时体、单变体和反复体的形式和语义列入下表：

类型	形式	例句	语义
相互态	VV	sɿ⁵⁵sɿ³³	互相认识
单变体	dɯ³³V₁ + dɯ³³V₁ + ni¹¹/bʋ⁵⁵/be³³ + V₂	dɯ³³lʋ¹¹dɯ³³lʋ¹¹ni¹¹ɲi³³	边走边看
反复体	dɯ³³ "一" + VV	dɯ³³sɿ³³ndv³³dɯ³³sɿ³³ndv³³ ni¹¹ ʂʋ⁵⁵	想一下说一下

纳西语反复体除以上结构形式表示外，还可以通过构式来表示，在这些构式中都含有趋向前置词 le³³，如例 48—51：

例 48. zʋ⁵⁵zʋ¹¹   kʋ⁵⁵pʰʋ³³   kʋ⁵⁵le³³   mʋ³³   i⁵⁵ŋv¹¹.
　　　孩子　　　翻来　　　　翻去　　　不　　　睡觉
　　　孩子翻来翻去不睡觉。

例 49. mbɚ³³lɚ⁵⁵   kæ³³   nɯ³³   mæ⁵⁵   le³³   mbi¹¹.
　　　苍蝇　　　　前　　　AUX　　后　　　ITER　　飞
　　　苍蝇飞来飞去。

例 50. le³³   ŋv¹¹   le³³   zæ¹¹
　　　ITER　哭　　　ITER　笑
　　　哭哭笑笑。

例 51. ci¹¹   tʂʰɯ³³   pʰe⁵⁵   kæ³³   nɯ³³   mæ⁵⁵   le³³   dɑ¹¹
　　　云　　这　　　　片　　　前　　　AUX　　后　　　ITER　飘
　　　这片云飘来飘去。

当 le³³ 对构式的依赖减弱时，可以脱离构式出现在句中，进而用来标识某种语法范畴。当趋向前置词 le³³ 在与趋向后置词连用时，如 le³³ 置于动词前，具有反复义，当 le³³ 置于动词后时，则表示动作趋向，如例 52a 中 le³³ 置于动词 dzʋ¹¹"抓"的前面表示本来老虎走了，没想到又回来抓人了的意思，而例 52b 中 le^{33} 置于 dzγ^{11} "抓"的后面表示动作的方向。例 53 中的 le^{33} 若置于动词 k^{h}æ^{55} 后则表示太阳可能从某一方向出来了，而置于动词前表示"太阳又出来了"。当句中没有趋向后置词时，le^{33} 前置于动词表示趋向，如例 54、55：

例 52a.   lɑ^{33} nɯ^{33} kæ^{33} le^{33} dzγ^{11} tɕ^{h}i^{11} jγ^{33}.
          老虎   AGT   DIR   INTR   抓   来   VIS
          老虎又来抓了。

例 52b.   lɑ^{33} nɯ^{33} kæ^{33} dzγ^{11} le^{33} tɕ^{h}i^{11} jγ^{33}.
          老虎   AGT   DIR   抓   DIR   来   VIS
          老虎过来抓了。

例 53.   ȵi^{33}me^{33}k^{h}ɯ^{33} k^{h}æ^{55} le^{33} tɕ^{h}i^{11} jγ^{33}.
         阳光   照   DIR   来   VIS
         太阳出来了。

         ȵi^{33}me^{33}k^{h}ɯ^{33} le^{33} k^{h}æ^{55} tɕ^{h}i^{11} jγ^{33}.
         阳光   INTR   照   来   VIS
         太阳又出来了。

例 54.   bɑ^{11} le^{33} ŋγ^{11} jγ^{33}.
        花   DIR   掉   VIS
        花凋谢了。

例 55.   k^{h}ɯ^{33}ȵi^{55} t^{h}e^{11} p^{h}æ^{33} bi^{55}ze^{55} k^{h}ɯ^{33} le^{33} tʂ^{h}ɚ^{33}.
        狗狗   DUR   拴   后   脚   DIR   洗
        把狗拴起来后才去洗脚。

     le^{33} 也可同时即表示趋向又表示反复体，如例 56 中置于句尾的 le^{33} 表示动作的反复，而置于 bɯ^{33} 前的 le^{33} 则表示动作的趋向：

例 56.   nɯ^{11} ze^{35}kʋ^{33} le^{33} bɯ^{33} le^{33}?
         2SG   哪里   DIR   去   INTR
         你又去哪儿？

七 将行体(future)

纳西语中 bɯ³³ 和 ho⁵⁵ne¹¹ 都可以用来标记将行体,其中 bɯ³³ 的语法化程度较高,ho⁵⁵ne¹¹ 主要用来表示近将来,其中 bɯ³³ 带有主观意愿,而 ho⁵⁵ne¹¹ 更倾向于客观性。

(一) bɯ³³

bɯ³³ 在纳西语中主要由趋向动词 bɯ³³ "去" 语法化而来,木仕华(2003:37)提到纳西语的趋向动词都可以发生不同程度的语法化,成为体标记。纳西语动词的语法化通常在谓语动词的补语位置上完成,动词经语法化为辅助动词,引发语义重心的转移,形成动词和辅助动词的并用状态,从而向语法功能强的方向过渡。调查发现 bɯ³³ 的语法化路径可能为动词 bɯ³³ "去"→动态状语标志→将行体标志,几乎符合木仕华所提出的纳西语动词语法化路径。如例 57 中 bɯ³³ 为动词 "去":

例 57. bɯ³³   nɯ³³   mɤ³³   bɯ³³   le³³
         去   DISJ   NEG   去   QM
         去还是不去?

在 58、59 例中 bɯ³³ 置于动词 lʋ¹¹ "抬"、ȵi³³ȵi³³ "走走" 后,表示的是动作行为的目的。如:

例 58. ha³³ ndʐ³³ bi⁵⁵ze⁵⁵ ŋa³⁵ŋgɯ¹¹ jɤ³³ lʋ¹¹ bɯ³³
         饭   吃   后   1PL   烟   抬   去
         吃完后我们去抬烤烟。

例 59. ŋɤ³³ nɯ³³ nɯ¹¹ sʋ³³ bɤ⁵⁵ dɯ³³ ȵi³³ȵi³³ bɯ³³
         1SG   AGT   2SG   带   ADV   一   走走   去
         我带你去走走。

下述例句 60、61 中 bɯ³³ 为助动词,句中不存在表示动作行为的目的语义,如:

例 60.　ŋa¹¹　　nɯ¹¹　　to³³　　ɲi³³　　zu¹¹　　kɯ³³tʂɯ¹¹　　bɯ³³.
　　　　1SG　　2SG　　P　　两　　CLF　　说话　　　　AUX
　　　　我有话对你说（要跟你说几句话）。

例 61.　ndʐ¹¹　tʂʰɯ³³　　ndʐ¹¹　　ŋa¹¹　　gɤ¹¹　　ndo³³/tʂʰwa⁵⁵，ə⁵⁵　tʰa³³/tʰʋ³³
　　　　树　　DEM　　CLF　　1SG　　向上　　爬/攀爬　　　　QM　　爬
　　　　æ⁵⁵　bɯ³³　　me³³　　ŋa¹¹　　dɯ³³　　ndo³³　　ne¹¹
　　　　QM-去　　AUX　　1SG　　一　　爬　　AUX
　　　　这棵树我爬一下是否能爬上去？

　　例 62 中的第一个 bɯ³³ 表示"笑"的程度，第二个 bɯ³³ 表示"笑"这一动作发生的时间，即"想笑"但是还没"笑"，而整个 zæ¹¹ bɯ³³zæ¹¹ bɯ³³ 后带状语标志 be³³ 充当谓语动词 kɯ³³tʂɯ¹¹ "说"的状语，整句中的 bɯ³³ 已经失去表示动作行为目的的功能。

例 62.　tʰɯ³³　zæ¹¹　bɯ³³　zæ¹¹　bɯ³³　be³³　ŋɤ¹¹　cy¹¹　kɯ³³tʂɯ¹¹　tɕʰi¹¹.
　　　　3SG　笑　ADV　笑　FUT　ADV　1SG　对　说　　来
　　　　他要笑要笑地对我说。

　　例 63 中 bɯ³³ 作为体标记的功能更加凸显，句中表明说话者已明确自己要表达的对象，将"今晚打跳"的这件事传达给听话者，因此不存在动作行为的目的。例 64 中 bɯ³³ 为将行体标记，句中还出现了推测示证 kʰɯ⁵⁵，表示天阴了推测会有要下雨的迹象，可能将要下雨，一些表示推测、猜测的示证标记也有类似的表将来的功能。

例 63.　tʂʰɯ³³hu¹¹　　pɯ³³lɯ¹¹　　tsʰo³³　　bɯ³³　　me¹¹.
　　　　今晚　　　　笛子　　　　跳　　　去　　CERT
　　　　今晚要打跳（跟知道的人说）。

例 64.　hɯ¹¹　　gɯ³³　　bɯ³³　　kʰɯ⁵⁵　　jɤ³³.
　　　　雨　　下　　FUT　　INFR　　VIS
　　　　要下雨了。

（二）ho⁵⁵ne¹¹

纳西语中的bɯ³³和ho⁵⁵ne¹¹都表示的是一种近将行体，说话时间都可以定位为现在，参照时间都是"将来"，但其中ho⁵⁵ne¹¹表示的参照时间是"距离现在很近的某个将来时间"。陈前瑞（2008:188）说话时间和参照时间之间的关系反映的是时，参照时间和情状时间（事件时间）之间的关系反映的是体。据此，我们认为纳西语中bɯ³³表示的是在参照时间内情状还未发生，是一种未然状态，但ho⁵⁵ne¹¹表示的是在参照时间内情状已发生，是一种已然状态。如下例中65表示的是"吃饭"这个事件还未发生，而66中出现了一个不同于说话时间的副词tʰa⁵⁵"可以、快要"来指称将来时间，表示在距离说话时间很近的一个将来时间内，事件已成为现实，其中这两句中句末的se¹¹不表示时间，表示的事件的完整性。

例65.　ŋa¹¹　　ha³³　　ndʐŋ³³　　bɯ³³　　se¹¹.
　　　　1SG　　饭　　　吃　　　　FUT　　PFV
　　　　我要去吃饭了。

例66.　ŋa¹¹　　ha³³　　ndʐŋ³³　　tʰa⁵⁵　　ho⁵⁵ne¹¹　　se¹¹.
　　　　1SG　　饭　　　吃　　　　可以　　FUT　　　　PFV
　　　　我快要可以吃饭了。（我快把饭做好了）

ne¹¹在纳西语中属于多功能语素，常用来标志进行体，在表示将来的ho⁵⁵ne¹¹中，ne¹¹仍有进行的语义，如例67中表示的有人要去把"墙推倒"，而68则表示有人正在拆墙，墙可能很快就要"倒塌"：

例67.　ʝɤ³³dʋ¹¹　　mbjɤ¹¹　　bɯ³³.
　　　　墙　　　　　倒塌　　　　FUT
　　　　墙要倒。

例68.　ʝɤ³³dʋ¹¹　　mbjɤ¹¹　　ho⁵⁵ne¹¹.
　　　　墙　　　　　倒塌　　　　FUT
　　　　墙要倒了。

上例中 ho⁵⁵ ne¹¹ 表示将行体，核心动词为活动情状类动词，因此 ne¹¹ 还具有部分进行语义。当谓语动词为结束情状类动词时，ne¹¹ 表进行的语义消失，成为句末语气词，ho⁵⁵ 承担了表示将来的某一时间的功能，如：

例 69.　tʰɯ³³　zɯ³³　kɑ¹¹　ʂɿ¹¹　ho⁵⁵　ne¹¹.
　　　　他　　酒　　醉　　死　　将要　AUX
　　　　他酒醉的要死。

当 ne¹¹ 彻底脱离 ho⁵⁵ 直至在句中消失后，ho⁵⁵ 前的动作行为仍为一种未然事件，但此时 ho⁵⁵ 不表示将来时间，而表示允许、致使义，如：

　　　tʰɯ³³　　u³³du¹¹u³³　　gɤ¹¹　　hɤ⁵⁵　　ho⁵⁵.
　　　3SG　　自己　　　　DIR_PRE　站　　允许 CAUS
　　　让他自己站起来。

　　　tʰɯ³³　　　kæ³³　　hɯ³³　　ho⁵⁵.
　　　3SG　　　 DIR_PRE　去　　　允许
　　　让他先去了。

八　完整体(perfective)

纳西语中完整体标记 se¹¹ 常与动词一起出现，不可单独做动词使用。Dahl（1985：78）对完整体的原型描述为：完整体动词通常表示单个的事件，并把该事件视为一个发生在过去的、为分析的整体，一个可清楚界定的结果或终结状态；该事件一般是瞬时的，至少被视为向对立状态的一种转变，事件本身的持续可以被忽视①。如例 70 中第一小句指明了事件存在的状态，第二小句表明了事件的完整性，即一个可清楚界定的结果，"人类只有他一个人了"，如：

例 70.　mɯ³³　ne³⁵　lɯ³³　mby³³mby³³　bi⁵⁵　ŋgu¹¹　tʰɯ³³　ze⁵⁵je³³,
　　　　天　　CONJ　地　　分开　　　　之后　之后　回指　　表停顿
　　　　自从天和地分开之后，（a62）

---

① 陈前瑞：《汉语体貌研究的类型学视野》，商务印书馆 2008 年版，第 270 页。

çi³³	tʰɯ³³	tʰɯ³³	gʋ³³	ta⁵⁵	hɑ⁵⁵	se¹¹	tse⁵⁵.
人	TOP	他	CLF	仅仅	剩下	PFV	GUOT

人（类）呢只剩下他一个了。（a63）

Li & Thompson（1981:185-186）将汉语普通话的完整体分为量化事件、特指事件、有界事件和系列事件中的首事件四个次类。根据纳西语的语言事实，也可将完整体进行上述次类的分析。

（一）量化事件的完整体

含有时量的完整体结构可以看作是一种延续情状，此时说话时间既是动词情状的一个临时结束点，该结束点由句中的时量所约束，凸显了既成事件所致状态在时量范围内的存在，最终得到一个总体事件及结果状态，如例71、72 中动词都为延续性的活动情状类型，在与时量状语结合时，情状具有了动作持续一定时间的意义。此时句中事件"等""住"是在说话时间之前已经发生或已经开始的事件，只是在句中时量"一小时""两月"范围内达到了一个临时终结点，表明整个事件的结果状态。

例 71.　
tʰɯ³³	ŋɤ³³	kɤ⁵⁵	dɯ³³	dzɯ¹¹	hu³³	se¹¹.
3SG	1SG	P	一	小时	等	PFV

他等了我一小时了。

例 72.　
ŋɑ¹¹	tsʰo³³lo³³	ȵi³³	he³³	hɤ⁵⁵	se¹¹.
1SG	这里	两	月	住	PFV

我在这里住了两个月了。

（二）特指事件的完整体

特指事件如例 73、74 中明确的出现了直接宾语"这件事""他"，表明事件"知道""打"的结果和终结状态，具有事件的完整性。

例 73.　
tʰɯ³³	tʂʰɯ³³	ʂɚ³³	sɿ³³	ze¹¹/se¹¹.
3SG	DEM-这	事	知道	PFV

他知道这件事/他知道这件事了。

例 74.　ŋɤ¹¹　　nɯ³³　　tʰɯ³³　　la³³　　se¹¹.
　　　　1SG　　A　　　3SG　　　打　　 PFV
　　　　我打他了。

（三）终结事件的完整体

终结情状表示的内部过程是一个从"未然"向"已然"的状态转变过程，虽然过程短暂，但肯定存在，而 se¹¹ 成了凸显这个瞬间过程的重要表达手段，如例 75、76 中"煮好饭""砍倒树"是一个终结情状，整个句子包含了一个内部过程，即表达了从 ha³³ tʰʋ⁵⁵ "煮饭"→ha³³ tʰʋ⁵⁵ mi⁵⁵ "煮熟"、从 lɯ⁵⁵ "砍"→kʰɯ⁵⁵ "砍倒"的瞬时变化过程，该过程使得整个事件达处于一个完整的结果状态中。

例 75.　ŋa¹¹　　ha³³　　le³³　　tʰʋ⁵⁵　　mi⁵⁵　　se¹¹.
　　　　1SG　　饭　　　DIR　　煮　　　 熟　　　PFV
　　　　我做好饭了。

例 76.　ŋa¹¹　　ndʐ¹¹　　dɯ³³　　ndʐ¹¹　　lɯ⁵⁵　　mɯ¹¹　　kʰɯ⁵⁵　　se¹¹.
　　　　1SG　　树　　　　一　　　CLF　　　砍　　　DIR_PRE　　倒　　　　PFV
　　　　我砍倒了一棵树。

（四）表状态变化

状态变化体是指用来标记状态或情况的一个最近的变化，纳西语中的完整体标记 se¹¹ 还可以用来表示状态的变化，如例 77：

例 77.　ba³³ʝi¹¹　　le³³　　ka³³　　se¹¹　　tse⁵⁵.
　　　　庄稼　　　　ITER　　好　　　PFV　　QUOT
　　　　庄稼也变好了。（b19）

状态的最新变化，常具备了始动体标记的意义，此时句中出现了表示进行的 ni¹¹，表明事件处于进行中，如例 78：

例 78. ja³³ko³⁵　ze³³ɕɤ³³　be³³　mi³³ ndzɯ³³,　mʋ⁵⁵kʰʋ¹¹　tʰʋ³³　ni¹¹　se¹¹.
　　　　家里　　很　　　ADV.火　烧　　　烟雾　　　产生 PROG　CSM
　　　　家里烧起大火来，冒着烟儿。（e18）

状体变化体还可以表示动作已经开始，并在说话的时间内完成，常与完结体标记连用，表示事件完成，如例 79、80：

例 79. nɯ¹¹　nɯ³³　kʰɯ⁵⁵　gɤ³³　si⁵⁵　　ɤ¹¹　mæ³³　se¹¹.
　　　　2SG　AGT　发　　NMLI　信（CH）　拿　得到　　CSM
　　　　我已经收到你的信了。

例 80. tʰɯ³³　ndʐ³³　se³³　se¹¹.
　　　　3SG　　吃　　CMPL　CSM
　　　　他已经吃完了。

Li & Thompson（Li and Thompson 1981:240）认为状态变化标记在话语中也可以用来确定信息，尤其是有着相互关联的事件信息。纳西语中 se¹¹ 在长篇话语中也起到了强调作用，如例 81、82：

例 81. kʰæ³³tʰjæ³³pʰi⁵⁵ti⁵⁵　　ze⁵⁵　ha³³pa¹¹　le³³　wa¹¹　se¹¹,
　　　　开天辟地（CH）　　　TOP　汉族　　　DIR　COP　EMPH
　　　　开天辟地是汉语的说法，（a51）

例 82. na¹¹ɕi³³ ze⁵⁵je³³　ʝi³³　dæ¹¹　mɯ³³　kʋ³³　la⁵⁵　ʂɤ⁵⁵ me¹¹　se¹¹.
　　　　纳西 FOC　　　房子 房基　天　　LOC　抛　说　　　EMPH
　　　　纳西语的开天辟地就是 *ʝi³³ dæ¹¹ mʋ³³ kʋ³³ la⁵⁵*。（a52）

综上所述，纳西语的情状类型对应于句子的体类型。纳西语体的类型主要有完整体、完成体、经验体、进行体、单变体、反复体、将行体。其中表将来的助词是体标记而不是时标记，表将来的标记可以看作是动词语法化后的形式，近将来和远将来分别来自不同的动词 bɯ³³ 和 ho⁵⁵，而 ho⁵⁵ 又为表示祈愿的动词。完成体标记还未完全语法化为体标记，表示完结体的 se³³ 来自具有"完成"义的动词。经验体标记 ʝi³³ 几乎完全语法化为体标记，但仍可以出现在连动结构中。Bradley（2003:231）发现傈僳语中表示经验性的情态词与纳西语中的 ȵi^{33}同源，因此认为纳西语的 ȵi^{33}已经完全语法化为体标记，而傈僳语同源词仍旧以一个情态动词的形式存在。纳西语中除了短时体、单变体和反复体，这三种类型的体具有形式上的象似性，大部分体标记都为句尾助词性的标记。

纳西语中的 le^{33}和 t^{h}e^{11}为趋向附置词，而不是后置性的助词。le^{33}在纳西语中较复杂，既可以表示完成义也可以表示反复义。由于这两个体标记常前置于动词，因此推测可能其最初来源于副词。

纳西语的体标记

体类型/情状类型	语义	语法形式	句法形态	缩写
完整体	将事件视为一个整体，事件是瞬时的，也可能是状态的变化	se^{11}	助词	PFV/CSM
完成体	事件已经被完成	se^{33}	动词性体标记	CMPL
经验体	事件已经被经历过	ȵi^{33}	助词	EXPER
进行体	事件正在进行	ne^{11}/ni^{11}	助词	PROG
单变体	强调事件发生的一次性	dɯ^{33}V$_1$ + dɯ^{33}V$_1$ + ni^{11}/bʏ^{55}/be^{33} + V$_2$	衍生	SEM
反复体	短时间内事件的持续反复	dɯ^{33} "一" + VV	衍生	ITER
存续体	强调事件的一个动态的结果继续持续一段时间	t^{h}e^{11}	前置词	DIR-
将行体	距离现在很近的一段时间或较远的一段时间	bɯ^{33}/ho^{55}ne^{11}	动词性体标记	FUT

第四节　体标记的连用

用于动词后的体标记不同所表达的语义也不同，但并不是一个动词后只能出现一种体标记。有时为了更加准确的表现动作或状态在某一时刻所处的状态，可以在一个动词后同时使用两种或三种不同的体标记。但各个体标记不能随意搭配，有一定的条件制约。

一 助词性体标记不能连用

句尾助词体标记常依附于动词后表示体意义。句尾助词体标记之间互相排斥，连用会造成体意义的矛盾。此外，句尾助词体标记常兼具完句功能，因此，动词后只能出现一个句尾助词。

例 83a.　ŋa¹¹　cɤ⁵⁵tʏ³³　mæ³³　me³³　na³⁵ko¹¹　pa³³　ji³³.
　　　　 1SG　 记　　　得　　 AUX　 你家　　　 到　　EXPER
　　　　 我记得去过你们家。

*例 83b.　*ŋa¹¹　cɤ⁵⁵tʏ³³　mæ³³　me³³　na³⁵ko¹¹　pa³³　ni¹¹　ji³³.
　　　　 1SG　 记　　　得　　 AUX　 你家　　　 到　　PROG　EXPER
　　　　 我记得去过你们家。

例 83a 中的句尾体标记 ji³³ 和 ni¹¹ 分别表示经验体和进行体，且都具有完句功能，因此，如例 83b 中二者不可连用。

二 句尾助词性体标记与动词性体标记的搭配

动词性体标记独立性较差，常与一个句尾助词性体标记连用，形成 V+动词性体标记+句尾助词性体标记的结构。

例 84.　lʏ³³　mi⁵⁵　bɯ³³　ne¹¹　jɤ³³.
　　　　果子　 熟　　FUT　 PROG　VIS
　　　　果子快熟了。

例 85.　ŋa¹¹　ha³³　ndʐ³³　bɯ³³　se¹¹.
　　　　1SG　 饭　　吃　　　FUT-去　PFV
　　　　我要去吃饭了。

例 84 中将行体 bɯ³³ 和进行体标记 ne¹¹ 共现，表示 mi⁵⁵ "熟" 的这一状态会发生在将来的某一时间，但此刻 mi⁵⁵ "熟"还在持续进行中。例 85 中将行体 bɯ³³ 和完整体 se¹¹ 共现，表示"吃饭"这个事件还未发生，但确实一个发生在将来的整体。因此，当动词性体标记和句尾助词性体标记连用时，动词的体意义得到累加，即动词性体标记的体意义加在句尾性体标记的体意义上，可能是由于动词性体标记更加靠近谓语动词。

句尾助词性体标记不可连用，但部分动词性体标记可以搭配，但必须附加句尾助词弥补完句的功能，如：

例 86. hɯ¹¹　mɤ³³　gɯ³³　jɤ³³, ho³³pʰe⁵⁵　ʂɯ³³　se³³　bɯ³³　jɤ³³.
　　　　雨　　NEG　下　　VIS　　菜　　　　死　CMPL　FUT　AUX
　　　不下雨的话，菜都要死了。

例 86 se³³ 和 bɯ³³ 都为动词性体标记，第二个小句中的谓语动词 ʂɯ³³ 为结束情状动词，与将行体标记 bɯ³³ 共现，表示动作将要在某个时间内完结。

从纳西语体标记的使用情况来看，体标记具有多功能性，完整体标记 se¹¹ 具有很强的包容性，能与完成体和将行体连用。持续体由于本身具有的存续性，因此可以与将行体、进行体共现。而单变体、反复体不可以与上述体标记连用。

体的类型 \ 体的形态标记	se¹¹	se³³	ji³³	ne¹¹	tʰe¹¹	ho⁵⁵ne¹¹/bɯ³³
完整体	+	+	−	−	+	−
完成体	+	+	−	−	−	+
经验体	−	−	+	−	−	−
进行体	−	−	−	+	−	−
持续体	−	−	−	+	+	+
将行体	+	−	−	−	−	+

通过本章对纳西语体范畴的分析，可以发现纳西语体具有如下特征：

一、体是纳西语重要的语法范畴，纳西语通过一套体标记完整的反映了动作发生、发展的全过程。该套体标记具有固定的语法化过程，使用频率较高。

二、藏缅语言的时通常用时间名词、副词等词汇手段表现，缺乏固定明确的形态标记，因此，作为一种语法范畴并非所有语言都具有，而体有一套固定明确的形态标记。纳西语在体范畴上的特点反映了藏缅语的共性。

三、纳西语体标记的来源较为明确，多为动词语法化而来或是句尾助词承担。有些体标记的语法化过程符合人类语言的共性。

第五章　使动范畴

第一节　使动范畴概述

使动范畴是人类语言普遍存在的一个语义范畴，Comire（2010）从形式参项和语义参项对多种语言的使动结构进行了深入的分析。国内对藏缅语使动范畴的研究可见于孙宏开（1998）、杜若明（1990）、格桑居冕（1982）的研究。

一　使动的定义

Comrie（2010）将使动范畴看作是对整个使成情景（事件）作一描写，这一使成情景由两个微观情景部分组成，即成因和结果。Dixon（2012）通过跨语言的考察，认为致使结构是在一个基本小句里增加一个致使者论元，从而构成致使者、被致使者、结果三个基本要素，而对使动范畴的研究可以从形式机制即 Comrie 的形式参项进行分析，使动范畴的形式类型包括：形态型使动、连动型使动、迂说结构使动、词汇型使动。从句法特征的角度看，使动范畴是常见的增加动词的论元的方式。增加致使论元后，小句中动词的论元发生怎样的变化，以及动词给句法提供了怎样的及物性价值。从语义特征的角度看，一种语言中的几种使动结构会在一个或多个语义参项方面存在差异。这些参项是：状态或行为动词、及物性、自控度、直接或间接性、参与性。本章将参照 Comrie 和 Dixon 关于使动范畴的考察内容，从使动动词、使动范畴的语法形式、使动范畴的形态句法标记、论元的处理方式、使动形式的历时演变等方面对纳西语使动范畴进行相应的分析。

二 使动词

纳西语动词存在自动与使动的对立。纳西语的自动大多表示动作行为或状态由行为者自己发出、产生，不是因外力引起的，其中一些动作行为虽然由外力引起，但说话者不知是何种外力或者不需要强调其外力时，都可以用自动表示。使动表示动词的动作行为不是由行为者主动发出的，而是由外力引起的。如：

例1. tʰɯ¹¹　le³³u⁵⁵　tɕʰi¹¹　se¹¹.
　　　3SG　　回　　　来　　 PFV
　　　他回来了。

例2. ŋa¹¹　nɯ³³　tʰɯ³³　le³³u⁵⁵　tɕʰi¹¹　tsɚ¹¹.
　　　1SG　　A　　 3SG　　回　　　来　　 CAUS
　　　我让他回来了。

例3. la⁵⁵be³³　ʝi³³　lo¹¹　mɯ¹¹　dɯ¹¹.
　　　斧头　　 水　　LOC　下　　沉
　　　斧头沉在水里了。

例4. tʰɯ¹¹　nɯ³³　la⁵⁵be³³　ʝi³³　lo¹¹　tɯ⁵⁵.
　　　3SG　　A　　 斧头　　　水　　LOC　使浸泡
　　　他把斧头浸泡在水里。

上述四例表达动词自动和使动的对立，例1中的动词 le³³u⁵⁵tɕʰi¹¹ "回来"是行为者自己发出的，例2中的动词 le³³u⁵⁵tɕʰi¹¹ "回来"从客观上来看，虽然还是由行为者 tʰɯ¹¹ "他"进行的，但却是因致使论元 ŋa¹¹ "我"引起的，故在例2中通过添加使动标记 tsɚ¹¹ 来表示。例3中的动词 dɯ¹¹ "沉"虽是因外力而导致的结果，但句中没有强调外力的作用，故还用自动表示，例4中虽然没有出现使动标记 tsɚ¹¹，但句中多出现一个致使论元 tʰɯ¹¹ "他"，才导致"斧头沉在水里"，而句中的动词 tɯ⁵⁵ "使浸泡"本身含有致使义要求有致使论元和被致使者出现。可以发现，例3、4中动词的自动和使动分别通过声母的清浊和声调来表示，在纳西语中形态型致使式已经不是很凸显，只在部分动词中出现，且不具有系统性。

（一）与不及物自动词相对应的使动词

自动词　　　　　　　　使动词

lɯ¹¹ 倒　　　　　　　　lɯ⁵⁵ 砍倒

tʰʋ³³ 孵化　　　　　　　tʰʋ⁵⁵ 掏

hɯ³³ 离开　　　　　　　hɯ³³tsɚ¹¹ 使离开

与不及物动词相对的使动词表示致使者对被使者的某种致使义，是使被使者产生某种变化、结果或使被使者发出某种非及物的动作，如：

例 5a.　ndʐʅ³³　tʰɯ³³　ndʐʅ³³　sʅ⁵⁵　se³³.
　　　　树　　　DEM　　CLF　　活　　CPL
　　　　这棵树活了。

例 5b.　nɯ¹¹　nɯ³³　ndʐʅ³³　tʰɯ³³　ndʐʅ³³　gʴ⁵⁵　le³³　sʅ⁵⁵.
　　　　2SG　　AGT　　树　　　DEM　　CLF　　上　　ITER　活
　　　　你让这棵树活了。

例 6a.　mi³³　ndzɯ³³　ni¹¹　jʴ³³.
　　　　火　　燃烧　　PROG　VIS
　　　　火在燃烧。

例 6b.　ho³³pɑ³³　mi³³　tʂɯ¹¹　le³³　tɕʰi¹¹　tʂɚ¹¹.
　　　　火把　　　火　　燃烧　　DIR　　来　　CAUS
　　　　让火把的火烧起来。

上述例句中的 a 组动词都是自动用法，而 b 组动词为相应的使动形式，a 组动词为不及物动词，表示事物的某种变化，如 sʅ⁵⁵ "活"，或是某种状态，如 ndzɯ³³ "燃烧"，而 a 组的动词可以看作是 b 组使动用法的目的或结果。值得注意的是例 5b 的动词 sʅ⁵⁵ "活" 的使动形式通过前加趋向前置词和助词来表示（见下文第三节）。

（二）与及物动词相对应的使动词

纳西语中由及物动词构成的致使式较多，大部分动词可通过添加使动标记 tʂɚ¹¹ 表示，少数及物动词可以通过形态变化来表使动。如：

例 7. tʰɯ³³　ə³³me³³　nɯ³³　mæ⁵⁵　ŋgu¹¹nv̩⁵⁵me³³　ɲɤ¹¹　tʂɚ¹¹.
　　　3SG　　妈妈　　A　　DIR　　心　　　　　挂念　CAUS
　　　他让妈妈担心了。

例 8a. kʰɯɹ³³lɯɹ³³　tsɻ⁵⁵
　　　　洞　　　　　塞
　　　　堵住洞口

例 8b. kʰɯɹ³³lɯɹ³³　nɯ³³　tsʰɻ¹¹　tʂɚ¹¹.
　　　　洞　　　　　A　　　塞　　　CAUS
　　　　洞让堵起来了。

上述例句中的动词都为及物动词，例 7 中的 ɲɤ¹¹ "挂念" 为可以带两个论元的及物动词，通过后加相应标记变成致使式。例 8a 中的及物动词 tsɻ⁵⁵ "塞" 表示自动，b 句中的 tsʰɻ¹¹ 表示"使堵塞"，通过其相应的送气不送气和声调来表示使动，此时使动标记的出现是可选的，即纳西语中若可以通过动词自身的屈折变化来表示使动义时，使动标记的出现是非强制的。

（三）与形容词相对应的使动词

纳西语中的部分形容词由于具有自动词的语义特征，所以也能通过语法手段，表示性质状态是由外力引起的使动态，主要通过添加使动标记或部分形容词可通过声调变化表示。

例 9. bu¹¹　tʂʰɯ³³　me³³　ze³³gv̩³³　ka³³　dɯ¹¹　tʂɚ¹¹.
　　　猪　　DEM.　CLF　　很　　　肥　　大　　CAUS
　　　让这头猪很胖。

形容词在表示使动义时，语义上带有与趋向义相关的引申义，因此常与趋向前置词连用，如：

gɤ¹¹ dɯ¹¹ tʂɚ¹¹

上　大　　CAUS

使变大

mɯ¹¹ci⁵⁵　tʂɚ¹¹

下　小/矮　CAUS

使变小

mæ⁵⁵ ʂɚ¹¹ tʂɚ¹¹

向外　长　CAUS

使变长

若形容词前不带趋向前置词时，还可以用 ze³³A gʋ³³tʂɚ¹¹ 的结构替换，如例 9 也可以用 ze³³kɑ³³dɯ¹¹gʋ³³tʂɚ¹¹ 来代替。部分形容词通过声调变化来达成致使，表示致使者促使被使者发生某种变化或成为某种状态，如例 10a 中的 lɯ¹¹ 表示自动义，棍子可能因其他原因自己倒了，例 10b 中 lɯ⁵⁵ 的声调由 11 变为 55，表示使动义，即棍子倒是由致使者"他"通过外力 mɤ⁵⁵"推"才发生的，如：

例 10a.　　mɤ⁵⁵ndɤ¹¹　　lɯ¹¹　　se¹¹.

　　　　　棍子　　　　倒　　　PFV

　　　　　棍子倒了。

例 10b.　　tʰɯ³³　　nɯ³³　　mɤ⁵⁵ndɤ¹¹　　mɤ⁵⁵　　lɯ⁵⁵　　se¹¹.

　　　　　3SG　　A　　棍子　　　　　推　　　倒　　　PFV

　　　　　他把棍子推倒了。

上文已对纳西语的形容词进行了论述，将形容词看作不及物状态谓词，形容词除具有述谓功能外，还可以带一个论元，这里的论元主要是指除属性主体之外的另一个名词性成分，一般不以宾语的形式存在，常出现在句首话题位置，此时当形容词进入致使式中，原来形容词所带的论元降格为旁格，形容词的致使式也符合 Comrie 致使式的语法等级关系，如：

例 11a.　　tʂʰo³³lo¹¹　　tʰɯ¹¹　　ŋa¹¹　　to³³　　bi¹¹dɚ³³　　kʰɯ⁵⁵　　jɤ³³.
　　　　　　这里　　　　　TOP　　1SG　　BEN　　熟悉　　　　INFR　　VIS
　　　　　　这里对我来说很熟悉。

例 11b.　　tʰɯ³³　　nɯ³³　　ŋa¹¹　　tʂʰo³³lo¹¹　　tʏ³³　　bi¹¹dɚ³³　　tʂɚ¹¹.
　　　　　　3SG　　　A　　　1SG　　这里　　　　　DAT　　熟悉　　　　CAUS
　　　　　　他让我对这里很熟悉了。

例 11a 中形容词 bi¹¹dɚ³³ "熟悉" 所带的受事论元 tʂʰo³³lo¹¹ "这里" 置于句首，充当话题，b 句中出现了致使者 "他"，占据了主语的位置，被使者 ŋa¹¹ "我" 由旁格宾语的位置变为主要宾语，"这里" 只能从话题的位置降为旁格宾语的位置。

（四）与名词相对应的使动词

在藏缅语中存在与名词、副词相对的使动词，如在景颇语中就存在与名词相对的是动词，如：

名词　　　　　　　　　　　使动词
mun⁵⁵ 细末　　　　　　　　a³¹mun⁵⁵ 碾成细末
hkyep⁵⁵ 碎块　　　　　　　a³¹hkep⁵⁵ 成碎块
mjiŋ³³ 名字　　　　　　　　ʃã³¹mjiŋ³¹ 使有名字①　　（戴庆厦 2012:87）

在纳西语中少数名词可以动用，通过添加使动标记构成致使式表示某物是由外力生成的，如：

例 12a.　　lʊ³³bʊ³³　　gɤ³³　　mi¹¹tʂɿ⁵⁵　　tʰɯ³³　　nɯ³³　　mi¹¹　　jɤ⁵⁵　　tʂɚ¹¹.
　　　　　　孙子　　　　GEN　名字　　　　　3SG　　　A　　　取名　　给　　　CAUS
　　　　　　孙子的名字是他取的。

例 12b.　　tʰɯ³³　　nɯ³³　　lʊ³³bʊ³³　　gɤ³³　　mi¹¹　　mi¹¹　　jɤ⁵⁵　　tʂɚ¹¹.
　　　　　　3SG　　　A　　　孙子　　　　GEN　　名字　　取名　　给　　　CAUS
　　　　　　让他给孙子取名字。

---

① 戴庆厦：《景颇语参考语法》，中国社会科学出版社 2012 年版，第 87 页。

例 12a 中的客体 mi¹¹tsʅ⁵⁵ "名字" 借自汉语，其中 mi¹¹ 可以用作动词表示 "取名、使有名字"， a、b 句中 tʰɯ³³ "他" 都是致使者，通过动词 mi¹¹ 使被使者得到客体 mi¹¹tsʅ⁵⁵ "名字"。

（五）自动和使动的区别

从上文的论述可知，使成式是微观成因情景的表达形式和微观结果情景的表达形式之间的形式联系。上述例中的 ndzɯ³³ "燃烧" 是自动词，而 tʂu¹¹ "使燃烧、使点燃" 包含着致使者、被使者和动作行为三个概念，即由于某种外力作用于动词，而产生 "燃烧" 的结果。使动词和自动词相比，二者的基本词汇意义相同，不同的是自动表达的动作、行为是由主体自己实现的，使动表达的动作、行为是由主体使客体实现的，或借助外力实现。从句法功能上看，自动词和使动词都可以在句中作谓语、定语，所不同的是使动可以改变不及物动词的论元，在致使式中因为增加一个新论元致使者 A（Agent），原不及物动词的主语 S（subject）成为宾语 O（object）。如：

例 13a.　　tʰɯ³³　　hɯ³³　　se¹¹.

　　　　　3SG　　离开　　PFV

　　　　　他离开了。

例 13b.　　ŋɤ¹¹　　nɯ³³　　tʰɯ³³　　hɯ³³　　tʂɚ¹¹.

　　　　　1SG　　A　　　3SG　　去　　　CAUS

　　　　　我让他离开了。

例 13a 的动词 hɯ³³ "离开" 为不及物动词，不可带宾语，其主语为 tʰɯ³³ "他"，b 句中增加了致使者 ŋɤ¹¹ "我"，tʰɯ³³ "他" 成为了被使者处于宾语位置，在纳西语中宾格标记常可省去。

第二节　使动范畴的形式类型

Comrie（2010）从使动结构研究的形式参项上将语言分为分析型使成式、

形态型使成式、词汇型使成式三种。Dixon（2012）认为使动范畴的形式机制包括形态使动、多动词谓语使动、迂说结构以及词汇使动。藏缅语中有的语言以粘附性前缀为主表达使动，有的语言用屈折性后缀表达，有的语言用动词词根的屈折变化表达，有的语言则在动词的前或后加虚化动词或助词等方式表达，在用动词词根屈折变化方式表达使动范畴的语言里，有的用声母清浊交替的屈折变化方式表达，有的用韵母屈折变化的方式表达，也有用声调屈折变化的方式表达[①]。片丁纳西语致使结构主要有两种类型：（1）通过屈折表示自动和使动对立的屈折型致使结构；（2）通过在动词前加趋向前置词或在动词后加半虚化动词 tşɚ^{11} "让"构成的分析型致使结构。由于片丁纳西语是分析性较强的语言，屈折式正处于衰退阶段，分析式成为致使义的主要表达手段，同时也存在屈折式和分析式并用的现象。此外，纳西语中还存在较少词汇型致使式。

一 词汇型使动

词汇型使成式，是指结果表达形式和宏观使成表达形式之间的关系毫无规律性因而只能作词汇处理而不能作任何能产过程处理的情形[②]。黄成龙（2014）认为在传统语法里词汇型致使不包含在致使范畴内，如英语的 die "死"和 kill "杀死"在传统语法里被看作是及物不及物的对立，eat "吃"和 feed "喂"看作是及物动词，而生成语义学和语言类型学将 die 和 eat 看作是非致使动词，kill 和 feed 是致使动词，诸如"死"——"杀死"和"吃"——"喂"相对的形式称为异干或异干互补。从形式上看，词汇型致使是指一个致使动词没有任何附加形态标记表示致使义[③]。从跨语言研究来看，每种语言都有词汇型致使，只是数量上有所不同，纳西语也有少量异干互补的使动词，如：

[①] 孙宏开：《论藏缅语动词的使动范畴》，《民族语文》1998 年第 6 期。
[②] 伯纳德·科姆里：《语言共性和语言类型》，沈家煊、罗天华译，陆丙甫校，北京大学出版社 2010 年版，第 197 页。
[③] 黄成龙：《类型学视野中的致使结构》，《民族语文》2014 年第 5 期。

tʰɯ¹¹喝（自动）— tɯ⁵⁵喂（使动）　　tsʰo³³跳（自动）—cɤ³³弹跳（使动）

ʂɯ¹¹死（自动）—sʏ⁵⁵ʂɯ³³杀死（使动）dɯ¹¹沉（自动）—tɯ⁵⁵浸泡（使动）

例14a.　　zʏ⁵⁵zʏ¹¹　　ji¹¹　　tʰɯ⁵⁵.
　　　　　　孩子　　　水　　喝
　　　　　　小孩喝水。

例14b.　　tʰɯ³³　　nɯ³³　　zʏ⁵⁵zʏ¹¹　　ji¹¹　　tɯ⁵⁵.
　　　　　　3SG　　AGT　　孩子　　　　水　　喂
　　　　　　他给孩子喂水。

例15.　　ɯ³³　　çi⁵⁵　　nɯ³³　　sʏ⁵⁵　　ʂɯ³³　　bɤ⁵⁵　　hɤ¹¹.
　　　　　牛　　别人　　A　　　杀　　　死　　　ADV　　CMPL
　　　　　牛被人杀死了。

二　形态型使动

跨语言来看，致使结构可以由动词形态来实现，此类形态手段有内部屈折、辅音重叠、元音加长、声调屈折、重叠、前缀、中缀、后缀、框式词缀等九种。① 在纳西语中用形态手段表示致使义的动词较少，不具系统性。一般使用声调变化、辅音清浊交替来表示自动和使动的对立（标准点大研镇纳西语的形态手段，参孙宏开，1998）。

（一）声调变化表示自动和使动

例16a.　　ndʐ¹¹　　lɯ¹¹　　se¹¹.
　　　　　　树　　　倒　　　PFV
　　　　　　树倒了。

例16b.　　tʰɯ³³　　nɯ³³　　ndʐ¹¹　　lɯ⁵⁵　　lɯ¹¹.
　　　　　　3SG　　　A　　　树　　　砍　　　倒
　　　　　　他把树砍倒了。

---

① Dixon,R.M.W.*Basic Linguistic Theory: Volume3* Further grammatical, NewYork:Oxford University Press,2012,p.243.

例 16a 中动词 lɯ¹¹ "倒"为低平调表自动，例 16b 中 lɯ⁵⁵ "（砍）倒"为高平调表使动。纳西语单纯通过声调变化来表使动的现象并不普遍，只有强致使义才使用这种形态。试比较例 16b 和例 17，被使者都是 ndʐʅ¹¹ "树"，例 17 中的致使者 hæ³³ "风"的控制力远低于例 16b 中的致使者 tʰɯ³³ "他"。因例 17 的致使性不凸显，故用含自动词 lɯ¹¹ 的连动式来表征，而例 16b 用含使动词 lɯ⁵⁵ 的连动式来表征，凸显强致使义。（关于自控度详见第四节语义机制）

例 17.   ndʐʅ¹¹   hæ³³   nɯ³³   mu¹¹   lɯ¹¹.
        树   风   A   吹   倒
        树被风吹倒了。

（二）声母清浊交替表示自动和使动

清（不）送气辅音表示使动，鼻冠浊辅音表示自动，同时也伴随声调高低的变化，如例 18a 和例 19a 的动词为自动词，例 18b 和例 19b 的动词为使动词。如：

例 18a.   la⁵⁵be³³   ʝi³³   lo¹¹   mu¹¹   dɯ¹¹.
         斧头   水   LOC   下   沉
         斧头沉在水里了。

例 18b.   tʰɯ¹¹   nɯ³³   la⁵⁵be³³   ʝi³³   lo¹¹   tɯ⁵⁵.
         3SG   A   斧头   水   LOC 使浸泡
         他把斧头浸泡在水里。

例 19a.   sæ³³-læ¹¹   tʰe¹¹   ŋgɯ³³.
         桌子   DUR   裂开
         桌子开裂了。

例 19b.   la⁵⁵-be³³   nɯ³³   sæ³³-læ¹¹   kæ³³   kʰɯ⁵⁵.
         斧头   INSTR   桌子   DIR   裂开
         用斧头把桌子砍裂了。

使用语音屈折变化来表示使动和自动的对立并不是纳西语使动范畴的普遍形式，在纳西语中形态型致使处于次要地位，能产性较低，甚至正在逐渐衰退。这种形式在纳西语中不具系统性和规律性，语音屈折对立只见于少数几对动词中。

三 分析型使动

纳西语中形态型致使在逐渐衰退，分析型致使成为使动范畴的主要表达形式。Dixon（2012）将连动结构置于使动范畴进行分析。黄成龙（2014）采用 Dixon 的做法，将分析型致使分为连动结构和迂说式致使，连动致使是指一个谓语由两个动词构成，共享一个论元，看作单一事件。连动致使分对称连动和非对称连动。迂说式致使在世界语言中较常见，汉语的"使、让、叫、要"等表示使动的形式，英语中的"let、make"等表示迂说致使。从历时的角度看，致使结构的产生同一系列的重新分析存在密切关系。曹茜蕾（2015）认为汉语方言中的连动式是使动结构和被动结构的句法来源，连动式首先重新分析为使动结构，在这一阶段原连动式中的第一个实义动词发展成具有许可、纵容义的致使动词；当致使动词完全语法化成一个引介施事名词的介词时，连动式进而重新分析为被动结构①。本节所讨论的纳西语分析型致使主要指在动词前或后添加相应的标记构成的致使式，即具有显著标记的使动策略，暂只关注共时层面的致使式。有关连动结构在后面的章节详细论述。

纳西语分析型使动范畴主要有两种表现形式，前置型分析形式和后置型分析形式，其中前置分析式主要通过加趋向前置词表示使动，后置型分析式通过加虚化动词 tʂɚ^{11} 表示使动。

（一）前置型分析式

纳西语的前置分析式是指在动词前加趋向前置词 kæ^{33}、mu^{11}、gɤ^{11}、mæ^{55} 来表示致使义。此类致使结构出现较少，仅有少量行为动词能进入该结

---

① 曹茜蕾 Hilary M.Chappell：《汉语方言中分析型使动及被动式的重新分析机制——以给予义、等待义动词为例》，第二届语言类型学国际学术研讨会会议论文，南昌，2015年10月。

构，常强调动作行为的过程。比如，例 20a 表示动作的完成是由施事者 tʰɯ³³ "他" 自主实现的，而例 20b 在动词前加趋向前置词 gɤ¹¹ 后，整个事件是由致使者 çi³³ "别人" 作用于被使者 tʰɯ³³ "他" 得以实现，具有了致使义。例 21a 表述 tʰe³³ɯ³³ "书" 的自主状态，而例 21b 在动词前加了趋向前置词，表达的事件是言者命令"你"去施加行为致使"书"合上。如：

例 20a.　　tʰɯ³³　　nuɹ³³　　jɤ³³
　　　　　　3SG　　　醒　　　IND
　　　　　　他醒了。

例 20b.　　çi³³　　nɯ³³　　tʰɯ³³　　gɤ¹¹　　nuɹ³³　　jɤ³³
　　　　　　人　　　A　　　3SG　　　DIR　　　醒　　　IND
　　　　　　有人把他吵醒了。

例 21a.　　tʰe³³-ɯ³³　　tʰe¹¹　　mɚ⁵⁵　　jɤ³³
　　　　　　书　　　　　DUR　　　合　　　IND
　　　　　　书合上了。

例 21b.　　tʰe³³ɯ³³　　kæ³³　　mɚ⁵⁵
　　　　　　书　　　　　DIR　　　合
　　　　　　把书合上。

（二）后置型分析式

后置型分析式就是指在自动词后加使动标记 tʂɚ¹¹，或加请愿式助词 ho⁵⁵ 表示致使义，使动标记 tʂɚ¹¹、ho⁵⁵ 都来源于动词，可以单独当动词使用，表示"使唤、让、给"等，当其置于自动词后发生一定程度的语法化，表达致使义时，此时常可省去前置的趋向动词，例 22 动词 mɚ⁵⁵ "合" 后加了致使标记 tʂɚ¹¹ 便不再像例 21b 那样加趋向前置词 kæ³³，如：

例 22.　　tʰe³³ɯ³³　　tʰe¹¹　　le³³　　mɚ⁵⁵　　tʂɚ¹¹
　　　　　书　　　　　DUR　　　ITER　　合　　　CAUS

让书再合好。

例 23.　a³³mo³³　　nɯ³³　　tʰɯ³³　　kʰwa⁵⁵　　tʂʰɚ³³　　hɯ³³　　tʂɚ¹¹.
　　　　阿妈　　　A　　　3SG　　　碗　　　　洗　　　　去　　　CAUS
　　　　阿妈让他去洗碗。

例 24.　ŋɤ¹¹　　gʋ³³　　ku³³mu¹¹　　tʰɯ³³　　nɯ³³　　pʰʋ⁵⁵　　tʂɚ¹¹.
　　　　1SG　　GEN　　帽子　　　　3SG　　　A　　　脱　　　　CAUS
　　　　他让我脱我的帽子。

例 25.　ŋɑ¹¹　　dɯ³³　　ndʐŋ¹¹　　ho⁵⁵　　me⁵⁵
　　　　1SG　　一　　　坐　　　　让　　　OPT
　　　　请让我坐一下。

第三节　使动范畴的形态句法标记

一　不及物动词的使动式

在不及物动词做谓语的句子里，动作行为的发出者就是施事者，施事标记 nɯ³³ 常可省去，当充当不及物动词的名词性成分出现在致使结构中，致使者常带施事标记 nɯ³³ 且不可省，原施事者成为被使者时，则带受事标记 kɤ⁵⁵，如：

例 26a.　zɤ⁵⁵zɤ¹¹　　tʰe¹¹　　ndo⁵⁵　　hɤ¹¹.
　　　　孩子　　　　DUR　　　摔　　　CMPL
　　　　孩子摔倒了。

例 26b.　tʰɯ³³　　nɯ³³　　zɤ⁵⁵zɤ¹¹　　kɤ⁵⁵　　ndo⁵⁵　　tʂɚ¹¹.
　　　　3SG　　　A　　　孩子　　　　P　　　　摔　　　　CAUS
　　　　他让孩子摔倒了。

例 27a.　ʐwa³³　　zo³³　　jɤ¹¹　　ne¹¹　　jɤ³³.
　　　　马　　　　小　　　跑　　　PROG　　VIS
　　　　小马正在跑。

例27b.　tʰɯ³³　nɯ³³　ʐwɑ³³　zo³³　kɤ⁵⁵　ʄɤ¹¹　jɤ³³　tʂɚ¹¹.
　　　　3SG　A　马　小　P　跑　VIS　CAUS
　　　　他让小马跑起来了。

上述例句中的a组例句是典型的不及物动词句，b组例句是相应的使动句。a句中 zɤ⁵⁵zɤ¹¹ "孩子"是 ndo⁵⁵ "摔"的唯一论元，作为施事者可以不带施格标记。在b句中，有使动标记 tʂɚ¹¹，且增加了致使者 tʰɯ³³ "他"，且"他"的施事性较强，此时施格标记 nɯ³³ 不可省去，原来的施事者 zɤ⁵⁵zɤ¹¹ "孩子"成为被使者，因施受二者的生命度等级相当，受事格标记 kɤ⁵⁵ 的存在是可选的。但若致使者为无生命的客体，此时受事标记 kɤ⁵⁵ 的存在将直接影响 nɯ³³ 的语义格属性。如：

例28a.　tʂʰɚ³³ɯ³³　nɯ³³　tʰɯ³³　ŋgu¹¹　tʂɚ¹¹.
　　　　药　　　　A　　　3SG　　病　　CAUS
　　　　药让他生病。

例28b.　tʂʰɚ³³ɯ³³　nɯ³³　tʰɯ³³　kɤ⁵⁵　ŋgu¹¹　tʂɚ¹¹.
　　　　药　　　　INSTR　3SG　　P　　病　　CAUS
　　　　用药让他生病。

例28中a组句子 tʂʰɚ³³ɯ³³ "药"是致使者，是 ŋgu¹¹ "生病"的外力，施事性较强，句中 nɯ³³ 作为施事者标记存在。b句中出现了受事标记 kɤ⁵⁵，在说话者的认知中，为了强调句子的主要执行者是 tʰɯ³³ "他"，句子的主要信息是"他生病了"，此时 tʂʰɚ³³ɯ³³ "药"作为一种工具执行致使者的作用，其后的 nɯ³³ 成为工具格。

从以上例句可以看出，在不及物动词的使动句中，为了区分施受语义关系，致使者的施事标记是具有强制性，致使者和被使者的生命度等级的强弱决定受事标记的存在，若二者生命度等级相当，则被使者标记 kɤ⁵⁵ 是可选的，若致使者的生命度低于被使者，则标记 kɤ⁵⁵ 的存在将影响到致使标记 nɯ³³ 的属性，此时句中没有标记 kɤ⁵⁵，则 nɯ³³ 表示施事格，反之则为工具格。

Dixon（2000：78）通过跨语言统计发现，及物动词的使动结构的形态标记有五种可能性：1.在致使结构里被使者有特定标记；2.致使者和被使者都标记为施事者；3.原来的施事者和原来的受事者都标记为受事者；4.原来的施事者标记为新的受事者，原来的受事者带非核心标记；5.原来的受事者仍保留宾格，原来的施事者带旁格标记①。纳西语及物动词的致使式存在上述三种可能性。

二 单及物动词的使动式

当同时带有施事者和受事者两个论元的单及物动词出现在使动范畴的句子里，因增加了一个致使者，原来的施事和受事都标为受事者，因生命度等级不同，原来的施事者成为被使者，带标记 $kɤ^{55}$，即 Dixon 的第三种可能性，如：

例 29a.　　ə^{33}ṣʋ^{35}　　nɯ^{33}　　pa^{33}ti^{55}　　dɯ^{33}　　pa^{33}　　tse^{55}.
　　　　　　叔叔　　　A　　　板凳　　　　一　　　CLF　　做
　　　　叔叔做了一把板凳。

例 29b.　　ŋa^{11}　　nɯ^{33}　　ə^{33}ṣʋ^{35}　　kɤ^{55}　　pa^{33}ti^{55}　　dɯ^{33}　　pa^{33}　　tse^{55}　　tʂɚ^{11}.
　　　　　　1SG　　　A　　　叔叔　　　P　　板凳　　　一　　　CLF　　做　　CAUS
　　　　我让叔叔做了一把板凳。

a 句中 ə^{33}ṣʋ^{35}"叔叔"是 tse^{55}"做"的施事，带施事格标记 nɯ^{33}，pa^{33}ti^{55}dɯ^{33}pa^{33}"一把凳子"是受事者，可以不带受事标记。b 句中出现了致使者 ŋa^{11}"我"，原来的施事者 ə^{33}ṣʋ^{35}"叔叔"成为被使者，仍具施事性，其后的标记常不可以省，符合 Dixon 的第一种可能性。原来宾语的位置已经由及物动词 tse^{55}"做"的受事宾语 pa^{33}ti^{55}"板凳"占据，被使者典型的语义角色是施事，但该位置也允许施事性较弱的成分占据，如：

---

① Dixon,R.M.W.2000.*A typology of causatives:Form,Syntax and Meaning*.转引自黄成龙《类型学视野中的致使结构》，《民族语文》2014 年第 5 期。

例 30.　ŋɤ¹¹　　nɯ³³　　tʰɯ³³　　ci⁵⁵jɤ⁵⁵　　ʝæ³⁵　　dɯ³³mæ¹¹　　kʰwe³³　　tʂɚ¹¹.
　　　　1SG　　A　　3SG　　钱　　　　很　　一点儿　　亏　　CAUS
　　　　我让他亏了很多钱。

例句中被使者 tʰɯ³³ "他" 只是 "亏钱" 的没有自主性和意愿性的当事，施事性较弱，句中致使者 ŋɤ¹¹ "我" 带有施事标记 nɯ³³，为整个致使事件的施事者，这种情况为 Dixon 的第二种可能性。

三　双及物动词的使动式

Dryer（1986）提出主要宾语和次要宾语的概念，区别于传统语法学中的直接宾语和间接宾语。如果一个语言中，双及物动词概念上的间接宾语在句法上被看作是与单及物动词概念上的宾语标记相同，那么该语言就存在主要宾语和次要宾语的区别。概念上的双及物动词的间接宾语和概念上单及物动词的宾语就是主要宾语，概念上双及物动词的直接宾语就是次要宾语。主要宾语和次要宾语主要反映在一个语言里的动词一致关系或在名词的标记系统里。纳西语中单及物动词宾语所带标记与双及物动词间接宾语所带标记相同，我们认为纳西语中存在主要宾语和次要宾语的区别，并将纳西语中非施事者所带标记统称为非施事标记，以下统称主要宾语和次要宾语。

纳西语双及物的次要宾语通常情况下可以不带标记，纳西语双及物的主要宾语的格标记具有可选性，在相应的使动句中，被使者的施事性不同，对主要宾语的标记具有一定的影响作用。在双及物动词的使动句中，致使者论元一定带施事者标记，原来的施事者成为被致使者，作主要宾语，带非施事标记，原来的次要宾语成为被使者的次要宾语，不带标记。如：

例 31a.　tʰɯ³³　　nɯ³³　　ŋɤ³³　　kɤ⁵⁵　　tʰe³³ɯ³³　　dɯ³³　　tsʰæ³³　　jɤ⁵⁵.
　　　　3SG　　A　　1SG　　PAT　　书　　NUM　　CLF　　给
　　　　他给了我一本书。

例 31b.tɑ⁵⁵mo³³ nɯ³³ tʰɯ³³ nɯ³³/kɤ⁵⁵ tʰe³³ɯ³³dɯ³³ tsʰæ³³ ŋɑ¹¹ jɤ⁵⁵ tʂɚ¹¹.
　　　大妈　A　3SG　PAT　　书　　NUM CLF　1SG　给　CAUS
　　　大妈让他给我一本书。
　　　ə³³di³³ nɯ³³ ŋɤ¹¹ kɤ⁵⁵ hɑ³³ i⁵⁵ pɤ³⁵ ci³³ tʰɯ³³ tʰʊ³³ jɤ⁵⁵ tʂɚ¹¹.
　　　爹　A　1SG　PAT　粮食　一　百　斤　3SG　借　给　CAUS
　　　爸爸让我借给他一百斤粮食。

例句 a 中 ŋɤ³³ "我" 是 "给" 的主要宾语，带标记 kɤ⁵⁵，此处也可用 ŋɤ³³ 的主格形式 ŋɑ¹¹，此时后带的标记 kɤ⁵⁵ 可以省去。b 句中被使者 tʰɯ³³ "他" 占据主要宾语的位置，次要宾语的位置由 tʰe³³ɯ³³dɯ³³tsʰæ³³ "一本书" 和 ŋɑ¹¹ "我" 分别占据。但在致使者和被使者位置分别出现两个相同功能的施格标记 nɯ³³，为免语音重复，可以将被使者后面的标记换成典型的非施事标记 kɤ⁵⁵。在 b 句中，tʰɯ³³ "他" 既为主要宾语也为被使者，tʰɯ³³ "他" 必然是动词 jɤ⁵⁵ "给" 的有意志的施事，因此其后的标记 kɤ⁵⁵ 具有强制性。

四　被使者的等级序列

Comrie（2010）通过对多种语言使成式的考察发现，被使者在句法上呈现出一个语法关系等级：主语＞直接宾语＞间接宾语＞旁格宾语。被使者原为句中动词的施事，当进入使成式时出现了致使者，由于致使者占据了主语的位置，因此被使者只能按照这个等级序列依次降格。

通过以上分析发现，纳西语使动式中被使者的语法等级关系符合 Comrie 的等级序列，被使者占据这个等级中还没有被占据的最高位置，如例 11 中致使者 ŋɤ³³ "我" 已占据主语位置，被使者 tʰɯ³³ 只能占据宾语的位置，若非使成动词已经有一个次要宾语，则被使者只能占据主要宾语的位置，如上例中出现了致使者 tɑ⁵⁵mo³³ "大妈"，而次要宾语位置被 kʰɯ³³ɲi⁵⁵dɯ³³me³³ "一只狗" 和 ŋɑ¹¹ "我" 占据，因此被使者只能降为主要宾语的位置。纳西语被使者的语法等级序列也可以表示为：主语＞次要宾语＞主要宾语。若非使成动词带有一个旁格宾语，则被使者只能占据次要宾语的位置，如例 9 中的 tʂʰo³³lo¹¹"这里"作为旁格宾语，被使者 ŋɑ¹¹"我"将为次要宾语。

致使形式是增加论元的常见现象之一，致使范畴是人类语言普遍具有的范畴，若致使义由动词的使动态或动词本身表示（隐性致使形式），就自然会带来"增价"效应①，即上文提到的形态型使成式，如纳西语中动词的屈折式常通过动词本身的语音交替表示。现根据纳西语动词的及物性特点来确定变价的起点。

（一）不及物动词变价

一般而言不及物动词添加使动标记 tʂɚ¹¹后会改变动词的论元，原来的不及物动词变为致使不及物动词，原来的一个论元变为两个论元，增加了一个致使者论元，不及物动词的单一直接论元变为致使不及物动词的被使者论元。如：

例 32a.　　tʰɯ³³　　hɯ³³　　se¹¹.
　　　　　　3SG　　离开　　PFV
　　　　　　他离开了。

例 32b.　　ŋɤ¹¹　　nɯ³³　　tʰɯ³³　　hɯ³³　　tʂɚ¹¹.
　　　　　　1SG　　A　　　3SG　　离开　　CAUS
　　　　　　我让他离开了。

a 句中不及物动词 hɯ³³"离开"为一价动词，只关涉一个直接论元 tʰɯ³³"他"。在 b 句中通过添加致使标记 tʂɚ¹¹表示使动，并增加了致使论元 ŋɤ¹¹"我"，不及物动词 hɯ³³"离开"的单一论元变为使动词的被使者。

（二）及物动词增价

单及物动词通过添加使动标记 tʂɚ¹¹后，原来单及物动词所带的两个论元变为三个论元，通过增加一个致使者论元，原来单及物动词的施事者变为被使者，被使者论元也是原来受事的施事者，如：

---

① 刘丹青：《语法调查手册》，上海教育出版社 2008 年版，第 439 页。

例 33a.　tʰɯ³³　　tʰe³³ɯ³³　　pɚ⁵⁵.
　　　　　3SG　　　字　　　　写
　　　　　他写字。

例 33b.　ŋɤ¹¹　nɯ³³　tʰɯ³³　tʰe³³ɯ³³　pɚ⁵⁵　tʂɚ¹¹.
　　　　　1SG　AGT　3SG　　字　　　　写　　CAUS
　　　　　我让他写字。

a 句中二价动词 pɚ⁵⁵ "写"和论元 tʰɯ³³ "他"、tʰe³³ɯ³³ "字"相关涉。表示使动的 b 句中，pɚ⁵⁵ "写"关涉的论元增加了致使论元 ŋɤ¹¹ "我"，变为三价动词。

双及物动词是三价动词，通过添加使动标记 tʂɚ¹¹ 后，原来双及物动词所带的三个论元变为四个论元，通过增加了一个致使者论元，原来双及物动词的施事者变为被使者，被使者论元也是原来受事的施事者，如：

例 34.　tʰɯ³³　nɯ³³　ŋɤ¹¹　kɤ⁵⁵　tʰe³³ɯ³³　dɯ³³　tsʰæ³³　jɤ⁵⁵.
　　　　3SG　AGT　1SG　PAT　书　　　　NUM　CLF　　给
　　　　他给了我一本书。

例 35.　tɑ⁵⁵mo³³　nɯ³³　tʰɯ³³　nɯ³³/kɤ⁵⁵　tʰe³³ɯ³³　dɯ³³　tsʰæ³³　ŋa¹¹　jɤ⁵⁵　tʂɚ¹¹.
　　　　大妈　　　A　　　3SG　　PAT　　　　书　　　　NUM　CLF　1SG　给　　CAUS
　　　　大妈让他给我一本书。

例 34 句中 jɤ⁵⁵ "给"是典型的双及物动词，可带三个论元 tʰɯ³³ "他"、ŋɤ¹¹ "我"、tʰe³³ɯ³³ "书"。例 35 句增加了致使论元 tɑ⁵⁵mo³³ "大妈"，此时的 jɤ⁵⁵ "给"可关涉四个论元，成为四价动词。

第四节　使动结构的语义表征机制

跨语言研究证实，致使类型与语义机制之间存在相互关联。Comrie 提出"分析型＞形态型＞词汇型"形态连续统跟"不太直接＞比较直接"的使成义连续统平行。黄成龙（2014）指出，一般而言，致使者为人、被使者为非人的致使结构最为常见，当被使者为人时，会有更细微的致使活动。分析型致使结构表达较弱致使或间接致使，被使者更有可能是指人受事。Dixon（2012:281-282）认为致使类型与语义机制之间不是简单的直接与间接致使的关系，它们之间存在一个紧密梯度的关系。致使者与被使者之间最紧密的是直接致使，致使者与被使者之间最不紧密的是间接致使。根据致使者主动参与被使者动作行为的程度，直接致使又可看作是一种主动致使，根据被使者自控力的程度，间接致使又可看作是一种无意致使。

根据上文的分析，我们通过设定致使者、被使者、致使动作和致使结果四个参数来分析纳西语致使事件的语义结构。杨将领（2003）将藏缅语使动范畴的语法意义分为致使、致动、役使三类。致使类表达致使者促使被使者不自主地发生变化或成为某种状态。致动类表达致使者参与被使者自主动作的过程。役使类表达致使者要求、允许或禁止被使者实施某种动作。因此，从认知语义学原型理论出发，结合致使者是否主动施力、致使者是否参与致使过程、致使结果是否由被使者自主行为造成三个参项，可将纳西语致使范畴分析为：主动促使＞主动致动＞无意致使＞不可抗致使，这样一个连续统。

从被使者自主性程度由高到低的角度来看，其相应的致使类型为分析型＞词汇型＞形态型，可见相对分析型来说，形态型表达更强烈的致使义。从致使者参与程度的高低来看，其相应的致使类型为形态型＞词汇型＞分析型。形态型和词汇型致使结构的致使轻动词多进行了提升操作，致使结果本身表达的动作就是致使动词所进行的动作，可以通过动词拷贝还原，而分析型致使结构将致使动词和表达致使结果的动词安放在两个槽内，两个事件的动词的分离是明显的。从认知的角度来看，这正是句法象似性的体现，有致使者参与的致使情景，致使意象含在致使结果图式中，它们之间没有空间隔；无致使者参与的致使情景，致使者意象与致使结果之间有空间隔，属于致使范畴的非典型成员。

陆丙甫、金立鑫（2015:166）认为致使结构的三种类型与两个事件（致使事件和结果事件）之间的语义距离密切相关，两个事件的语义距离越近，则越倾向于采用词汇型致使结构，在词汇型致使结构中，两个事件已经在认知上合并为一个事件了。

下面我们来看纳西语两种致使结构与其语义类型的对应情况。屈折型致使结构中，致使者通常为有控制力的人或物，直接施加某个动作，引起被使者状态变化，表达主动致使义。如例 18b、19b 中 la⁵⁵be³³ "斧头"、sæ³³læ¹¹ "桌子"为典型的无自主性的被使者，整个致使事件的完成取决于致使者 tʰɯ¹¹ "他"、la⁵⁵be³³ "斧头"施与的致使力，是一种直接致使，表达主动致使义。

分析型致使结构中，被使者通常为有自控力的生命体，致使者要求、允许或禁止被使者实施某种动作，整个致使事件对被使者是非强制的，主要通过被使者的能动性来实现。如例 23 中 tʰɯ³³ "他"为有施事能力的被使者，致使者 a³³mo³³ "阿妈"没有直接参与动作过程，而是对被使者发出命令，被使者根据自己的意愿和能动性做出反应来完成整个事件，是一种间接致使，表达无意致使义。继而，我们可以得出了纳西语致使事件的语义结构，如下表 1。

表 1　　　　　　　　　纳西语致使事件语义结构

致使者	被使者	致使结果	致使动作	致使标记	致使类型	语义类型
ŋa¹¹ 我	tʰɯ³³ 他	tʰɯ³³ 他 le³³u⁵⁵ tɕʰi¹¹ 回来	le³³u⁵⁵ tɕʰi¹¹ 回来	tsə¹¹	分析型	主动促使
tʰɯ³³ 他	la⁵⁵be³³ 斧头	ji³³lo¹¹tɯ⁵⁵ 使浸泡在水里	tɯ⁵⁵ 使浸泡	dɯ¹¹- tɯ⁵⁵	形态型	主动致使
nɯ¹¹ 你	ndʐ³³ 树	gɤ⁵⁵le³³ 使活了	sɿ⁵⁵ 活	gɤ⁵⁵	形态型	主动促使
tʰɯ³³ 他	ə³³me³³ 阿妈	ə³³me³³nɯ³³mæ⁵⁵ŋ gu¹¹nʊ⁵⁵me³³ 妈妈担心	ɲɤ¹¹ 担心	tsə¹¹	分析型	主动促使
	kʰɯ³³lɯ³³ 洞	kʰɯ³³lɯ³³ nɯ³³ tsʰɿ¹¹ 洞被堵了	tsɿ⁵⁵-tsʰɿ¹¹ 堵	(tsə¹¹)	分析型/形态型	主动致使

续表

致使者	被使者	致使结果	致使动作	致使标记	致使类型	语义类型
tʰɯ³³他	ndʐ¹¹树	ndʐ¹¹lɯ⁵⁵树砍倒了	lɯ⁵⁵倒	lɯ¹¹-lɯ⁵⁵	形态型	主动致使
hæ³³风	ndʐ¹¹树	ndʐ¹¹mu¹¹ lɯ¹¹ 树吹到了	mu¹¹吹		形态型	不可抗致使
ŋɤ¹¹我	tʰɯ³³他	tʰɯ³³ci³⁵jɤ⁵⁵ jæ³⁵ kʰwe³³他亏很多钱	kʰwe³³亏	tsə¹¹	分析型	无意致使
tʰɯ³³他	zY⁵⁵zY¹¹孩子	zY⁵⁵zY¹¹ ji¹¹ tɯ⁵⁵孩子喝水	tɯ⁵⁵喂	tʰɯ¹¹-tɯ⁵⁵	词汇型	主动促使
çi⁵⁵人	ɯ³³牛	ɯ³³sY⁵⁵ʂɯ³³牛被杀死	sY⁵⁵杀	ʂɯ³³- sY⁵⁵	词汇型	不可抗致使
la⁵⁵be³³斧头	sæ³³læ¹¹桌子	sæ³³læ¹¹kæ³³kʰɯ⁵⁵桌子开裂	kʰɯ⁵⁵裂	ŋu³³-kʰɯ⁵⁵	形态型	主动致使

万宝君、柳俊（2012）提到拉祜语致使结构连续统"短结构＞长结构"与动力连续统"主动促使＞主动致使＞无意致使＞不可抗致使"互相平行，符合象似性原则。根据上文的分析，致使者"主动致使＞无意致使"和被使者"自控力弱＞自控力强"的语义连续统，在纳西语中用"屈折型＞分析型"的致使结构连续统来表征。相对分析型来说，屈折型表达更强烈的致使义，故纳西语致使结构也符合距离象似性原则。

第五节　使动范畴的历史演变

一　屈折形式的来源

藏缅语族各语言不同程度地保留了使动范畴的形态变化。杜若明（1990）认为藏缅语使动范畴较早的语法形式是粘着式，屈折式是粘着式的发展。纳西语致使结构用内部屈折式表征，主要有辅音屈折和声调屈折，即鼻冠浊辅音（自动）/清（不）送气辅音（使动）对立和低中调（自动）/高调（使动）对立。纳西语的屈折式与各亲属语言之间呈现出对应关系，详见表2。

表 2　　　　　　　　藏缅语使动范畴屈折式的对应关系表①

汉义	纳西语	彝语（凉山）	缅语	藏语
浸泡/使沉	ndɯ¹¹/tɯ⁵⁵		mjouʔ⁵³/mjouʔ⁵³	baŋs/sbaŋs
散架/使拆	ŋɡæ³³/kʰæ⁵⁵	bu³³/pʰu³³	pje²²/pʰje²²	N-thor/stos
吓/使吓	ndzʉɹ¹¹/tʂʰʉɹ⁵⁵		tɕauʔ⁵³/tɕʰauʔ⁵³	ɦdrogs/dkrogs
断/弄断	ɲɣɚ³³/cʰɚ³³	ɡe³³/kʰe³³	tɕo⁵⁵/tɕʰo⁵⁵	btɕad/tɕʰad
燃烧/点火	ndzɯ³³/tʂɯ⁵⁵	dʑe³³/（ʂu³³）tɕe³³		N-par/spar
灭/熄灭	ŋɡɤ¹¹/kʰɤ⁵⁵	sɿ³³/ʂu³³sɿ³³		

　　从表 2 所列部分藏缅语使动范畴屈折式的对应关系可以看出，纳西语鼻冠浊/清（不）送气辅音对立和低中调/高调对立分别与藏语的 N-/s-、ɦ-/ø 和 b-/ø 前置辅音（pre-initial consonant）对立相对应，与缅语的不送气/送气和非清化/清化辅音对立相对应，与彝语的浊/清和不送气/送气辅音对立相对应。藏缅语使动范畴的各种语音屈折形式，都与前置辅音的简缩、脱落有直接关系。部分前置辅音在弱化过程中，对动词词根的语音形式产生影响，如清浊辅音交替，表示自动和使动的对立。②

　　纳西语是分析性强的语言，存在语音屈折形式表自动/使动对立的数量较少。上述分析表明，纳西语致使结构中的屈折式是分层次逐步演化而成的，鼻冠浊辅音的自动词与藏语带前置辅音 N-、ɦ-、b-的自动词对应，清音和中高调使动词对应藏语带前置辅音 s-的使动词。也就是说，原始纳西语存在鼻前置辅音和*s-前置辅音的对立表自动/使动的语义对立。由于音节结构的演变，复辅音消失，这类自动词的鼻前置辅音与其后的主辅音形成鼻冠辅音，对应的使动词的*s-前置辅音融入其后的主辅音形成清音或融入整个音节成为中高调。因此由鼻冠浊音表示自动，清音和中高调表示使动。正如前述，这种对立是由于前置辅音的差异形成的。考虑到现代纳西语的主流音变形式为鼻冠浊音＞浊音，我们认为这是由于原始纳西语演变为现代纳西语的过程

---

①　彝语语料摘自朱文旭、王成有、方虹《彝语使动范畴前缀词素研究》，《民族语文》1998 年第 6 期，第 36—41 页。缅语语料摘自常青《缅语动词句法语义研究》，博士学位论文，中央民族大学，2015 年，第 78 页。藏语语料摘自格桑居冕《藏语动词的使动范畴》，《民族语文》1982 年第 5 期，第 27—39 页。

②　孙宏开：《论藏缅语动词的使动语法范畴》，《民族语文》1998 年第 6 期，第 1—11 页。

中，发生了音节结构变化，即复辅音简化为单复音。而这一过程在不同方言中的进程不同步；在同一方言中，不同词也不同步。进一步，这一演变造成了现代纳西语不同方言中的自动/使动对立消失的进程不同步，表现为有的方言保留更多的自动/使动动词对立。

纳西语是分析性较强的语言，存在语音屈折形式表示自动和使动对立的数量较少，上述分析可以认为，纳西语使动范畴屈折形式的演化初步为，鼻冠浊音与清送气不送气交替可以直接与藏语的*s-相对应。

二 分析形式的来源

纳西语通过语音屈折来表示自动和使动的对立是一种残存现象，只出现在少数几个动词中，绝大部分动词通过分析式表示致使义。

杨将领（2003）提到藏缅语一些语言的分析式采用前置虚化动词表示致使义，如哈尼语 bi^{33}、载瓦语 $lo\textipa{P}^{55}$、基诺语 $\underset{.}{m}^{42}$等，这些前置词都由动词虚化而来。这些语言的语法体系里有"动词+补语"的动补结构，及物动词充当谓语，补语由不及物动词、使动词充当，表示使事物出现某种状态、结果，当前置的动词虚化后，就具有了使动前缀功能。

纳西语的前置分析式中，动词的前置词为趋向前置词，其表达的语法意义为事物出现某种结果是由后面的动作行为造成的，此时动作所致的结果并没有显性地编码，而是隐含在趋向前置词中，前置分析式中的动词大都为方向性明确的不及物动词。

纳西语大部分动词都可以通过后加半虚化动词 $tʂɚ^{11}$ 形成致使结构，绝大多数藏缅语为"动词居尾"型语言，这种虚化动词实际上就是谓语动词。藏缅语中的舌面前塞擦音、舌尖后的塞擦音和擦音，以及舌尖前塞擦音之间有对应的现象是普遍存在的。纳西语的致使后置词 $tʂɚ^{11}$与同语族其他语言的致使后置（动）词似乎有同源关系。[①]如：

[①] 古藏语、独龙语、怒苏语和傈僳语语料摘自杨将领《藏缅语使动范畴的分析形式》，《民族语文》2003年第3期，第37页。凉山彝语语料摘自朱文旭、方虹《彝语使动范畴后缀词素研究》，《中央民族大学学报》1999年第3期，第93页。

古藏语	独龙语	怒苏语	傈僳语	凉山彝语
ɦdzug	dzɯɯ⁵⁵	tʂi³³	tsʐ⁴⁴	ʂu³³

从语义上看，分析式较屈折式具有更强大的语义表达功能，可表达的意义更丰富。屈折式所表达的致使是将动作行为直接作用于客体的，语气较为强硬，而分析式所表达的致使是致使者间接作用于客体使其实现某种动作的，语气较缓和。

纳西语中还存在双重致使结构，即屈折式与分析式并用。例 36a 表示自动义，例 36b 表示双重致使，动词 ŋgɤ¹¹ 的屈折式 kʰɤ⁵⁵ 和致使标记 tʂɚ¹¹ 并用。致使者 tʰɯ¹¹ "他"役使第一被使者 ŋa¹¹ "我"致使客体（第二被使者）mi³³ "火"产生状态变化。可见，因为屈折式不能满足复杂致使事件结构的表达需求，所以分析式应运而生。如：

例 36a.　mi³³　　ŋgɤ¹¹　　se¹¹.
　　　　　火　　　灭　　　　PFV
　　　　　火灭了。

例 36b.　tʰɯ¹¹　　nɯ³³　　ŋa¹¹　　mi³³　　kʰɤ⁵⁵　　tʂɚ¹¹.
　　　　　3SG　　　A　　　1SG　　　火　　　熄灭　　　CAUS
　　　　　他让我把火熄灭了。

追根溯源，藏缅语表使动的早期形式可能是在动词前加*s-的前置辅音来表示。早期纳西语的动词也可能是通过*s-前置辅音来表示致使义，随着*s-辅音融入整个音节，进而出现用清浊等对立表示使动/自动对立。进一步，由于屈折式的表义局限性，导致纳西语分析式的出现。

研究发现，屈折型致使结构主要通过鼻冠浊音/清（不）送气交替和声调变化来表示，其中声调变化不具有普遍性，凡是使用鼻冠浊音/清（不）送气交替表达致使义时，通常都伴随声调的高低变化。屈折型致使结构主要表达主动致使义。在动词前加趋向前置词或在动词后加致使标记 tʂɚ¹¹ 构成的分析型致使结构，主要表达间接致使义即无意致使义。

如果考察各亲属语言对应的致使形态的话，我们发现纳西语的鼻冠浊音/清（不）送气对立与前置辅音脱落有关。凡是出现在屈折式中的动词都可以通过后加致使标记 tʂɚ^{11}表示致使义。另外，纳西语中还存在分析式和屈折式双重标记类型的致使结构，但这种结构中分析型结构具有较强致使义，能产性高。因此，纳西语致使结构呈现"屈折型＞屈折型＋分析型＞分析型"的发展趋势。

第六章 连动结构

第一节 连动结构概述

连动结构（SVC）的一个普遍的界定是两个或两个以上的动词出现在单一句子中，并且没有任何显著的连接标记。这种结构广泛存在于东南亚、西非等地区多种语言中。

对于连动结构的研究已取得了显著的成果，主要集中在对其概念的界定：认为连动结构是由若干连续的动词构成一个谓语，这些动词之间没有任何明显的表示并列关系、主从关系或句法依存关系的标记。连动结构描写的是一个单一的事件，在句法结构上属于单一子句性质，共享核心论元和其他论元。连动结构中的每个动词都可以有相同或不同的及物性。并对连动进行了跨语言的比较（Aikhenvald & Dixon 2006:1）。而对连动结构的类型研究，主要从连动结构内部两个动词的形式位置以及语义关系和强弱进行分类。Aikhenvald（2006）对连动结构中动词的语法化和词汇化以及连动结构类型进行研究，认为非对称连动结构倾向于语法化，对称连动结构倾向于词汇化。Bisang（2009:809）对 SVCs 的语法化和词汇化提出质疑，认为非对称连动结构不是语法化的开始而是结果，对称连动结构既可以是语法化的开始也可以是词汇化的开始结构。

根据纳西语的语言事实，本书将连动结构界定为单一子句的谓语由两个或两个以上动词构成，连用的动词共享一个外部论元和内部论元。这一定义包括了狭义的连动结构即链式动词结构（verb concatenation；Matisoff 1982[1973]: 199）和狭义的连谓结构。在语义上，连动结构中的两个组成成分具有时序、伴随、致使、方式等相关性。两个动词共享体、致使范畴，并以单标记形式存在。Aikhenvald 对连动结构的形式和内涵做出了详细的界定，本章以 Aikhenvald 的语言类型学研究框架为基础，连对纳西语连动结构形态句法特征、语义特征进行分析，并进一步探讨纳西语连动结构的语法化和词汇化问题。

第二节　连动结构的形态句法特征

根据上文的定义，连动结构是由两个或多个动词一起充当一个单一谓语，本书主要讨论两个动词的连用情况。此外，本书也将形容词纳入讨论的范畴。连动结构的句法特征主要包括动性成分投射的论元特征、语法范畴标记和否定形式等。现一一分述。

一　纳西语连动结构的论元特征

纳西语连动结构中至少有一个论元是为各个动词所共享的，以主语共享为主。根据纳西语连动结构动词与论元的映射关系，将连动结构分为主语论元共享和非主语论元共享两大类。

（一）主语论元共享

所谓主语论元共享是指连动结构中的各个动词的施事主语只有一个。在语义上表达的是几个次事件构成的一个整体事件，其中各个次事件的施事是同一客体。纳西语中主语共享的连动结构包括许多小类。

例 1.　ŋa^{11}　　jæ^{11}jɤ^{55}　　tʂʰu^{33}　　ndʐ^{11}.
　　　　1SG　洋芋　　　炒　　　吃
　　　我炒洋芋吃。

例 1 为表示方式的连动结构，句中的 tʂʰu³³ "炒"、ndʐɿ¹¹ "吃"都为及物动词，共享一个施事主语 ŋa¹¹ "我"和一个宾语 jæ¹¹jɤ⁵⁵ "洋芋"。从语义上看，表达的是"吃"这一事件需要"炒"的事件方式来实现，描述的是"我吃洋芋"这一整体事件。这类连动结构中动词成分的顺序符合时序原则。

伴随类的连动结构也是共享施事主语的主要类型，如：

例2. tʰɯ³³   nɯ³³   nɯ³³   ŋgu¹¹   ha³³   ndʐɿ³³   ndʐʋ³³be³³.
    3SG   A   2SG   之后   饭   吃   陪伴
    他陪你吃饭。

例 2 连动结构中的各个动词都为及物动词，各自带有不同的宾语，但整个连动式表达的整体事件由各结构中的主要动词来表示，连动式的宾语也为主要动词的宾语，如表示伴随义的连动式中主要动作行为为 ndʐɿ³³ "吃"，主要的宾语为 ha³³ "饭"，表示的整体事件为"吃饭"。

纳西语中表示受益类的连动结构也可以共享施事主语。如：

例3. nɯ³³   nɯ¹¹   ʂɤ³³ci³³   hæ¹¹   ŋa¹¹   ku¹¹.
    2SG   A   手机   买   1SG   给
    你买手机给我。

例4. tʰɯ³³   ŋa¹¹   kɤ⁵⁵   tʂʰɤ³³ɯ⁵⁵   ʂu³¹   jɤ⁵⁵.
    3SG   1SG   P   药   找   给
    他去给我找药了。

譬如，例 3、4 分别由 ku¹¹ "给予"、kɤ⁵⁵ 受益格来引出接受者或受益者。二者不同的是，ku¹¹ "给予"位于主要动词 hæ¹¹ "买"之后，kɤ⁵⁵ 则位于主要动词 ʂu³¹ "找"的前面，从而导致受益者 ŋa¹¹ "我"出现的句法位置不同。但这一类型的连动结构都共享施事主语。

（二）非主语共享型连动结构

非主语论元共享型连动又称为转指功能（switch-function）型连动是指

连动结构中一个成分的主语与另一个成分的非主语成分相同,即 V1 的宾语是 V2 的主语(Aikhenvald 2006:14)。Aikhenvald 将转指功能型连动结构分为因果型(cause-effect)、使役型(causative)、同时体验型(simultaneous experiencer)、连续型(consecutive)和补足语从句连动化(complement clause serialization)五个次类。纳西语中常见的是因果型和使役型转指功能连动结构。

1. 因果型连动结构

这类连动结构中,V1 通常为及物动词,V2 为不及物动词或情状类动词,表示 V2 是由 V1 发生动作后产生的影响或结果。该类型连动结构的更遵守时序原则,即表起因的动词句法位置在前,表结果的动词句法位置在后,如:

例5. zɣ^{55}zɣ^{11}　nɯ^{33}　kʰwɑ^{55}　lɑ^{55}　kʰɤ^{33}.
　　　孩子　　A　　碗　　　打　　碎
　　　孩子打碎了碗。

2. 使役型连动结构

纳西语中表示致使义的连动结构中 V2 为具有"使唤、让、给"等使役意义的半虚化动词,这种虚化动词实际上就是谓语动词,表达施事直接或间接使受事产生变化或结果,受事承担着 V1 的主语,V2 的宾语,这类结构中,V1 通常为不及物动词。纳西语中通过后加 tʂɚ^{11}构成的分析型致使结构,主要表达间接致使义即无意致使义,致使者间接让客体实现某种动作。也就是说施事者的主观性和目的性并不凸显,受事具有一定的主动性和参与性。如下例 6、7 中的动词 nɯ^{33}"醒"、kʰɤ^{55}"熄灭"表明受事有某种程度的自主性,施事间接促使受事发生了"醒""熄灭"的事件。 如:

例6. çi^{33}　nɯ^{33}　tʰɯ^{33}　nɯɯ^{33}　tʂɚ^{11}.
　　　人　　A　　3SG　　醒　　　叫
　　　别人把他叫醒了。

例7. tʰɯ^{11}　nɯ^{33}　ŋɑ^{11}　mi^{33}　kʰɤ^{55}　tʂɚ^{11}.
　　　3SG　A　　1SG　火　　熄灭　　让
　　　他让我把火熄灭了。

对纳西语连动结构论元特征的分析可以得出，连动结构论元共享并非取决于结构内部各动词的及物性，而是取决于连动结构本身的语义关系类型。

二 纳西语连动结构的语法范畴标记

纳西语动词的连动结构，动词所带的语法范畴作用于结构中的各个动词，连动结构中的几个动词共享一个语法范畴，相关共享信息只在整个结构中标记一次。

（一）体范畴

连动结构中的各个动词共用一个体范畴，该体标记常位于连动结构最后一个动词之后，其辖域为整个连动结构。连动结构描写的是单一事件，体标记管辖整个事件，因此纳西语连动结构中各个动词后不可以同时使用一个或不同的体标记，否则句子不成立。若不同的体标记分别出现在各动词之后，则可能是两个不同的事件，如例 8a 表达的是"买酒"这一个事件，表示经验体的 ji^{33} 置于末动词之后，例 8b 则是不成立的。例 9 存在完结体标记 se^{33} 和完整体标记 se^{11}，且分别置于两个动词 $ndʐ^{33}$ "吃"和 $huɯ^{33}$ "去"之后，表示的是"吃饭"这个事件已经完成，接着进行了第二个事件"离开"，因此例 9 属于双标记的连动结构。

例 8a.　ŋɑ^{11}　nɯ^{33}　zɯ^{33}　hæ^{33}　kʰɯ^{55}　ʝi^{33}　se^{11}.
　　　　1SG　A　　酒　　买　　去　　　EXPER　PFV
　　　　我去买过酒了。

*例 8b.　ŋɑ^{11}　nɯ^{33}　zɯ^{33}　hæ^{33}　ʝi^{33}　　kʰɯ^{55}　se^{11}.
　　　　1SG　A　　酒　　买　　EXPER　去　　　PFV
　　　　我去买过酒了。

例 9.　　tʰɯ^{33}　ndʐ^{33}　se^{33}　　huɯ^{33}　se^{11}.
　　　　3SG　　吃　　　CMPL　去　　　PFV
　　　　他吃完就走了。

（二）使动范畴

纳西语连动结构各个动词共享一个使动标记，使动标记通常置于句尾，辖域为被使者之后的成分，如：

例10.　ə³³me³³　nɯ³³　tʰɯ³³　zɯ³³　hæ¹¹　hɯ³³　tʂɚ¹¹.
　　　　母亲　　A　　3SG　　酒　　买　　去　　CAUS
　　　　妈妈让他去买酒。

例11.　ŋɤ¹¹　nɯ³³　tʰɯ³³　kɤ⁵⁵　ha³³　tʰʋ⁵⁵　ndʐ³³　hɯ³³　tʂɚ¹¹.
　　　　1SG　　A　　3SG　　P　　饭　　煮　　吃　　去　　CAUS
　　　　我让他去煮饭吃。

例 10 中的动词 hæ¹¹ "买"、hɯ³³ "去" 这两个动作是由致使者 ə³³me³³ "母亲" 通过使动标记 tʂɚ¹¹ 的作用，促使被使者 tʰɯ³³ "他" 来实施。例 11 不同的是出现 tʰʋ⁵⁵ "煮"、ndʐ³³ "吃"、hɯ³³ "去" 三个动词，从句法位置可以看出，主要动词 "煮"，次要动词为 "去"。使动标记 tʂɚ¹¹ 从形式上看，貌似管辖三个动词，但根据语义上的不同解读，tʂɚ¹¹ 的辖域不同，若 V2 ndʐ³³ "吃" 的施事为外部论元 ŋɤ¹¹ "我"，则使动标记 tʂɚ¹¹ 的辖域为 tʰʋ⁵⁵ "煮"、hɯ³³ "去"，若 V2 ndʐ³³ "吃" 的施事为内部论元被致使者 tʰɯ³³ "他"，则使动标记 tʂɚ¹¹ 的辖域为 tʰʋ⁵⁵ "煮"、ndʐ³³ "吃"、hɯ³³ "去"。

纳西语连动结构中的使动标记不可置于连动结构中的单个动词之后，否则句子不成立，如例 12，如果将使动标记 tʂɚ¹¹ 置于 V1 tʂɚ³³ 之后，则不可：

例12.　*ɑ³³mo³³　nɯ³³　tʰɯ³³　kʰwa⁵⁵　tʂʰ³³　tʂɚ¹¹　hɯ³³.
　　　　阿妈　　　A　　3SG　　碗　　　洗　　CAUS　去
　　　　阿妈让他去洗碗。

（三）情态范畴

纳西语连动结构也只能共享一个情态范畴，情态标记常位于连动结构最后一个动词之后，管辖整个连动结构，如：

例 13.　ʝi³³　　kʰu³³　　ɲi³³　　sɿ⁵⁵　　bɤ⁵⁵　　　　　lɯ³³　　tʰɑ⁵⁵　　se¹¹。
　　　　水　　旁边　　鱼　　捡　　ADVB.DYN　　来　　OBL　　PFV
　　　　你就可以从河边捡鱼过来了。（a97）ʝi³³本调是ʝi¹¹。

例 14.　tʰɯ³³　　ʝi¹¹　　kʰɯ⁵⁵　　tʰɯ¹¹　　næ¹¹ʋ⁵⁵.
　　　　他　　水　　倒　　喝　　想要
　　　　他想倒水喝。

例 15.　hɯ¹¹　　gɯ³³　　zʋ³³gʋ³³　　kæ⁵⁵kæ³³　　ndo⁵⁵　　kʋ⁵⁵.
　　　　雨　　下　　路　　滑　　倒　　会
　　　　车子会滑到。

例 13 中的 sɿ⁵⁵ "捡"、lɯ³³ "来" 共用一个道义情态 tʰɑ⁵⁵，表示在客观条件下实施两个动作行为的必要性。例 14 的 kʰɯ⁵⁵ "倒"、tʰɯ¹¹ "喝" 共用一个认识情态标记 næ¹¹ʋ⁵⁵，表达者并非只是"想倒水"，而且还"想喝水"，因此认识情态 næ¹¹ʋ⁵⁵ 管辖整个连动结构。例 15 中 kæ⁵⁵kæ³³ "滑" 和 ndo⁵⁵ "倒" 共用一个能动情态，表示言者根据某些客观原因推测"车子"可能会"打滑"，也可能会"倒"。

同体范畴一样，连动结构中的情态标记也不可分别置于各个动词之后，否则句子不成立，如例 16：

例 16a.　tʰɯ³³　　ŋɑ¹¹　　le³³　　　　ʂu¹¹　　lɯ³³　　tsɑ¹¹.
　　　　3SG　　1SG　　DIR_PRE　　找　　来　　可能
　　　　他可能回来找我。

*例 16b.　tʰɯ³³　　ŋɑ¹¹　　le³³　　　　ʂu¹¹　　tsɑ¹¹　　lɯ³³　　kʋ⁵⁵.
　　　　3SG　　1SG　　DIR_PRE　　找　　可能　　来　　会
　　　　他可能会回来找我。

（四）纳西语连动结构的否定形式

纳西语连动结构的否定式因连动结构的不同而有两种类型：一种是句尾有语法标记的连动式，否定词 mɤ³³ 置于语法标记之前，连动结构中最后一个动词之后；第二种是句尾无语法标记的句子，否定词 mɤ³³ 既可置于 V2 之前，也可以置于 V1 之前，但否定的辖域不同，意义也不同。

1.SVCs+否定词

纳西语连动结构的否定词可以前置于体标记、使动标记之前，否定辖域为整个连动结构，表示的是完全否定，如：

例17. ŋa¹¹ zɯ³³ hæ¹¹ kʰɯ⁵⁵ mɤ³³ ji³³.
　　　1SG 酒　买　去　不　EXPER
　　　我没去买过酒。

例18. ŋa¹¹ tʰɯ³³ ha³³ tʰʋ⁵⁵ ndʑɿ³³ mɤ³³ tsɚ¹¹.
　　　1SG 3SG 饭　煮　吃　不　CAUS
　　　我没让他煮饭吃。

2.否定词+V2

当连动结构后无语法标记时，否定词置于 V2 之前，则否定辖域为 V2，表示部分否定，此时 V2 为活动情状类动词，如例 19 中否定的是"睡觉"，而动作 kɤ⁵⁵pʰʋ³³kɤ⁵⁵le³³ "翻来翻去"都已经发生。若连动结构次要动词为趋向动词，则对趋向动词的否定，表达全部否定，如例 20。

例19. zɤ⁵⁵zɤ¹¹ kɤ⁵⁵pʰʋ³³kɤ⁵⁵le³³ mɤ³³ i⁵⁵ŋʋ¹¹.
　　　孩子　　翻来翻去　　　　不　睡觉
　　　孩子翻来翻去不睡觉。

例20. tʰɯ³³ ha³³ tʰʋ⁵⁵ ndʑɿ³³ mɤ³³ hɯ³³.
　　　3SG 饭　煮　吃　不　去
　　　他没去煮饭吃。

第三节　连动结构的句法语义关系类型

Aikhenvald（2006:21-22）根据连动结构中两个组成成分的语义强弱及选择是否受限，将其分为对称性连动结构（symmertrical SVCs）和非对称性连动结构（asymmertrical SVCs）。对称连动结构中两个动词语义强度较为对等，语义和数目上都不受限制，通常为两个开放类动词构成。非对称连动结构中一个来源于相对开放或是不受限制的类，而另一个在语义上或语法上受到较大限制，属于封闭的一类，开放类的动词叫作主动词(major verb)，封闭类的动词叫作次动词(minor verb)。不对称连动结构所表达的事件义由主动词承担，而次动词多表示方向、情态、体态等语法意义。Aikhenvald 对连动结构语义上的分类，具有很强的判断标准和可操作性，根据纳西语的语言事实，可将上述连动结构形式类型归为对称型和非对称型两种。

一 对称型连动结构

对称型连动结构中的两个动词在语义和句法上是较为平等、对称，没有主次之分。通常对称连动结构中各个动词分别表达一个完整事件中的各个次事件，因此，二者的语义关系对应它们在现实事件中的先后关系，符合时序原则。Aikhenvald（2006:28-30）根据对称连动结构中组成成分的语义关系，划分出不同的次类：时序动作型（sequence action）、伴随动作型（concomitant）、原因结果型（cause-effect）、方式型（manner）、同义型（synonymous）。本书根据纳西语的语言事实分析对称连动结构包含的语义次类。

（一）时序动作型

在该种语义的对称连动结构中，动词的句法位置对应动作行为发生的先后顺序，动作行为先发生的动词位置靠前，符合典型的事件先后顺序。表时序的连动结构也含有方式、目的义，若为一个复杂事件，则时序动作型连动还可以描述动作行为的交替进行。如：

例 21.　　tʰɯ³³　　ʂɯ³³　　tʂʰɯ³³　　pʰe⁵⁵　　jy³⁵　　tɕʰi¹¹　　hæ⁵⁵.
　　　　　3SG　　肉　　DEM　　CLF　　拿　　来　　切
　　　　　他拿那块肉来切。

例 22.　lɑ¹¹　gɤ¹¹　tʂʰu³³　je⁵⁵　æ¹¹mæ³³　jɤ¹¹.
　　　　手　DIR　伸　　SVC　绳子　　　拿
　　　　伸手拿绳子。

例 23.　tʰɯ³³　mjæ⁵⁵　cɤ⁵⁵　ndʐ̩³³.
　　　　3SG　　面　　　煮　　吃
　　　　他煮面吃。

上述例句 21—23 中，句法位置靠前的动词 V1 表示先发生的动作行为，jɤ³⁵"拿"、tʂʰu³³"伸"、cɤ⁵⁵"煮"，句法位置居后的动词 V2 ndʐ̩¹¹"吃"、hæ⁵⁵"切"、jɤ¹¹"拿"表示后发生的动作行为。例 22 的 je⁵⁵在纳西语中用来表示目的连动标记，即表明 V1 的目的是为了 V2，V1 和 V2[①]因为时间的先后关系不可交替。其中值得注意的是，例 22 不同于例 21、例 23，例 22 中的 V1、V2 有不同的内部论元，其中 V1 支配的论元为 lɑ¹¹"手"，V2 支配的论元为 æ¹¹mæ³³"绳子"，两个动词被标记 je⁵⁵隔开，表示两个动词间含有蕴义。而例 21、例 23 中 V1、V2 共用一个内部论元，故两个动词之间无需标记连接（其中例 22 内部又可以看作是一个非对称连动结构，下文将详细讨论）。

（二）方式型

方式型连动结构是指其中一个动词是事件进行的方式，另一个动词是对事件的操作，在一些语言中，该种类型的连动结构常被分析为非对称连动结构，因为其中表达方式的动词通常为封闭性的状态情状类不及物动词。在纳西语中，表达时序类型和伴随类型的连动结构中两个动作间含有方式蕴义，如例 24 表示时序类的连动结构，V1 的动作先与 V2，V1 也是 V2 的一种方式，即"吃"的方式是"掰开"，例 25V2 ʂɤ⁵⁵"说"的方式 zæ¹¹"笑着"：

---

① 文中的 V1 和 V2 是按照在句中的出现的位置而言，靠近外部论元的标记为 V1，远离外部论元的标记为 V2，下同。

例 24. pa³³pa³³   mæ⁵⁵   pʰɯ⁵⁵   ndʑɿ³³
        粑粑   DIR   瓣   吃
        粑粑瓣开吃

例 25. tʰɯ³³   tʰe¹¹   zæ¹¹   be³³   ŋɤ³³   kɤ⁵⁵   ʂɤ⁵⁵.
        3SG   DUR   笑   ADV   我   P   说
        他笑着对我说。

（三）原因结果型

原因—结果型连动结构中两个动词所表达的事件之间存在着明显的因果关系，两个动作行为在时间上有着内在的时间先后关系，与时序动作型连动结构在时间顺序上类似，但在语义上有着很大的差别。两种类型的连动结构都存在共同的外部论元 NP1 和内部论元 NP2，但 NP1 和 NP2 所充当的论旨角色不同，其中时序动作型连动结构中的外部论元 NP1 是 V1、V2 的共同施事论元，内部论元 NP2 是 V1 和 V2 共同的受事论元，而原因—结果型连动结构中的外部论元 NP1 是 V1 的施事论元，而内部论元 NP2 是 V2 的施事论元，根据 V1 的及物性而言，若 V1 为及物动词，则 NP2 是 V1 的受事论元，若 V1 为不及物动词，则 NP2 不充当 V1 的任何论元成分。正如 Aikhenvald（2006:29）提到的原因—结果型连动结构可能存在共同的主语，是一种可以转换功能的连动类型，即第一个动词的宾语可以成为第二个动词的主语。与纳西语的原因—结果型连动结构相符，如：

例 26. tʰɯ³³   nɯ³³   ndʑɿ¹¹   nda⁵⁵   pʰɯ⁵⁵.
        3SG   A   树   砍   断
        他把树砍断了。

例 27. tʰɯ³³   nɯ³³   ku³³ŋgu³³   ŋʋ¹¹   ndzɯ³³   jɤ³³.
        3SG   A   枕头   哭   湿   VIS
        他把枕头哭湿了。

例 28. zɤ⁵⁵zɤ¹¹　　nɯ³³　　kʰwɑ⁵⁵　　lɑ⁵⁵　　kʰɤ³³.
　　　　孩子　　　A　　　碗　　　　打　　　碎
　　　孩子打碎了碗。

例 26—28 中都含有两个论元，V1 和 V2 存在明显的因果关系，如例 26 "砍" 是原因，"断" 是结果，同时也隐含着一定的时间先后关系，"砍" 的动作先于 "断" 的动作。这三例中的外部论元 NP1 tʰɯ³³ "他"、zɤ⁵⁵zɤ¹¹ "孩子" 都为 V1 的施事论元，而内部论元 NP2 ndʐ¹¹ "树"、ku³³ŋgu³³ "枕头"、kʰwɑ⁵⁵ "碗" 为 V2 的施事论元，其中例 26、例 28 的 NP2 为 V1 的受事论元，因例 27 中的 V1 ŋv¹¹ "哭" 为不及物动词，故 NP2 不充当任何论旨角色。而例 23 中的外部论元 NP1 ŋɑ¹¹ "我" 同时为 V1、V2 的施事论元，内部论元 NP2 mjæ⁵⁵ "面" 为 V1、V2 的受事论元。但在纳西语中还存在一种表示原因—结果型的对称连动结构，外部论元 NP1 为 V1 和 V2 的施事论元，内部论元 NP2 为 V1 和 V2 的受事论元。如：

例 29.　tʰɯ³³　　zɯ³³　　tʰɯ¹¹　　je⁵⁵　　pʰɤ⁵⁵　　ni¹¹　　jɤ³³.
　　　　3SG　　 酒　　　喝　　　 SVC　　吐　　　PROG　VIS
　　　他因喝酒吐了。

例 29 中的 NP1 tʰɯ³³ "他" 为 V1、V2 的施事论元，而 NP2 zɯ³³ "酒" 为 V1、V2 的受事论元，该种句法位置与时序型连动结构相似，但其语义却表示原因—结果。例 26—28 中的 V2 大都为成就情状类动词，如 pʰɯ⁵⁵ "断"、ndʐɯ³³ "湿"、kʰɤ³³ "碎"，且 V2 和 V1 必须共现，与 NP2 构成的论元结构类似一种 V1 的补语。而例 29 中的 V2 为活动情状类动词，与 V1 可以不共现，表示的是整个大事件中的一个小事件。

（四）同义型

所谓同义型连动结构是指两个动词同义或近义，在纳西语中，同义型连动结构用来表示动作重复或持续进行，有一定的感情色彩，起到强调或增强语义的作用。这种类型的连动结构在纳西语中较少出现，其中 V1 通常用动词的重叠来表示动作的重复和量的增加，如：

例 30. tʰɯ³³ nɯ³³ tʂu³³ʏ¹¹ be³³ ɕwe¹¹ɕa⁵⁵ lo¹¹ ɲʑi³³ɲʑi³³ pa³³.
       3SG   A   终于   ADV   学校   里   走   到
       他终于走到学校了。

二 非对称连动结构

非对称连动结构的两个动词在语义关系上有主次之分，主要动词表达活动或事件的内容，次要动词可能是一个位移动词或具有方向性语义的动词，指出事件的方位或路径，从不同方面说明修饰主要动词。纳西语连动结构中的趋向动词总是置于主动词之后，趋向动词主要有：表示"来"的 ljʏ¹¹、lɯ³³、tɕʰi¹¹、lu³³，表示"去"的 hʏ¹¹、bɯ³³、bʏ¹¹、hɯ³³、fæ³³、kʰɯ⁵⁵、lo⁵⁵。其中 hʏ¹¹、bɯ³³、bʏ¹¹、kʰɯ⁵⁵ 都具有一定的语法化程度，因此与其构成的动词性结构暂不处理为连动式。除此之外，此类连动结构中的趋向动词是次动词，可以分为以下两类：

（一）主要动词+"来"

这类连动结构中，主要动词承载着整个结构的语义信息，次要动词是动作动词发生的前提，存在目的语义关系，如例 31—34 中主要动词和次要动词之间没有标记连接，可以看作是典型的连动结构，此时次要动词主要表示目的，意为"来拿绳子""来吃屎""来抓鱼""来家里坐"。若要表示"拿来绳子""抓来鱼"含有结果语义，则需要附加动态状语标记 bʏ⁵⁵，如例 31b 中的 bʏ⁵⁵ 表示主要动词 ʏ¹¹"拿"的动态性，也可以看作是连动结构，但二者的区别是，31a 表示的"绳子"并不在言者的一方，31b 表示"绳子"已经在言者一方，此外，31a 的外部论元 ŋa¹¹"我"是 V1、V2 的施事论元，内部论元 æ¹¹mæ³³"绳子"是 V1 的受事论元，31b 的外部论元 ŋa¹¹"我"是 V1、V2 的施事论元，内部论元 æ¹¹mæ³³"绳子"则是 V1、V2 的受事论元，同理下例：

例 31a.　ŋa¹¹　æ¹¹mæ³³　ɣ¹¹　tɕʰi¹¹.
　　　　1SG　绳子　　拿　来
　　　　我来拿绳子。

例 31b.　ŋa¹¹　æ¹¹mæ³³　ɣ¹¹　bɤ⁵⁵　tɕʰi¹¹.
　　　　1SG　绳子　　拿　ADV　来
　　　　我拿来绳子。

例 32.　ə⁵⁵　wa¹¹　jæ³³,　mu³⁵　la³³i¹¹　nɯ³³　nɯ³³　ʂɤ⁵⁵　me³³
　　　　INT　COP　VIS-疑问　木-CH.　老爷　2SG　A　说　IND
　　　　ŋa¹¹　cʰɚ³³　ndʐ³³　ljɤ¹¹　næ¹¹　ʂɤ⁵⁵　be³³……
　　　　1SG　屎　吃　来　应该　说　ADV.
　　　　"看到了吧？木老爷你说'让我吃屎'……"

例 33.　i³³bi¹¹　lo¹¹　ze⁵⁵　ɲi³³　dzɤ³⁵　lɯ³³　næ¹¹　ʂɤ⁵⁵　me¹¹　tsŋ⁵⁵we³³.
　　　　金沙江　里　　鱼　抓　来　应该　说　IND　QUOT
　　　　（意思是）把金沙江里的鱼抓回来。dzɤ³⁵是dzɤ¹¹bɤ⁵⁵的合音。

例 34.　jɑ³³ko¹¹　nɯ³³　ndʐ¹¹　lu³³
　　　　家里　　　TOP　坐　　来
　　　　来家里坐。

主要动词在与上述几个趋向动词连用时，存在细微的差别，如例 31a 和例 35 表示的语义不同，例 31a "来拿" 为一个表示向心的动作，而例 35 "回去拿" 则为一个离心的动作。

例 35.　ŋa¹¹　æ¹¹mæ³³　ɣ¹¹　ljɤ¹¹.
　　　　1SG　绳子　　拿　来
　　　　我回去拿绳子。

若加入动态状语标记 bɤ⁵⁵ 则例 35 表示未然的事件，而例 31b 则表示已然的事件，如：

例 36.　ŋa¹¹　æ¹¹mæ³³　ɣ¹¹　bɤ⁵⁵　ljɤ¹¹.
　　　　1SG　绳子　　拿　ADV　来
　　　　我会拿着绳子来的。

lu³³的用法与上述 ljɤ¹¹和 tɕʰi¹¹相同，但其在纳西语里还可以表示命令语气，在趋向范畴中已论述，此处不再赘述。表示趋向"来"的 ljɤ¹¹、tɕʰi¹¹、lu³³都可以置于句尾，但 lɯ³³则不可以置于句尾，必须后附其他成分，如例33 后接有情态标记和传信标记。

（二）主要动词+"去"

这类结构与上述表示"来"义的连动式类似，纳西语中"来"和"去"大都虚化，可以表示各种语法范畴，能够进入连动结构的趋向动词，语法化程度较低，还保留有趋向义。

例37.　je⁵⁵，　　ɑ³³bʋ¹¹ʑ⁵⁵　　tʰɯ³³　ze⁵⁵je³³　　ho³³　sæ³³　kʰæ³³
　　　语气词　　哥哥　　　　　3SG　　表停顿　　　火　　山　　开

　　　hɯ³³　　tsɿ⁵⁵　　we³³.
　　　去　　　REP　　　语气词
　　　据说老二去烧山开荒。（a16）

例38.　dɯ³³mæ³³　tʂʰu¹¹　lɯɯ³³　ndʐɿ⁵⁵　fæ³³　lɑ¹¹
　　　一点儿　　　快　　　地　　　锄　　　去　　语气词
　　　快点去锄地。

纳西语中由实义动词和趋向动词构成的连动结构属于非对称型连动结构，该类型连动中当主动词后附加动态状语标记 bɤ⁵⁵，构成的结构存在语义上的差别。主要动词+趋向动词的连动结构更倾向于表示动作行为的目的，而附加动态状语标记的结构则更倾向于表明由主要动词承载着整个结构的语义重心。

第四节　连动结构的语法化和词汇化

Hopper & Traugott（1993）认为语法化是即进行共时研究，也关涉语言演变的研究，某些词汇项和结构在某种语境中发生了语法化，新的语法功能出现。典型的语法化是指语言中意义实在的词语或结构形式,实词意义开始虚化,仅表示某种语法功能,或者一个较虚的语法成分。连动结构是较易引起语法化的句法结构,在使用中各个动词的语义和句法出现不平衡,产生主次之分,处于次要地位的动词会发生虚化,其动词性也开始减弱,连动结构的语法意义开始发生变化。

一 对称型连动结构的词汇化

胡素华(2010:29)认为彝语连动结构语法化的结果有两种表现,一是连动结构演化为动补结构和状谓结构,二是连动结构中的动词本身语法化为一个语法标记。纳西语中表示伴随型和原因—结果型的连动中,以动态性强的动词为主要动词,而动态性不强的动词则是次要动词,该次要动词的动作性较弱,虽然保留了某些较实的义项,但其更倾向于表达某些语法意义,即表示动作行为的方式、结果或状态。高增霞(2007:184)根据连动结构内部在典型性程度上的不同将这种类型的连动结构称作不典型或边缘连动式。不典型或边缘连动结构与状谓、动结式的边界是模糊的。

(一)连动结构与状谓结构的关系

纳西语中带有状语标记的不典型连动结构与状谓结构的界限较模糊,当 V1 所表示的动作开始后还没有结束就开始 V2 所表示的动作,也就是说 V1、V2 的动作存在同时进行的时段,而没有时序的先后性时,V2 可分析为主要动词,V1 分析为 V2 的状语,其中 V1 后还带有显著的静态状语标记 be^{33},V1 前常与持续体标记 tʰe^{11}连用,表示 V1 动作的持续进行,如例 39、40 的"端着""趴着"分别表示的是 V2"吃""写"的方式:

例 39.　tʰɯ^{33}　　kʰwa^{55}　　tʰe^{11}　　ɣ^{11}　　be^{33}　　ha^{33}　　ndʑŋ^{33}.
　　　　3SG　　　碗　　　　DUR　　拿　　　ADV　　饭　　　吃
　　　　他端着碗吃饭。

例 40. sæ³³læ¹¹　kʋ³³　tʰe¹¹　lo³³　be³³　tʰe³³ɯ³³　pɚ⁵⁵.
　　　　桌子　　上　　DUR　趴　ADV　字　　　写
　　　趴在桌子上写字。

诸如此类结构中，由于存在状语标记 be³³，同时 V1 前还带有表示动作持续的 tʰe¹¹，标记相应的动词 V1 是处于某一状态，因此其动作性较弱，而 V2 动态性较强，负载主要信息，成为核心动词。

（二）连动结构与动结式的关系

纳西语中表示原因—结果型连动结构中 V2 主要为一些状态情状类动词，说明 V1 的结果，V2 与 V1 的关系比一般的连动结构要紧密得多，表达一个完整的语义，这种语义的完整性进而促进了 V1 与 V2 的融合，可见，具有"原因—结果"语义相关性的连动结构易于发展为动结式，这是由于动结式内部存在着使因事件和使果事件的语义关系。（施春宏 2015：42）此处动结式中的补语只指结果补语，而充当补语的成分主要指动词，纳西语中的形容词也可以带一个论元，兼有"动作"和"性状"两种语义特征，但在动结式中，动作义主要由核心动词来表达，而形容词的"动作"义很可能就会被核心动词所覆盖，其表示的"性状"义就会凸显，因此，此处与连动结构有关联的动结式的补语暂不包括形容词。由动词+动词构成的动结式可以分为：

1. 及物+及物

由两个及物动词构成的结构更倾向于一种连动式，但与典型的连动结构不同的是，V2 的动作性较弱，只是由于 V1 的动作才有了 V2 的结果，如例 41 中的核心动词为 ɣ¹¹ "拿"，mæ³³ "得到"为结果：

例 41.　tʰɯ³³　nɯ³³　tʰe³³ɯ³³　ɣ¹¹　mæ³³.
　　　　3SG　　A　　　书　　　拿　　得到
　　　他拿到了书。

2. 及物+不及物

V1 多为及物动词，主要是由于，它要作用于一个受事对象，V2 多为不及物动词，表示该受事对象在 V1 作用下所产生的结果，这一结果应具有不及物性，这种类型的动结式在纳西语中较多，如例 50—52：

例 42.　tʰɯ³³　nɯ³³　ʝɤ³³dʋ¹¹　kɤ⁵⁵　pʰʋ³³　ku⁵⁵.
　　　　3SG　 A　 墙　　　 P　 推　倒
　　　　他把墙推倒了。

例 43.　zɤ⁵⁵zɤ¹¹　tʰɯ³³　nɯ³³　gɤ¹¹　i⁵⁵ʂʋ⁵⁵.
　　　　孩子　　　3SG　 A　　DIR　吵醒
　　　　孩子被他吵醒了。

例 44.　çi³³　ndʋ¹¹　ʂɯ³³.
　　　　人　　毒　　 死
　　　　毒死人

3.不及物+不及物

主要动词 V1 可以为不及物动词，此时不及物动词可以没有自己的施事对象，但却可以作为原因引出一个结果来。如例 45 中表示结果的 zɹ¹¹"晕"与其前的施事论元 ku³³lʝ¹¹"头"共同构成一个小句，作为 V1 zu¹¹"饿"的补语，也正是由于 zu¹¹"饿"的动作才导致了后面 ku³³lʝ¹¹ zɹ¹¹"头晕"的这一结果，这与主要动词为不及物动词后接结果补语相一致。但该结果补语存在相应的施事论元，以小句的形式出现，且主要动词也有相应的施事论元，无法促进 V1 和 V2 的融合，不同于上面的两种类型：

例 45.　ŋa¹¹　ha³³　zu¹¹　ku³³lʝ¹¹　zɹ¹¹.
　　　　1SG　 饭　　饿　　头　　　晕
　　　　我饿得头晕。

例 46.　mba¹¹　（nɯ¹¹）　kʰa³³　sɹ⁵⁵
　　　　叫　　　　　　　　声音　　哑
　　　　叫得嗓子哑了。

综上可见，纳西语中由对称连动结构发展为复合词的现象可见于由原因—结果型连动而形成的动结式复合词中，如上例中的"哭湿""打碎""砍断""拿到""推倒"。纳西语这种由原因—结果型对称连动结构发展为动结式的路径，更倾向于词汇化的结果，而非语法化，不同于彝语连动结构的语法化结果。纳西语的连动结构的这一发展也符合 Aikhenvald（2006）提到的对称型连动结构倾向于经历词汇化，其形式和语义固定下来，成为不可分割的整体。所谓词汇化是指一个非词汇形式变成一个有完整所指能力的词汇单位的过程。它是连动结果中普遍存在的一个现象，在一种语言中，何种类型的事件用何种动词呈现，而这些动词又以一定的顺序组合起来，进而形成一种比较固定的、模式化的对应，从而形成动词词素复合词。

二 非对称连动结构的语法化

Aikhenvald（2006）认为非对称连动结构倾向于语法化，其中语义较虚的动词逐渐失去动词性，而成为一个语法语素。纳西语连动结构中处于次要动词地位的趋向动词更易语法化，成为语法范畴标记。不同语义类型的动词和它们所隐含的体意义之间一般都有一定的语义相关性，活动情状类动词通常与进行体、持续体相关联，含有完成义的动词通常与完结体相关联。纳西语连动结构中的次要动词可以语法化为体标记、使动标记等。

（一）体标记

纳西语中表示趋向的"来""去"常常语法化为体标记。胡素华（2010:29）将彝语中 V1＋si^{44}＋V2 的结构中 si^{44} 看作是连动或补语的标记，当 V1、V2 都为动作性较强的动词，该结构为连动结构，当 V2 为趋向动词时，将多数该结构分析为动补结构。纳西语中也存在类似彝语的这种结构，即 V1＋le^{33}＋V2 结构，而纳西语的 le^{33} 也可以前置于 V1，故本书将其处理为动词前置语素，而非连动结构标记。V1＋le^{33}＋V2 结构中的 V2 常为趋向动词，本书分析为连动，而非动补式。如例 47 中 $tɕ^hi^{11}$ "来"有动词前置语素 le^{33}，因此 $tɕ^hi^{11}$ 与 $dzɤ^{11}$ "扑"构成非对称连动式，其中 $dzɤ^{11}$ "扑"为主要动词，$tɕ^hi^{11}$ 为次要动词，还具有趋向动词义。例 48 中的 ka^{35} 为 $ka^{11}bɤ^{55}$

的合音，句中"坐累"可以分析为动补结构，tɕʰi¹¹已经失去趋向义，表示"坐"的事件的完整性。例 49 为次要动词 hɤ¹¹ 表"倒"的方向，而例 50 表示动作"倒下去"的状态，hɤ¹¹ 已虚化为表完整体的标记。

例 47. lɑ³³ nɯ³³ kæ³³ dzɤ¹¹ le³³ tɕʰi¹¹ jɤ³³.
　　　　老虎　A　　前　　扑　　DIR　来　　VIS
　　　　老虎扑过来了。

例 48. ndʑɿ¹¹ kɑ³⁵ tɕʰi¹¹ jɤ³³, dɯ³³ kʰɑ³⁵ hY³³.
　　　　坐　　累　　PFV　　VIS　　NUM　时　　站
　　　　坐累了站一下。

例 49. zY⁵⁵zY¹¹ ndo⁵⁵ le³³ hɤ¹¹.
　　　　孩子　　　摔倒　　DIR_PRE　去
　　　　孩子摔倒了（看见倒下去了）。

例 50. zY⁵⁵zY¹¹ tʰe¹¹ ndo⁵⁵ hɤ¹¹.
　　　　孩子　　　DUR　摔倒　　PFV
　　　　孩子摔倒了。

上文中已论述了表示动作持续的标记 tʰe¹¹ 常出现在动词前，其也由连动结构语法化而来。前置型的体标记 tʰe¹¹ 与动词之间可以插入其他成分，如副词 tɑ⁵⁵ "仅仅"、mɤ³³ "不"。例 51 中 tʰe¹¹ 与动词之间插入 tɑ⁵⁵ 意为"可以坐着聊天，却一直站着讲话"，强调的是动词"站"，例 51 强调的是 V2 "聊天"，"站着"分析为"聊天"的方式。例 52、54 插入副词 tɑ⁵⁵ 意为"热""闭"的结果，而非状态。例 55 动词 ɤ¹¹ 与 tʰe¹¹ 之间还可以插入否定副词，对相应的动词进行否定，在连动结构的否定式中已经论述。可见表示持续体的 tʰe¹¹ 与动词的衔接并非很紧密，可以在其中间插入副词等成分，此时整个结构并不表示动作的持续。因此，前置型的体标记更像是连动结构中的次要动词，而不是完全语法化的标记。

例 51. tʰe¹¹ tɑ⁵⁵ hY³³ be³³ cæ³³cY⁵⁵
　　　　DUR　仅　　站　　ADV　聊天
　　　　站着聊天

例 52.　ha³³　　tʰe¹¹　　ta⁵⁵　　tsʂ̩³³
　　　　饭　　　DUR　　仅　　　热
　　　　饭还是热的

例 53.　ȵɟʏ¹¹　tʂʰɯ³³　ȵɟʏ¹¹　cʰi⁵⁵sʐ̩³³　tʰe¹¹　ta⁵⁵　lʋ⁵⁵　be³³
　　　　lʏ¹¹　mɤ³³　to³³.
　　　　山　　这　　　座　　雾　　　　DUR　可以　罩　ADV
　　　　看　　不　　　见
　　　　山上起雾了看都看不到山。

例 54.　nʋ⁵⁵bi¹¹　tʰe¹¹　ta⁵⁵　mɚ⁵⁵mɚ³³
　　　　眼睛　　　DUR　　仅　　闭
　　　　眼睛还闭着

例 55.　tʰɯ³³　kʰwa⁵⁵　tʰe¹¹　mɤ³³　ʏ¹¹　be³³　ha³³　ndʐ̩³³.
　　　　3SG　　碗　　　DUR　　不　　拿　ADV　　饭　　吃
　　　　他没有端碗吃饭。

（二）使动标记

纳西语通过后置的使动的标记 tʂɚ¹¹ 表示致使义，tʂɚ¹¹ 由动词"哄、使唤"义语法化而来。纳西语中，连动结构是动词语义使动的一个重要表达策略，通过使动词使句中另一个动词具有使动义，进而直接或间接引出致使者。纳西语使动范畴的分析式由使动词和主要动词构成。连动结构是动词产生使动义的句法环境。上文已提到，纳西语表趋向的 bɯ³³ 已语法化为体标记，例 64 中 i⁵⁵ tʂɚ¹¹ 构成连动结构，tʂɚ¹¹ "哄"带有使动义，但为主要动词，例 56—58 中省略致使者，tʂɚ¹¹ 的主要动词义"哄"虚化，在句中分别置于 kʰʋ³³ hɯ³³ "去偷"、so¹¹ hɯ³³ "去学"的连动结构之后，使得连动结构具有了致使义，隐含了被使者。

例 56.　tʰɯ³³　tʂʰo³³lo¹¹　i⁵⁵　tʂɚ¹¹　bɯ³³.
　　　　3SG　　这里　　　　睡　　哄　　FUT
　　　　要哄他到这里睡。

例 57.　tʰɯ³⁵,　ʏ¹¹pʰe³³　gɤ³³　ʏ¹¹　kʰʋ³³　hɯ³³　tʂɚ¹¹
　　　　EMPTY　岳父　　GEN　绵羊　偷　　去　　CAUS

　　　　ʂɤ⁵⁵　mʋ³³.
　　　　QUOT　IND

让(他)去偷岳父家的绵羊。

例 58.　ə³³i³³　　ze⁵⁵　　tʰe³³ɯ¹¹　so¹¹　mɑ³⁵,　nɯ³³ŋ gɯ¹¹
　　　　现在　　　TOP　　书　　　　学　　句尾　　2PL

　　　　ʂu⁵⁵　　be³³
　　　　样子　　　ADV

　　　　ʂɤ³³i⁵⁵　so¹¹　hɯ³³　tʂɚ¹¹　tsɿ⁵⁵　me³³.
　　　　CH 手艺　学　　去　　CAUS　QUOT　IND

让（他）像你们现在一样去学习手艺。

三　对称连动结构的非典型词汇化

所谓词汇化是指一个非词汇形式变成一个有完整所指能力的词汇单位的过程，它是连动结果中普遍存在的一个现象，在一种语言中，何种类型的事件用何种动词呈现，而这些动词又以一定的顺序组合起来，进而形成一种比较固定的、模式化的对应，这样就形成动词词素复合词。纳西语中由对称连动结构发展为复合词的现象可见于由原因—结果型连动而形成的动结式复合词中，如上例中的"哭湿""打碎""砍断"。纳西语中虽然存在由两个动词并列构成的复合词，但这两个动词之间并不存在语义上的先后关系，因此，并不将其列为是连动结构中词汇化的结果。如：

　　kʰɯ⁵⁵tso¹¹ 容器　　　　ndʐ¹¹tʰɯ³³ 吃的喝的
　　放　套　　　　　　　　　吃　喝

通过以上对纳西语连动结构各个语法参项的分析，可以得出以下认识：

（一）纳西语连动结构存在对称和非对称两种类型，对称型连动结构又包含时序动作型、原因—结果型、方式型、同义型四个语义次类,而非对称连动结构由主要动词和趋向动词结合而成,这类连动结构更倾向于表示动作行为的目的,而附加动态状语标记的连动结构则更倾向于表明主要动词的信息,承载着整个结构的语义重心。

(二)纳西语连动结构的存在,是由纳西语 OV 型语言的内部机制决定的。动词后置型的语言,允许两个或两个以上动词的连用。此外,连动结构的各种结构关系紧密度较高,作为一个整体充当句法成分,可以共享一个语法范畴,除特殊的趋向前置词之外,一般实词成分很难被插入。

(三)连动结构是一种容易引起语法化的句法结构,连用的几个动词由于语义和句法在使用中出现不平衡性,有了主次之分,处于次要地位的动词词义就会发生虚化,从而产生语法化,如纳西语中表示持续体的 t^he^{11} 与动词的衔接并非很紧密,可以在其中间插入副词等成分,此时整个结构并不表示动作的持续。因此,前置型的体标记更像是连动结构中的次要动词语法化而来。

(四)纳西语中由原因—结果型对称连动结构发展为动结式的路径,即更倾向于词汇化的结果,纳西语中并不存在典型的连动结构词汇化的现象。

(五)纳西语连动结构的否定式有两种类型:一种是否定词 $mɤ^{33}$ 置于 V2 之后或语法标记之前,同时否定几个连用动词;第二种是否定词 $mɤ^{33}$ 置于 V2 之前,只否定 V2,表示部分否定,若否定词 $mɤ^{33}$ 置于 V1 之前,则否定词+V1 构成 V2 的状语。

第七章 示证系统

示证系统的系统研究最早见于西方，胡壮麟（1994:9）指出美国人类语言学家 Franz Boas 在《Kwakiutl 语法》（1947）中正式提出"示证素"，从此便产生言语"可证性"的研究。Aikhenvald（2004）的《Evidentiality》是第一本从类型学视角对示证系统进行研究的专著，指出示证是指语法化了的信息来源。

对藏缅语示证的研究主要有 Aikhenvald（2004：32，43，65）认为藏缅语羌语支羌语属于三分模式，即亲历、推测、报道，而其他多数藏缅语属于两分模式：报道/传闻、其他参项。还有 LaPolla（2003）、黄成龙（2007）对羌语示证的详细分析。江荻（2005:70）分析了藏语拉萨话体范畴、示证系统和自我中心趋向范畴共享形式标记的情况，江文区分了四种拉萨话的示证类型即亲知、自知、新知和推知。刘鸿勇、顾阳（2008）在前人研究基础上分析了凉山彝语的引语标记和听闻示证标记。对纳西语示证的研究可见于木仕华（2002、2003、2006）文章都有提及示证系统这个概念，并列举了一些示证标记词。Lidz（2007）分析了纳西永宁话的示证系统。本章将采用 Aikhenvald 的类型学框架的示证系统模式，结合纳西语语言事实，对示证系统的语义参项、示证标记的句法分布进行分析。

第一节　示证系统的语义参项

从类型学的研究成果来看，Aikhenvald 将示证系统分为两个大的类型，一种是没有明确信息来源的，另一种是有明确信息来源的。据此示证系统可以分为六个语义次范畴。Aikhenvald（2004：4-6，12）依据亲见、非亲见、推断、传闻、报道、引证六个语义参项提出了类型学上的两分示证模式、三分示证模式、四分示证模式和五分示证模式。各模式还可进行如下细分①：

（一）亲历（direct）

Aikhenvald（2004）提到"如果一个示证系统没有特别的表非亲见的标记，那么亲历示证标记可以涵盖所有由听觉、味觉、嗅觉获得的信息。"亲历又可分为亲见（visual）和非亲见（non visual）。亲见是指言者要表达某一亲眼看见的事件；非亲见是指如果当亲见标记不能标记言者听闻的事件时，这种情况下，就会使用非视觉感受来传达这些意义。

（二）推测（inferred）

Aikhenvald（2004:174）指出在大的示证系统中，两种基本的推测都能有相关的语法表达，推论是基于事实，猜测是基于逻辑推理，如果只有一个推测示证标记，则其包含推断和测度两种意义。也就是说如果有严格语法实现来标记示证系统的语言中，如果不区分推测的依据是第一手信息还是非第一手信息，就用推测示证次范畴来标记，即推论（inferential）和猜测（assumptive）两个次语义参项。

（三）报道（reported）

如果言者的消息来自他人，则在有严格语法实现来标记示证系统的语言

---

① 柳俊：《纳西语传信范畴管窥》，硕士学位论文（手稿），云南民族大学，2012年。

中，就会有相应的报道示证次范畴来标记这一语义。报道主要包括传闻（reportative）和引证（quotative），这二者的区别主要是言者消息来源是否可以确定，具有确定来源的为引证，反之则为传闻。

第二节　纳西语示证标记

示证系统作为类型学视角下的句法语义功能范畴，因此必然具备句法实现手段，主要有词缀、词汇、零形式等，纳西语是偏向分析型为主的语言，示证手段主要是通过虚词、半虚词、短语结构或零形式来标记，纳西语不属于有严格句法实现来标记示证系统的语言，因此示证标记的出现是可选的，标记只是表达示证的充分条件。

Lidz（2010：476）认为永宁纳西语示证存在两种系统模式，一种为 Aikhenvald 提到的 A 系统，即常识和其他模式，纳西语中的常识标记通常不出现在句尾，说明这种标记不同于其他示证标记，属于语法化的范畴。另一种为 Aikhenvald 提到的 C3 系统，即四分模式，区分为亲历、推测、传闻和引用。本书调查的点为纳西语西部方言，将其分为亲见/非亲见、推论/猜测、传闻/引用，其中非亲见并未有特定的语法标记词，因此，亲历语义不再细分。

一　亲历标记

Lidz（2010:478）指出在纳西语中无标记的言辞被认为属于亲历的示证系统，言者的直觉表明如果没有其他示证标记被使用，则听者会认为该事件是言者亲眼所见。Lidz 调查的永宁纳西语属于东部方言点，而本书所采用的调查点为西部方言，在调查中发现片丁纳西语存在表示亲历的示证标记，但不区分亲见和非亲见次范畴。

（一）视觉

片丁纳西语用亲历示证标记 $jɤ^{33}$ 来表示亲见，$jɤ^{33}$ 常后置于句尾，表示言者亲眼看见的事件正在进行或已经完成，如例 1—3：

例 1.　zɯ¹¹　　tʂɯ³³bi³³　　ȵʑi³³　ȵʑi³³　ne¹¹　　jɤ³³.
　　　 蛇　　　 地上　　　　走　　走　　PROG　VIS
　　　 蛇正在地上走着。

例 2.　ji¹¹ɯ³³　　tʂʰɯ³³　　　me³³　ji¹¹　lo¹¹　　tʂɚ⁵⁵/tɯ⁵⁵　jɤ³³.
　　　 水牛　　　DEM.PROX　CLF　 水　　INESS　泡　　　　　　VIS
　　　 这头水牛在水里泡着。

例 3.　æ¹¹ɖʐ³³　　ci³³ku¹¹　　lo¹¹　　bʊ¹¹　　jɤ³³.
　　　 小鸡　　　南瓜　　　　INESS　 钻　　　VIS
　　　 小鸡钻进南瓜里了。

（二）其他感觉

片丁纳西语中并未有特定的表示非亲见的语法化的标记词，只能通过相应的词汇来表达，如 ni⁵⁵gʊ¹¹ "感觉"、kʰɑ³³mi³³ "听见" 等，此时句中出现的 jɤ³³ 表示这些事件是言者亲历的，即亲历下面不再细分，也可以用零标记来表示。

mbɚ³³tʂ̩⁵⁵　　ŋɑ¹¹　　 tʰɚ⁵⁵me³³　　　ni⁵⁵gʊ¹¹　　jɤ³³.
蚊子　　　　1SG　　 咬　　　　　　　INF 感觉　　DIR
感觉蚊子在咬我。

ŋɑ¹¹　　zʏ⁵⁵zʏ¹¹　　ŋʊ¹¹　　ne¹¹　　kʰɑ³³mi³³.
1SG　　孩子　　　　哭　　　PROG　 听见
我听见孩子在哭。

ŋɑ¹¹　　cʰi⁵⁵dzʊ¹¹　　ŋgu¹¹　　bɯ³³　　 ȵi⁵⁵ȵi¹¹.
1SG　　感冒　　　　　 病　　　 FUT　　 好像
我可能要感冒了。

二 推测标记

推测标记常被用来指定一些不能看见、听见或亲自经历的事件,但是该事件却可以是基于某个事实可以推断或猜测得到的。

(一)推断

Lidz(2010:486)指出永宁纳西语中用 $p^hæ^{33}di^{33}$ 表示推断示证,其中 $p^hæ^{33}$ 作实词为"脸"的意思,di^{33} 作实词是一种与直立物体搭配的存在动词。推断标记经常和身体状态存在动词搭配。 片丁纳西语中用推测标记 $k^hɯ^{55}$ 来表示推断,用作实词义为"去过"。如例4"听到猪在叫",推测"可能猪饿了",$k^hɯ^{55}$ 还可以后接推测表达策略(strategy)标记 $mɤ^{33}do^{11}$,表示一种不确定性,例5表示不确定是否是他做的。

例 4.　bu^{11}　　$hɑ^{33}$　　zu^{11}　　$k^hɯ^{55}$.
　　　　猪　　饭　　饿　　INF
　　　(听到猪叫推测)猪饿了。

例 5.　$t^hɯ^{33}$　$nɯ^{33}$　le^{33}.　be^{33}　$k^hɯ^{55}$　$mɤ^{33}do^{11}$.
　　　　他　　A　　DIR　　做　　INF　　INF.ST
　　　可能是他做的。

$k^hɯ^{55}$ 也可以与道义情态 $ndɚ^{33}$ 构成 $k^hɯ^{55}ndɚ^{33}$ 或是由 $k^hɯ^{55}$ 与认识情态 $tsɑ^{11}$ 构成 $k^hɯ^{55}tsɑ^{11}$ 表示推测,二者都表示一种主观推测,其中 $k^hɯ^{55}ndɚ^{33}$ 更趋向于主观的不确定性推测,而 $k^hɯ^{55}tsɑ^{11}$ 趋向于一种主观的确定性推测,如例6中的背景信息可能是听到脚步声或说话声,推测有人来了,表示对信息的确定性:

例 6.　$çi^{33}$　　$ɲɟɤ^{11}$　　$k^hɯ^{55}tsɑ^{11}$.
　　　　人　　EXIST　　INF
　　　可能有人。

例 7.　$çi^{33}$　　$ɲɟɤ^{11}$　　$k^hɯ^{55}ndɚ^{33}$.
　　　　人　　EXIST　　INF
　　　可能有人。

（二）猜测

片丁纳西语没有专门的猜测标记，用认识情态 tso³³ 表示猜测示证义，如例 8 中只是凭借言者的主观臆断猜测会不会下雨：

例 8.　tsʰɯ³³ɲi³³　　huɯ¹¹　　gɯ³³　　ə⁵⁵　　tso³³.
　　　　今天　　　　雨　　　下　　　QM　　ASSP
　　　　今天会不会下雨？（猜测）

例 9.　tʰɯ³³　　ha³³　　tʰʋ⁵⁵　　mɤ³³　　tso³³.
　　　　3SG　　饭　　做好　　不　　　ASSP
　　　　他不会去做饭。（他平常也不做饭，所以猜测他几乎不可能做饭）

三　报道标记

（一）传闻

片丁纳西语中用来表达传闻的标记为 tsɿ⁵⁵，tsɿ⁵⁵ 可能由动词"说"语法化而来，该动词在语法化过程中并未发生任何音变的迹象。

　　　ə³³bɑ³³/ə³³ di³³　　bɤ¹¹tɤ⁵⁵　　bɯ³³　　tsɿ⁵⁵.
　　　爸爸　　　　　外面　　　去　　REP
　　　爸爸说要去外面了。

传闻标记 tsɿ⁵⁵ 常用来表达并非言者亲历的事件，因此在叙述文本中常用来表示一些众所周知的事情。传闻标记常与语气词 we³³ 连用置于句尾，其功能管辖整个句子。传闻标记在话语中会有适当的停顿，与推测标记不同，传闻很少受句法环境的制约，主要受语用的影响，因此，在话语文本中，报道示证具有可选性。若单句表达传闻语义，但没有传闻标记，其语法化的可能性较大。如例 10 中 tsɿ⁵⁵ 作为传闻标记常用在叙述一个故事的起始句中，传闻标记也表明该故事常为口传文学作品，它也成为该种文体的一种标志。

例 10.　ə³³bʋ¹¹　　gɯ³³ʐɿ³³　　sɿ⁵⁵　　kʋ³³　　ɲɟɤ¹¹　　tsɿ⁵⁵　　we³³.
　　　　哥哥　　　弟弟　　　NUM　CLF　EXIST　REP　AUX
　　　　据说有三个兄弟。（a2）

例 11、12 是讲分家的事还未发生，值得注意的是，传闻标记 tsɿ⁵⁵ 管辖整个表示将来时的从句，正如 Aikhenvald（2004:35）中提到的 Ngiyambaa 的例子，报道示证与事件的非现实性相关联。

例 11. gɯ³³ʐɿ³³　　mɤ³³　　ɲɤ¹¹　　ʂɤ⁵⁵　　tso³³　　　　wa¹¹　　tsɿ⁵⁵　　we³³．
　　　　弟弟　　　不　　　要　　　说　　　认识情态　　COP　　REP　　AUX
　　　　弟弟不会要。

例 12. ə³³bɑ³³　ʂɯ³³　bi⁵⁵ze⁵⁵　je³³,　　o³³　　mbʋ³³　tsɿ⁵⁵　we³³．
　　　　父亲　　死　　之后　　　表停顿　骨头　　分　　　REP　　AUX
　　　　父亲死之后，据说分家了。（a4）

例 12 中第一个子句使用了传闻标记 tsɿ⁵⁵，第二个子句使用了引用标记 ʂɤ⁵⁵和 tse⁵⁵，表明"来骗我"和"你这会是不是吃到屎"这两个信息分别有各自单独的来源。

例 13. ŋa¹¹　kwɑ³³　tsɿ⁵⁵　　　　mɑ³⁵,　nɯ¹¹　tʂʰɯ³³　kʰa¹¹　cʰɚ³³　ndʐɿ³³
　　　　1SG　骗　　REP　　　　　句尾　　2SG　　DEM　　时间　　屎　　　吃
　　　　ə⁵⁵　mæ³³　jæ³³,　　e⁵⁵,　tʂʰɤ³³　be³³　　ʂɤ⁵⁵　me¹¹　tse⁵⁵。
　　　　INT　得到　VIS-疑问　PRT　DEM　　ADV　　说　　　IND　　QUOT
　　　　说"来骗我"，你这会儿是不是吃到屎了？（阿一旦）如是说。

（二）引用

引用是最常见的一类示证次范畴，通常任何语言都需要表达引语，因此大部分语言都有引述标记或引述动词。纳西语中的引述标记为 tse⁵⁵，引述动词为 ʂɤ⁵⁵"说"，ʂɤ⁵⁵在纳西语中既可以做词汇性动词，译为"说""称作"，也可以语法化为表示引述义，当用作词汇性动词"说"时，ʂɤ⁵⁵没有指明信息来源的功能，如例 14、15：

例 14. mʋ⁵⁵kʋ³⁵　u¹¹　　tʰʋ⁵⁵　（bi⁵⁵）　ze⁵⁵　nɯ³³　bɤ³³mu³³　ʂu¹¹　kʰu³³sa³³
　　　　烟雾一　　CLF　制造　（后）　　停顿　停顿　锅底灰　　铁　　锁
　　　　ʂɤ⁵⁵　tʂʰɯ³³　nɯ³³　ze⁵⁵　kʰu³³　tʰe¹¹　sa³³　je³³．
　　　　说　　DEM　　工具　　TOP　　门　　　DUR　　锁　　停顿

制造了一股烟雾之后又用称作"抹灰铁锁"的东西把门锁住。

例 15. mu³⁵ la³³i³⁵ sʅ⁵⁵ me³³, ə⁵⁵i³³ndæ⁵⁵, kʰu³³ sɑ³³
木-CH. 老爷-CH. 说 AUX 阿一旦 门 锁

pʰu³³ mʅ³³ bjʅ³³ mʅ³³, dɯ³³mæ¹¹ tʂʰɯ¹¹ nɯ³³
开 不 成（为） AUX 一些 快 2SG

nɯ³³ pʰu³³ lu³³！
A 开 来

木老爷说："阿一旦，锁打不开，你快点儿来开（锁）！"（e22）

sʅ⁵⁵经语法化用来表示引述义时，并未发生语音的变化，如下例中的第一个子句的sʅ⁵⁵为词汇性动词"说"，第二个子句中的sʅ⁵⁵为引述动词，表示词汇性的动词常置于引语前，而表示引述义的动词常置于句尾：

je⁵⁵, ə³³pʰʊ³³lɑ¹¹ tʰɯ³³ kʊ³³ nɯ³³ sʅ⁵⁵ me³³："
停顿 神仙 3SG CLF A 说 AUX

e⁵⁵ze⁵⁵jæ³³, nɯ¹¹ lɯ³³ pʰʊ¹¹ mʅ³³ ɲi¹¹ se¹¹"。
表停顿, 2SG 田 挖 不 应该 PFV

mbə¹¹ ɯ³³ ndo³³dʅ³³ tʂʰɯ⁵⁵ bɯ³³ næ¹¹ sʅ⁵⁵ tsʅ⁵⁵.
牦牛 皮 皮革囊 裁 去 应该 QUOT REP

那个神仙说道："你不要再挖地了。"说是应该去缝制一个牦牛皮囊。

tse⁵⁵在纳西语中也可以用来表示引用标记，常置于句尾，如：

例 16. dɯ³³mæ¹¹ ndo³⁵ tʂʰɯ³³ kʊ³³ nɯ³³ ə³³mo³³ wɑ¹¹ jʅ³³,
稍微 傻 DEM. CLF. A 妈妈 COP VIS

ə³³mo³³ lʅ³³u⁵⁵ tɕi¹¹ jʅ³³ tse⁵⁵, kʰu³³ pʰu³³ jʅ⁵⁵
妈妈 回 来 VIS QUOT 门 开 给

me¹¹ tsʅ⁵⁵ wʅ³³。
句尾 REP AUX

傻一点儿的那个小孩说是妈妈，妈妈回来了，就给她开了门。

tse^{55}可以与ʂɤ^{55}连用，双重标记表明信息来源，此时信息来源对象常被隐含，正如 Lidz（2010:484）提到的双重引用标记被使用时，信息来源对象可能远离引语。与报道、听说示证不同的是，引用示证的信息具有明确的对象来源，在纳西语话语材料中，信息的来源对象有时出现在句中，有时隐含在上下文中，如例 16 指明了信息的来源对象为"那个小孩"，而例 17 的信息来源对象"女妖"在该句中并未出现，而是隐含在上文中。

例 17. je^{55}, ə^{33}mo^{33}, ə^{33}tsɿ^{35} ndʐɿ^{33} me^{11} le^{33} ʂɤ^{55} tsɿ^{55}
停顿 妈妈 什么 吃 AUX INT 说 REP

me^{33}, dɑ^{33}dʏ^{33} lʏ^{33} kʰæ^{33} mɤ^{33} ʂɤ^{55} tɕʰi^{35} tse^{55},
停顿 蚕豆 果 啃 AUX 说 来 QUOT

说"妈妈在吃什么呢？"（女妖）回答说："在啃蚕豆呢！"（c23）

表示引用示证的 tse^{55} 还具有传闻的语义，如例 18：

例 18. æ^{11} kʋ^{33} cʰjɤ^{55} gɤ^{33} lv^{33}pɑ^{33} tʂʰɯ^{33} lʏ^{33} kɯ^{33}tʂʅ^{33} kv^{55} me^{11}
悬崖 LOC 贴 GEN 石头 DEM CLF 说话 会 AUX

据说贴在悬崖上的那块石头开始会说话了。

因此，根据上文的分析，我们可将纳西语示证系统进行如下划分：

亲历	推测		报道	
亲历	推断	猜测	传闻	引用
jɤ^{33}、ni^{55}gʋ^{11}、kʰɑ^{33}mi^{33}	kʰɯ^{55}	tso^{33}	tsɿ^{55}、tse^{55}	ʂɤ^{55}、tse^{55}

第三节 示证系统与其他语义次范畴的关系

在语法系统中每个语法范畴都不是孤立存在，而是与其他语法范畴相互限制或共现的。下文就与示证系统最易混淆，语义上有关联的语法范畴进行分析。

一 知识状态与示证系统

当人获知某一信息或通过不断强化记住这一信息时,该信息就成为一种知识(常识)。若采取某一行为而获得某种自然界或非自然界的反馈而记住这一过程或结果时,成为一种经验。当传递的信息是自身的一种知识或经验,进行推断时是基于一种知识或经验,并在与他人进行交流该知识或经验,该知识和经验就与示证系统发生了语义上的交叉。[①]如例19"小孩子怕打雷"这一命题既可以是言者亲见,又可以表达一种常识判断,可见知识状态范畴与示证系统具有语义上的交叉。

例 19.　　mɯ³³ŋgʊ³³　　zʏ⁵⁵zʏ¹¹　　zə³³　　jɤ³³.
　　　　　打雷　　　　孩子　　　　怕　　　VIS
　　　　　小孩怕打雷

知识状态范畴可按照获得的时间远近、在言者心中的深刻程度和在言语社区中的认可程度分为"常识""新知"两个次范畴。

(一)常识

常识是指为言语社区所共享的知识或经验。Lidz(2010:488)指出常识类似于猜测,差别在于认知上更加确定。Lidz 调查的永宁纳西语中的常识标记为 a³¹dʑɤ³³,a³¹单用时为疑问句标记,dʑɤ³³是表处所的存在动词。存在动词和表处所的存在动词通常是猜测示证标记的来源(Aikhenvald,2004)。与亲历、推测标记不同,常识标记通常出现在子句句首,在调查的片丁纳西语话语材料中,用 ə³³i³³来标记常识范畴,且 ə³³i³³后都有相应的停顿,这可能是由于常识标记是由疑问标记 ə³³和处所存在动词 i³³相结合语法化而来,因此,仍然会保留各自语法成分之间的停顿,即 ə³³ i³³的结合并不紧密,这与 Lidz 的永宁纳西语相符。如例20、21 中的 ə³³i³³发音人将其译为"现在"即

[①] 柳俊:《纳西语传信范畴》,硕士学位论文,云南民族大学,2012年,第23页。

"众所周知"：

例 20.　ə³³i³³　　　　le³³kæ³³　nɯ³³　tʰe³³be³⁵　ʂɤ⁵⁵　tʂʰɯ³³,　pa³³　kʰwɑ¹¹,
　　　　CMKN-现在　乌鸦　　A　　如此　　　说　　DEM.　蛙　　坏

　　　　kʰwɑ¹¹,　pa³³　　kʰwɑ³⁵　ʂɤ⁵⁵　ʂɤ⁵⁵　mʋ³³。
　　　　坏　　　蛙　　　坏　　　说　　　说　　CERT

　　　　所以说现在乌鸦这么叫：坏青蛙坏青蛙。（d11）

例 21.　ə³³i³³　　　　ə⁵⁵ŋgɯ³³　nɯ³³　ɲji³³ɲji³³　ni¹¹　　gɤ³³
　　　　CMKN-现在　我们　　　　A　　走动　　　　PROG　REL

　　　　çi³³　se¹¹　tsʅ⁵⁵we³³;
　　　　人　　了　　REP

　　　　就是我们现在所说的人（凡人）了。（a71）

（二）新知

　　新知范畴是由Scott DeLancey首先提出来,在对藏语示证范畴的研究中,Scott（1997:35-37）将其定义为"用来标记基于推理的陈述和基于亲身经验的陈述,而言者对此没有事先的心理准备,由于与通常的文化认同的知识相悖,也有违于众所周知的事实推理而来的或亲身经历得出的经验知识,因此对言者来说,这一陈述是新的知识,还未整合到言者的系统知识中。通常是不知道的事件,带有言者的主观感情色彩,如：

　　　　ŋa¹¹　　mɤ³³　　sʅ³³　　ʂɤ³³　　mɤ³³.
　　　　1SG　　不　　　知道　　说　　　MIR

　　　　（我说）我不知道啊。

　　　　ʂe¹¹çæ³³　　ze⁵⁵　　çi³³　　gɤ³³　　pʰʋ¹¹la¹¹　　ʂɤ⁵⁵　　mɤ³³,
　　　　神仙（CH）　TOP　　人　　　的　　　神仙　　　　说　　　MIR

　　　　"神仙"呢就是 pʰʋ¹¹la¹¹。

dɚ¹¹　zo³³　kʰɯ³³　tsʰɿ¹¹　mɤ³³,
骡子　小　脚　细　MIR
骡子的脚呢是细的，（a10）

bu¹¹ tsʰɯ³³me³³　lɑ⁵⁵　ndɚ³³　me¹¹　mɤ³³　tsɿ⁵⁵ze⁵⁵　ȵi³³　hɯ⁵⁵　jɤ⁵⁵ tse⁵⁵.
猪　DEM CLF　打　应该　CERT MIR　QUOT　二　打　给　REP
老大说应该打这头猪，于是就打了两下。

二　认知模式与示证系统

认知模式是指言者并不能保证所说话语内容的真值，是对已经存在的某种事件的评估。Lidz（2010:495）提到在永宁话中有一个明显区别于示证的"认知模式"范畴，系词 ni³³可附带表示言者对信息很高的确性度，由于它不是用来标注认知模式的，因此 Lidz 将其称作"认知模式"策略，以区别于"认知模式"标记。主要的认知模式有确定、怀疑。

（一）确定

言者在获知（亲历）某一信息后，对这一信息作出肯定的评估，用来表达这一肯定评估的语法标记就是确定（certainly）标记。片丁纳西语主要在句尾加 me¹¹表示对信息的确性，更侧重言者的主观确定性，或者还可以通过词汇 kʰe³³ti⁵⁵"肯定"来表示，如：

sɿ³³　to¹¹to³³　kʰɯ⁵⁵　me¹¹.
木头　抱　INFR　CERT
原来是去抱柴了。

tʰɯ³³　kʰe³³ti⁵⁵　bɯ³³　tsa¹¹.
他　肯定　去　认识情态
我肯定他要走了。

（二）怀疑

言者在获知某一信息后，对该消息做出不肯定的评估，那么用来表达这一不肯定评估或表达言者对这一消息不负有责任时，就用怀疑标记。纳西语中表猜测的 tso^{33} 可以用来表示怀疑，如：

tʂʰɯ^{33}ɲi^{33}　　hɯ^{11}　　gɯ^{33}　　ə^{55}　　tso^{33}　　le^{33}.
今天　　　　雨　　下　　QM　　会　　AUX
今天会不会下雨？

三　体范畴和示证系统

藏缅语都是体凸显的语言，纳西语示证系统中与体关系密切的是亲历、推测示证，从逻辑来看，亲历示证通常与进行体、完成体相关联，如例 22、23：

例 22.　tʰɯ^{33}　　hɤ^{11}　　jɤ^{33}.
　　　　3SG　　去 CMPL　VIS
　　　　他走了。

例 23.　hwa^{11}dʑe^{33}　　da^{11} / mbi^{11}　　ne^{11}　　jɤ^{33}.
　　　　燕子　　　　　　飞　　　　　　　　PROG　　VIS
　　　　燕子在飞。

推测示证一般与将行体、完成体相连用，片丁纳西语中用"来""去"表示体范畴。如例 24a 中 kʰɯ^{55} ndə^{33} 表示过去的标记 ɲi^{33} 连用，不确定"他有没有回过家"，例 24b kʰɯ^{55}tsa^{11} 与表将行体的 bɯ^{33} 连用，表示"他回家的可能性较大"。体范畴也可以影响示证系统，如例 25 都表示"我要感冒"这个事件，ŋgu^{11} "生病"是一种非自控行为，因此只能由主体进行猜测，25a 中有亲历标记 jɤ^{33}，表示主体自身有生病的迹象，所以猜测"可能要感冒"，例 25b 只是对主体感冒状态发展情况的推测，"好像要感冒"。

例 24a.　　tʰɯ³³　　ja³³ko¹¹　　le³³　　　　pa³³　　ʨi³³　　kʰɯ⁵⁵　　ndʐ³³　　jʵ³³.
　　　　　　3SG　　　家里　　　DIR_PRE　到　　　EXPER　INFR　　　DUB.ST　DIR
　　　　　　他可能回过家。

例 24b.　　tʰɯ³³　　ja³³ko¹¹　　le³³u⁵⁵　　bɯ³³　　kʰɯ⁵⁵tsɑ¹¹.
　　　　　　3SG　　　家里　　　回来　　　FUT　　INF　CERT.ST
　　　　　　他可能要回家。

例 25a.　　ŋa¹¹　　cʰi⁵⁵dzu¹¹　　ŋgu¹¹　　bɯ³³　　jʵ³³.
　　　　　　1ss　　　感冒　　　　病　　　　FUT　　DIR
　　　　　　我要感冒了（猜测）。

例 25b.　　ŋa¹¹　　cʰi⁵⁵dzu¹¹　　ŋgu¹¹　　bɯ³³　　ɲi⁵⁵ɲi¹¹.
　　　　　　1SG　　　感冒　　　　病　　　　FUT　　好像
　　　　　　我可能要感冒了（猜测）。

四　情态范畴与示证系统

情态范畴与示证系统关系更为密切，情况较为复杂，有时很难区分。尤其是认识情态次范畴和认知模式范畴、推测示证次范畴存在密切的语义关联，同一标记可以表示多种语义功能。如表示认识情态的 tso³³、tsɑ¹¹可以标记怀疑和猜测示证。言者获悉某一事件一定会进行认知评估，认识情态次范畴就用来刻画评估的结果，而认知模式范畴就用来刻画评估后言者的态度，那么如果言者再传达这样一种基于评估后的信息做出的推理，就需要用推测标记。如例 26 既有猜测标记 tsɑ¹¹也有推测标记 kʰɯ⁵⁵，tsɑ¹¹用来表达言者对是否是"他做的"的一种怀疑的态度，tsɑ¹¹置于句尾管辖的是整个句子，kʰɯ⁵⁵表示基于这一态度而做出的推测。同理，例 27 首先有表亲见的 jʵ³³表示言者亲眼所见"他剪断绳子"这件事，表示一种已然的结果，从而有一种肯定的认知：

例 26.　　tʰɯ³³　　nɯ³³　　be³³　　kʰɯ⁵⁵　　tsɑ¹¹.
　　　　　3SG　　　A　　　做　　　INFR　　　ASSP
　　　　　可能是他做的。

例 27. tʰɯ³³ nɯ³³ æ¹¹mæ³³ tsʰʅ⁵⁵ pʰɯ⁵⁵ mɯ¹¹ kʰɯ⁵⁵ jɤ³³.
　　　　3SG   A   绳子   剪   断   CERT.ST INFR VIS
　　　　他把绳子剪断了。

第四节　纳西语示证标记的句法分布

示证标记的句法分布主要是指各种标记所在的句法位置。现分别论述亲历、推测、报道示证标记的句法位置。

一　亲历标记的句法位置

亲历（亲见或非亲见）标记位于主要谓语之后，常见于句尾，多和报道示证、认知模式连用，并置于它们之前，如：

例 28. ʂe¹¹çæ³³   dɯ³³   kv⁵⁵   pjæ⁵⁵   bi⁵⁵   tʰo³³lo¹¹   tʰe¹¹
　　　　神仙   一   CLF   变（CH）   CMPL   DEM   DUR
　　　　hɤ⁵⁵   jɤ³³   tse⁵⁵.
　　　　站   VIR   QUOT
　　　　说是变成了一个神仙站在那里。

例 29. lo³³sæ³³   ze⁵⁵je³³   nɯ³³   na¹¹çi³³   be³³   kɯ³³tsɯ¹¹   je⁵⁵,   ʐwa³³   pʰɚ¹¹
　　　　老三（CH） 停顿   句尾   纳西   ADV   说话   表停顿 马   白
　　　　ə³³kʰɯ¹¹   kʰæ³³   jɤ³³   ʂɤ⁵⁵   me¹¹   tsʅ⁵⁵   mɤ¹¹.
　　　　蔓菁根   咬   VIR   QUOT   CERT   RET   MIR
　　　　老三呢说的是纳西语"白马在吃蔓菁根"。

二　推测标记的句法位置

推测标记位于句尾主要谓语后，多和引用示证、认知模式相连用，当与引用示证标记连用时，推测标记 kʰɯ⁵⁵ 既可以前置于引用标记也可以后置，如例 30、31：

例 30. bu¹¹me⁵⁵ʂɯ³³tsʰɿ³³ tʂʰɯ³³ kʋ⁵⁵ nɯ³³ dɯ³³ bɤ¹¹ ɯ³³ kʰɯ⁵⁵ tse⁵⁵.
女妖　　　　　DEM. CL. A　CL. 地方　观察　INFR　QUOT
说是这个女妖在什么地方观察。

例 31. dɯ³³　ha⁵⁵　be³³　　　mɤ³³ lɤ⁵⁵lɤ³³ te¹¹ bjɤ³⁵　ʂɤ⁵⁵　　kʰɯ⁵⁵
NUM. CLF ADV　　不　动弹　　　杵（着）QUOT　INFR
jɤ³³　　wɤ³³,
VIS　肯定句尾
一整晚一动不动的躺着。

推测标记还可以前置表确定的认知模式前，如例 32、33：

例 32. ŋa³⁵ŋgɯ¹¹　cɤ⁵⁵　　tɕʰi¹¹ kʰɯ⁵⁵ jæ³³=jɤ³³le³³ ʂɤ⁵⁵　me¹¹　tse⁵⁵.
2PL　　救（汉）来　INFR　DIR　　　说　CERT　QUOT
说是来救我们的。

例 33. ə³³tsʅ³³ nɯ³³ tʂʰɤ³³nda¹¹ ndo¹¹　me¹¹　le³³,　ci⁵⁵　dɯ³³　pe⁵⁵le³³
什么 A.　如此　傻　　　　INT　口水　NUM.　蘸
ne³⁵,　ci⁵⁵　dɯ³³　　pe⁵⁵le³³　ne¹¹　æ⁵⁵!　tʰɯ³³ ze⁵⁵　pʰu³³
IND　口水　NUM.　　蘸　　　IND　INTJ　EMPTY　　开
tʰʋ³³　lɯ¹¹　tsa¹¹　ʂɤ⁵⁵　　kʰɯ⁵⁵ me³⁵
能　　来　INFR　说　　ENFR　CERT
（阿一旦说：）"（你）为何这么笨呢？舔一下（钥匙），舔一下（钥匙）啊！这样就能打开了。原来他是这么说的。

三 报道示证的句法位置

传闻的槽位形式比较多样，位于句尾主要谓语动词之后，它的前面常可以有肯定认知标记、引用标记，如：

例 34. kʰu³³　pʰu³³　jɤ⁵⁵　mɤ³³　bɯ³³　ʂɤ⁵⁵　me¹¹　tsʅ⁵⁵　wɤ³³.
门　　开　　给　　不　　去　　QUOT　CERT　REP　IND
说是不给你开门。

例 35. ŋa³⁵　mo³³　mɤ³³　wa¹¹　　je⁵⁵　　kʰu³³　pʰu³³
　　　 1SG　 妈　　不　　COP　　因此　　门　　 开
　　　 jɤ⁵⁵　mɤ³³　buɯ³³　sɤ⁵⁵　　tsɿ⁵⁵　 wɤ³³.
　　　 给　　NEG　 去　　 QUOT　 REP　 CERT.ST
　　　 说不是我们的妈妈所以不给你开门。

传闻标记也可以置于体标记后，知识标记前，如：

例 36. æ³³i³³,　ʝi¹¹　kɤ³³　ne¹¹　　ʝi³³　kʰu³³　tsʰə³³　ni¹¹　tsɿ⁵⁵we³³,
　　　 停顿　 水　 河　 CONJ　 水　 边缘　 洗　 进行体 REP REP.ST
　　　 sɑ⁵⁵　 pʰɑ³³　tsʰə³³　　ni³⁵　　 tsɿ⁵⁵we³³.
　　　 亚麻　 白　　洗　　　 PROG　 REP REP.ST
　　　 说是正在河边洗澡，在洗亚麻。

例 37. duɯ³³　mæ¹¹　ljɤ¹¹　tsʰɯ³³　gʊ³³　ze⁵⁵,
　　　 一　　 点儿　 漂亮　 这　　　 CLF
　　　 ɲʥɤ¹¹　ne³⁵gɤ³³　lo¹¹　 ta⁵⁵　 ɲʥɤ¹¹　tsɿ⁵⁵　mɤ¹¹.
　　　 山　　 CONJ　　 壑　　 仅仅　 生育　 REP　 MIR
　　　 长得漂亮的这个人呢，只会生育山和河沟。

传闻标记可以与道义情态助词连用，置于其后，如：

例 38. tʰɯ³³ze⁵⁵,　ŋgʊ³³　çi¹¹　　tʰɯ³³　tsʰɿ⁵⁵　bi⁵⁵　ze⁵⁵,
　　　 EMPTY　　 九　　 稻　　 回指　 割　　 后
　　　 ŋgʊ³³　çi¹¹　duɯ³³　pʰʊ⁵⁵　buɯ³³　næ¹¹　tsɿ⁵⁵　we³³。
　　　 九　　 稻　 一　　 撒（种子）去　 应该　 REP　 CERT.ST
　　　 割了九种稻，还要去播种九种稻。

Lidz（2010:493）提到，有"引用＋传闻"的组合，表示消息来源仍非常久远，加了引用标记并不能改变传闻的本质，但是，传闻＋引用却是不合语法的。本书调查的片丁纳西语话语材料中也未见到传闻＋引用的句子。

Lidz（2010:492）还指出了认知模式标记与示证标记连用的情形，传闻本来确性度很低，现在和确定认知模式连用，表明言者对这一传闻的肯定，上述例 36、37 传闻标记 tsŋ⁵⁵ 可以与表示确定认知的 me¹¹ 和表达确性策略的 wɤ³³ 连用，指出言者对"不是妈妈不给开门"事件的肯定态度。Lidz（2010：494）提到推断和传闻可以共现，传达一种很不确定的命题，也可能是言者未听清命题，以求得印证。我们在话语材料中并未发现有推测标记 kʰɯ⁵⁵ 与传闻连用的句子，只发现了认识情态 tsa¹¹ 表推测的例子，如下：

çɤ⁵⁵	kɤ⁵⁵	sŋ³³	pɤ¹¹	tse¹¹	je⁵⁵,	tʰa⁵⁵	le³³	pʋ¹¹
柏	枝	三	CLF	用	IND	塔	DIR	祭
bɯ³³	næ¹¹,	tʰɯ³³ze⁵⁵je³³	bɤ¹¹tɤ⁵⁵	le³³		ci³³hɤ¹¹	lɯ³³	tsa¹¹	tsŋ⁵⁵
将去	应该	EMPTY	外面	DIR_PRE		放置	来	INFR	REP

we³³。
回去用三根柏枝去祭塔，这样她就能生出来了。

因此，我们认为片丁纳西语示证标记、知识状态标记、认知模式标记和表示肯定判断的认知情态标记在句法上的位置顺序有如下几种情况：

1. 动词+亲历+引用/确性/新知
2. 动词+推断+（亲历）+引用+（确性）或引用+推断
3. 动词+ 体+（引用）+确性+（义务情态）+报道+（新知）

Lidz（2010:492）提出落水话示证标记的句法分布槽位如下：
a. 动词+ɑ³¹dʑo³³
b. 动词+ku¹³/hɔ³³+pi³³+ ni³³+tsi¹³/pʰæ³³di³³+mæ³³

本书调查的片丁纳西语示证标记的句法分布与 Lidz 的示证标记 b 基本相吻合，有一点不同的是，本书片丁纳西语的知识标记常置于小句末，而 Lidz 的常识标记位于非句末小句中，此种情况也可以见于部分话语材料中，而能位于句末的各示证标记都可按 b 的顺序排列。

从片丁纳西语的语言事实和逻辑来看，片丁纳西语存在五个示证次类，示证系统与认知模式、情态范畴等有着密切的语义关联，其中亲历示证通常与进行体、完成体相关联,推测示证一般与将行体、完成体相连用,而认识情态次范畴和认知模式范畴、推测示证次范畴存在密切的语义关联,同一标记可以表示多种语义功能。片丁纳西语示证标记分别具有各自的句法位置,且各标记的句法位置不完全固定。

第八章　情态范畴

多数学者认为情态（modality）属于语义范畴，在功能上表示说话者对事件的主观态度。Palmer（2001）认为，语言中的情态主要以语法形式标记，看似是主观的，主要关注的是句子的主观特征，甚至可以认为，主观性是情态本质上的标准。Lyons（1977）虽然指出了主观情态和客观情态的区别，但他认为在情态研究中最重要的是主观性。Palmer（2001:22）从类型学角度对情态进行了如下分类：

A. 命题情态（propositional modality）

a. 认识情态（epistemic）

　推测情态（speculative）

　推定情态（deductive）

　推断情态（assumptive）

b. 证据情态（evidential）

　报道情态（reported）

　感知情态（sensory）：可视情态/非可视情态/听觉情态

B. 事件情态（event modality）

a. 道义情态（deontic）

　允许情态（permissive）

　义务情态（obligative）

　应允情态（commissive）

b. 能动情态（dynamic）

能力情态（abilitive）

意愿情态（volitive）

基于 Palmer 的情态分类体系，结合纳西语的语言事实，现将纳西语情态分为道义情态、能动情态、认识情态三种类型。Aikhenvald 将示证情态独立于情态范畴之外，认为示证与情态是语法中的两个独立系统，因此本书遵循 Aikhenvald 的观点，将示证范畴独立一章进行论述。

第一节　情态的语义类型

从跨语言看情态意义的编码方式多种多样，而且在同一种语言中也是形式多变。若把情态作为一种类型学意义的范畴来研究，则要考虑形式和意义之间的关联。Palmer（2001）指出，在确定语言的语法范畴时，要根据语言的形式特征，这些形式特征是语言语法化的结果。不同语言中语法化的路径、程度、方式不一定完全相同，人类语言的情态可以用多种方式来标记——助词、语气、小品词和附缀等①。纳西语情态范畴的编码方式也具有共同的形式特征，并能够表达相应的情态意义。纳西语情态标记是表达情态范畴的主要手段，情态标记在句中不可单独使用，必须紧跟动词，且总是后置于动词，其中一些情态标记与体标记具有相似性。

一　道义情态

说话人受规章制度、法律和道德伦理的约束表达对事件的情感，或事件成真的可能性与必然性的观点或态度。道义情态包括允许、义务和必要三种语义。

（一）必要

表示在道德情理或法律规定内实施某一动作行为的必要性，纳西语中的

---

① Palmer, *Mood and Modality,* Cambridge: Cambridge University Press, 2001.

ndɚ³³既可以表示主观的必要，也可以强调客观必要。

a.主观必要，表示说话人对道义对象强加绝对的义务，强烈要求听话人使句子表达的事件成真，含有说话者的强烈意志，表示说话者主观上的认识。

例1.　çi³³　　tʰɯ³³　　lo³³　　be³³　　ndɚ³³.
　　　人　　TOP　　活　　做　　DEB
　　　人人必须工作。

例2.　ŋa¹¹　　le³⁵　　bɯ³³　　ndɚ³³　　se¹¹.
　　　1SG　　返回　　去　　DEB　　PFV
　　　我必须回去了。

b.客观必要，表示因为客观因素促使说话者不得不做某事，如：

例3.　hɯ¹¹　　ŋɯ³³　　je⁵⁵　　ka¹¹ɣ³³　　ndɚ³³.
　　　雨　　下　　累　　休息　　DEB
　　　下雨了，必须休息了。

上述例1—3可以发现，ndɚ³³所表达的道义情态既有主观情理的，也有来自客观事实的，可看作是一种强加义务或绝对义务，但其语义特征中都含有"必要"性。此外，表示应允情态的tʰa³⁵置于双重否定式中时，也可以表示一种必要语义，如例4中可能因为主观意识或客观原因都"不得不"促使说话者做出"回去"的决定：

例4.　ŋa¹¹　　le³⁵　　mɣ³³　　bɯ³³　　mɣ³³　　tʰa³⁵.
　　　1SG　　回去　　不　　去　　不　　可以
　　　我不得不回去了。

（二）义务

说话人根据某种法规和常理对听话者发出义务，要求听话人使句子表达的事件成为事实，纳西语用næ¹¹表示，如：

例5.　gɯ³³z̩³³　　nɯ⁵⁵　　ko³³　　tsʅ¹¹　　kʰɯ¹¹　　by³³　　tse¹¹　　bɯ³³　　næ¹¹.
　　　弟弟　　A　　针　　细　　线　　粗　　INSTR　　去　　OBL
　　　弟弟应该用细针粗线去缝。（a44）

例 6.　gɯ³³zɿ³³　　lo¹¹　　　kʋ³³　　hæ⁵⁵　　bɯ³³　　næ¹¹.
　　　　弟弟　　　沟壑　　顶　　　挂　　　去　　　OBL
　　　　弟弟应该把（它）挂在山顶上。（a45）

例 7.　i³³bi¹¹　lo¹¹　ze⁵⁵　ɲi³⁵　dzɤ³⁵　lɯ³³　næ¹¹　ʂɤ⁵⁵　me¹¹　tsɿ⁵⁵we³³。
　　　　金沙江　里　　停顿　鱼　　抓　　　来　　　OBL　说　　CERT.M　QUOT
　　　　把金沙江里的鱼抓回来。dzɤ³⁵是dzɯ¹¹bɤ⁵⁵的合音。（a93）

例 8.　jɤ⁵⁵　　nɯ⁵⁵　　jɤ⁵⁵　　bɤ⁵⁵　　na⁵⁵　　ŋgʋ¹¹　　ɕi¹¹　　dɯ³³
　　　　给　　　TOP　　给　　　ADV　　但是　　九　　　稻　　　一
　　　　tsʰɿ⁵⁵　bɯ³³　　næ¹¹　　ʂɤ⁵⁵　　ni³⁵　　tse⁵⁵。
　　　　割　　　去　　　OBL　　说　　　AUX　　QUOT
　　　　给是会给你，但是要去割"九种稻"。（a118）

上述例句中的 næ¹¹ 都用来指事件中的"弟弟"有义务的事，同时 næ¹¹ 都置于将行体标记 lɯ³³、bɯ³³ 之后，根据 Palmer 对情态分类，道义情态属于事件情态，而事件情态表达的是说话者潜在或将来事件的态度，此时表示义务情态的 næ¹¹ 可以与将体标记共现，纳西语的情态标记都置于动词之后，句中的 ʂɤ⁵⁵ me¹¹、tsɿ⁵⁵we³³ 表示的是话语材料中的引述标记。值得注意的是，纳西语中的 næ¹¹ʋ³⁵ "想要"表示一种意愿情态，当 næ¹¹ʋ³⁵ 表示否定义时，否定词 mɤ³³ 置于 næ¹¹ʋ³⁵ 之间，如：

例 9.　ŋɤ¹¹/ŋa¹¹　　be³³　　næ¹¹　　mɤ³³　　ʋ³⁵　　se¹¹.
　　　　1SG　　　　做　　　应该　　NEG　　想要　　PFV
　　　　我不该再做那个了

例 9 中 næ¹¹ʋ³⁵ 被否定词分开，ʋ³⁵ 本义为动词 ʋ¹¹ "想、认为"，此时 næ¹¹ 表示说话者主观态度，认为不应该做某事，没有义务做某事，因此，可以认为表示意愿情态的 næ¹¹ʋ³⁵ 被否定词割裂，由表示说话者主观的意愿演变为受客观事实影响的意识行为，是一种主观化向客观语法化的现象。

（三）允许

表示主客观条件允许做某事，纳西语表示允许情态的标记主要有：tʰæ¹¹、tʰɑ⁵⁵、ɲe¹¹。

ɲe¹¹/ɲi¹¹在表允许情态时，常出现在否定句中，表示某种客观条件下不被允许，如例10、11都存在一个既有的客观条件，即"我没回来"就"不要开门"，"不是妈妈"也"不要开门"：

例10.　me³³ze⁵⁵je³³,　ŋɣ¹¹　lɣ³⁵　mɣ³³　lɯ³³　ze⁵⁵　kʰu³³　pʰu³³　mɣ³³
　　　　但是　　　　1SG　回　　不　　来　　那么　门　　开　　不

　　　　ɲi¹¹　　　　ʂɣ⁵⁵　tsɿ⁵⁵　wɣ³³.
　　　　应该　　　　说　　QUOT　肯定句尾

　　　　说如果我没回来的话就不要开门。（c5）

例11.　kɯ³³　tʂʰɯ³³　gʋ³³　nɯ³³　ze⁵⁵　kʰu³³　pʰu³³　jɣ⁵⁵　mɣ³³
　　　　聪明　　DEM.　CLF.　A　　　TOP.　门　　开　　给　　不

　　　　ɲi¹¹,　ə³³mo³³　mɣ³³　wa¹¹　mɣ³³　　ʂɣ⁵⁵　QUOT
　　　　应该　妈妈　　 不　　 COP　肯定句尾　说

　　　　聪明的那个小孩呢说不要给她开门，不是妈妈。（c18）

tʰa⁵⁵在表示允许情态时，客观条件可以隐含，更倾向于说话者对事件的能动性，如例12—14句中并未给出具体的客观条件，而是隐含着某种条件下，说话者是否被允许做某事，如例12的背景信息是可能在煮肉，不知是否肉已熟了，才会询问"肉是否可以吃"：

例12.　ʂɯ³³　tʂʰɯ³³　pʰe⁵⁵　ndʐ³³　ə⁵⁵　tʰa⁵⁵/ka³³.
　　　　肉　　 DEM　　CLF　　吃　　 QUT　可以

　　　　这块肉可以吃吗？

例13.　ze³⁵tʂʰɯ³³kʰa³⁵　nɯ³³　tɯ⁵⁵　se³³　tʰa⁵⁵　le³³?
　　　　什么时候　　　　TOP　　编　　完　　可以　　QM

　　　　什么时候才可以编完？

例14.　tʰɯ⁵⁵　kæ³³　gʋ⁵⁵　mɣ³³　tʰa⁵⁵　jɣ³³.
　　　　腰　　　DIR　　弯　　不　　可以　　VIS

　　　　腰弯不下（向前弯）。

例12、13 tʰa⁵⁵置于疑问句中，既有允许的情态，也包含了推测的情态，而且 tʰɑ⁵⁵ 可以与表示推测的 tsɑ¹¹ 连用或互换，如：

例 15. ŋɑ¹¹ le⁵⁵ tʰɯ¹¹ tʰɑ⁵⁵ tsɑ¹¹ mɑ³⁵?
　　　1SG 茶 喝 可以 推测 QM
　　　我可以喝茶吗？

例 16. so¹¹ɲi³³ se⁵⁵ tʂɯ⁵⁵jɤ³³ jʏ¹¹ mæ³³ tʰɑ⁵⁵/tsɑ¹¹ se¹¹
　　　明天 TOP 钱 拿 得到 可以 PFV
　　　明天就可以拿到钱了。

当 tʰɑ⁵⁵ 用于否定句中表示禁止的语气，如例 17、18：

例 17. be³³ mɤ³³ tʰɑ⁵⁵.
　　　做 不 可以
　　　不能做

例 18. mu⁵⁵ ndʐ̩³³ mɤ³³ tʰɑ⁵⁵.
　　　蘑菇 吃 不 可以
　　　蘑菇不能吃（可能有毒所以不可以吃）。

tʰæ¹¹ 表达的允许情态与 tʰɑ⁵⁵ 近似，但 tʰæ¹¹ 含有责备的语气，用于否定句中其禁止的语气不如 tʰɑ⁵⁵ 强烈，如：

例 19. çi³³ kwɑ³³ mɤ³³ tʰæ¹¹.
　　　人 骗 不 允许
　　　不要骗人

例 20. be³³ mɤ³³ tʰæ¹¹ me⁵⁵.
　　　做 不 可以 语气词
　　　最好不要这样做。

可见，纳西语中用不同标记编码道义情态时，存在程度差别，道义情态程度：tʰɑ⁵⁵/tʰæ¹¹ > næ¹¹ > ɲi¹¹ > ndɚ³³。上述例句可以发现，表示道义情态的否定句都含有命令语气，学界对语气和情态没有严格的区分，Byee & Fleischmen（1995:2）认为语气是以动词形态为表达手段的语法化了的范畴，该范畴具有情态意义。陆丙甫、金立鑫（2015:222）构建的情态理论体系，并未将语气纳入该系统,认为汉语传统语法中的陈述、感叹和疑问属于"认识—断言",差别是"断言"程度不同,祈使(命令)属于"道义—义务"。纳西语表肯定的道义情态不含命令语气,只有相应的否定形式才会表达一种命令或禁止的语气。

二 能动情态

表达与说话者自身能力和意愿有关的,对一个事件为真的可能性或必要性的观点或态度,是说话人对不受语气或客观条件等限制的事件的看法,主要包括能力和意愿两种情态。

(一)能力

能力是指说话人自身具备某种内在的条件或特质,来操作谓语动词所进行的动作行为,纳西语用来表示能力情态的标记为 kʋ⁵⁵,如例 21—22 表示的是说话者内在的具备做某事的能力:

例 21. tʰɯ³³　　ɯ³³　　lɯ¹¹　　kʋ⁵⁵.
　　　　3SG　　牛　　犁　　ABLT-会
　　　　他会犁地。

例 22. nɯ¹¹　　na¹¹çi³³　　kɯ³³tʂɯ¹¹　　ə⁵⁵　　kʋ⁵⁵　　le³³
　　　　2SG　　纳西　　话　　　　　QM　　ABLI　　QM
　　　　你会讲纳西话吗?

kʋ⁵⁵ 除了表示自身具备某种能力之外,还可以表示通过某种形式或条件,从而获得某种能力,如:

例 23. ŋɤ¹¹　　nʋ³³me³³　　tse¹¹　　be³³　　na¹¹çi³³　　kɯ³³tʂɯ¹¹　　so¹¹　　se⁵⁵,
　　　　1SG　　心　　　　用　　做　　纳西　　语言　　　　学　　语气词
　　　　dɯ³³　　ɲi³³　　gʋ³³　　se⁵⁵,　　na¹¹çi³³　　kɯ³³tʂɯ¹¹　　kʋ⁵⁵　　tsa¹¹.
　　　　NUM　CLF　会　　语气词　纳西　　语言　　　　ABLI-会　好
　　　　只要我用心学纳西语,总有一天我会学好。

例 24.　kʰɑ³³jæ³³　tʰɯ³³　ji¹¹　jʐ⁵⁵　se³³　nɯ³³　gʅ¹¹　dɯ¹¹　kv̩⁵⁵.
　　　　烤烟　　　那　　水　给　CPL　TOP　上　大　ABLI-会
　　　　那些烤烟要给水才会长大。

kv̩⁵⁵还可以用来表示在某种客观条件下，对事件的推测，可以看作是一种认识情态，如例 25：

例 25a.　hɯ¹¹　gɯ³³　zv̩³³gv̩³³　kæ⁵⁵kæ³³　ndo⁵⁵　kv̩⁵⁵.
　　　　雨　　下　　路　　　滑　　　倒　　会
　　　　因为下雨，所以路滑，路滑就会摔倒。

例 25b.　çi³³　lɑ³³　kæ⁵⁵　ndo⁵⁵　kv̩⁵⁵,　tʂʰʅ³³tsʅ³³　lɑ³³　kæ⁵⁵　kv̩⁵⁵.
　　　　人　　也　　滑　　倒　　会　　车子　　　　也　　滑　　会
　　　　人会滑到，车子会打滑。

纳西语中的 lɯɹ¹¹含有能动情态，但 lɯɹ¹¹的能动情态程度不如 kv̩⁵⁵强烈，并不强调施事者自身的能动性，而是倾向于表示施事者在客观条件下对事件操作的可能性，这种可能性也包含着施事者自身能力的程度，如例 26—27：

例 26.　nɯ¹¹　kʰu³³mbu¹¹　kɑ³³　ə⁵⁵　lɯɹ¹¹?
　　　　2SG　　门槛　　　　跨过　QM　能
　　　　你能从门槛上跨过去吗？

例 27.　kʰʅ⁵⁵　tʰæ³³　mɯ¹¹　mæ¹¹　ə⁵⁵　lɯɹ¹¹?
　　　　篮子　　可以　　下面　　够得着　QM　能够
　　　　可以够得到蓝底吗？

（二）意愿

纳西语表达意愿的情态标记主要 jʐ⁵⁵ho⁵⁵和 næ¹¹v̩⁵⁵，表示的是说话者希望的状况，二者的区别是，jʐ⁵⁵ho⁵⁵表示的是主观的愿望，而 næ¹¹v̩⁵⁵表示的是施事者的意愿，经语法化为表示义务情态的 næ¹¹，表达是一种对将来事件的态度，如"想要、打算"等：

nɯ¹¹ gu³³mu³³ la³³la¹¹ jɤ⁵⁵ho⁵⁵.
2SG　身体　　　健康　　希望
我希望你身体安康。

ŋɑ¹¹ pe³⁵ci³³ dɯ³³ tsæ⁵⁵ bɯ³³ næ¹¹ʋ³⁵.
1SG　北京　　一　　趟　　去　　VOL
我想要去趟北京

三　认知情态

认知情态指人们对客观世界的可能性、概率的认知活动，是说话人对命题的主观判断，与发话人对命题相关的知识以及判断有关，纳西语表示认识情态的标记主要有 tso³³ 和 tsɑ¹¹。

（一）tso³³

表示说话者根据某种特定的事实或现象，做出某种状态或情况存在的可能性的判断，这种判断具有某种不确定性。纳西语中的 tso³³ 常用来表示子句事件的可能性，纳西语中还存在另一个表达认识判断的非情态的方式即句尾助词 me¹¹，表示对事件的确信，详见传信范畴。

tso³³ 常在否定句中表示"不可能"，是一种主观认为的动作发生的可能性，如例 28 表示说话者对事件发生的不确定性，同时，事件也是无法预测的，如"下雨"与否是说话者无法预测的，其结果可能下雨也可能不下雨，是说话者自己的主观臆断；例 29 中的 tso³³mɤ³³ 倾向于表示一种猜测，其结果与猜测相反，"我以为你可以考的上，但结果却是你没考上"。

例 28. tʂʰɯ³³ɲi³³　ɲi³³　hɯ¹¹　gu³³　mɤ³³　tso³³　se¹¹.
　　　　今天　　　天　　雨　　下　　不　　会　　PFV
　　　　这几天不可能下雨了。

例29.　ŋɤ¹¹　　nɯ³³　　ʋ¹¹　　me³³　　nɯ¹¹　　je³³　　kʰɑ³³　　mæ³³　　tso³³mɤ³³.
　　　　1SG　　A　　想　　　　　　2SG　　TOP　　考　　得到　　ASSP
　　　　我想你可以考得上（没想到你没考上）。

当tso³³用于疑问句时，也表示一种猜测，此时不强调结果如何，如例30中说话者猜测是否会"带"自己去，结果可能是"带"也可能"不带"。

例30.　ŋɑ¹¹　　ʂʋ³³　　jɤ⁵⁵　　ə⁵⁵　　tso³³　　le³³?
　　　　1SG　　带　　OPT　　QM　　会　　QM
　　　　会带我去吗？

例31.　mɤ⁵⁵ndɤ¹¹　　hu⁵⁵hu³³　　mɤ³³　　tso³³　　lɑ⁵⁵
　　　　棍子　　　　摇　　　　　不　　　会　　　QM
　　　　棍子会不会摇？（猜测）

（二）tsa¹¹

与tso³³相比，tsa¹¹表达可能性时，更倾向于表达说话人基于一定客观基础上进行的可能性的推断，如例32通过观察煮饭的情况，推断饭可能已经熟了，而且句中还出现了表示完成体的标记se³³，例33与上述的例29的区别在于，例33中并未强调结果，此时的tsa¹¹更近似于一种能力情态，而句中的ʋ¹¹/sʴ³³ndʋ³³表示推断情态。如：

例32.　hɑ³³　　mi⁵⁵　　se³³　　tsa¹¹.
　　　　饭　　　熟　　　CMPL　　INF
　　　　饭可能熟了。（推断已经怎么样了）

例33.　ŋɤ¹¹　　nɯ³³　　ʋ¹¹/sʴ³³ndʋ³³　　me³³　　nɯ¹¹　　je³³　　kʰɑ³³　　mæ³³　　tsa¹¹.
　　　　1SG　　A　　认为　　　　　　　CERT.M　　2SG　　考　　得到　　应该
　　　　我认为你可以考得上。

tso³³可以有否定形式，但tsa¹¹不可以前加否定词 mɤ³³，若表示"不可能"，则要用mɤ³³tso³³，见上文，例34中的背景信息为促使他不能回来的各种客观条件。

*例 34.　tʰɯ³³　so¹¹ɲi³³　le³³u⁵⁵　lɯ³³　mɤ³³　tsɑ¹¹.
　　　　　3SG　　明天　　　回　　　来　　不　　应该

　　　　他明天不可能回来了。

　　tsɑ¹¹还可以与表示推测传信的标记 kʰɯ⁵⁵连用，表达说话者并非基于客观信息而做出的猜测，如例35、36：

例 35.　tʰɯ³³　nɯ³³　be³³　kʰɯ⁵⁵　tsɑ¹¹.
　　　　　3SG　　A　　做　　INFR　　ASSP

　　　　可能是他做的。

例 36.　hu¹¹　gɯ³³　bɯ³³　kʰɯ⁵⁵　tsɑ¹¹.
　　　　　雨　　下　　来　　INFR　　ASSP

　　　　（我猜测）可能要下雨了。

第二节　纳西语情态系统及特点

一　纳西语的情态表义系统

通过对纳西语的情态语义类型的分析，并依据纳西语的语言事实，得出了纳西语情态标记表义系统，如下表：

情态类型	情态	形式	语义	句法手段	缩写
道义情态	义务	næ¹¹	应该	动词	OBL
	允许	tʰæ¹¹、tʰɑ⁵⁵、ɲe¹¹	可以	动词	SHOULD
	必要	ndə³³	必须	动词	DEB
能动情态	能力	kʋ⁵⁵、lɯ¹¹	会、能够	动词	ABLT
	意愿	jɤ⁵⁵ho⁵⁵、næ¹¹ʋ⁵⁵	希望、想要	动词	VOL
认识情态	可能	tso³³	可能	副词	POSSIB
	推断	tsɑ¹¹	可能	副词	INFR

二　纳西语情态标记的特点

通过对纳西语情态标记语义表达和句法功能的论述，本书认为纳西语各个情态标记之间具有一定的离散性,语法化程度不一致。

(一)离散性

离散性即语言符号成分可分析为有确定的边界,成分与成分之间没有连续的过度关系①。语言符号的离散性使得语言具有一定的精确性,语言不能精确表达人们想要陈述的事件或主观态度时,就会呈现模糊性。纳西语情态标记丰富,语义功能细化,这表明纳西语在表达主观认识上更加精确,显示了纳西语的各个情态范畴之间有较明显的分界,纳西语的情态离散性较强。

(二)语法化程度

纳西语情态标记来源,如下表:

情态标记	词性	词汇语义	情态意义
næ^{11}	动词	应该	应该
tʰæ^{11}	动词	要	允许
tʰɑ^{55}	动词	可以	可以
ɲe^{11}	动词	可以	允许
ndɚ^{33}	动词	得到	必要
kʋ^{55}	动词	会,能	能力
lɯ^{11}	动词	能够	能力
jɤ^{55}ho^{55}	动词	希望	意愿
næ^{11}ʋ^{55}	动词	想要	意愿
tso^{33}	副词	可能	可能
tsɑ^{11}	副词	应该	推测

纳西语的 11 个情态标记来源语动词,其情态意义与词汇意义基本一致,即同一个语音形式可以表示多种语法功能,可见纳西语情态标记的语法化程度较低。

---

① 戴维·克里斯特尔:《现代语言学词典》,沈家煊译,商务印书馆 2011 年版,第 113 页。

（三）情态语义的交叉

情态标记的语义存在着不确定性问题，学界对情态标记的特征主要持两种观点：一种是单一语义的情态标记，Perkins（1993）认为每个情态标记都具有一个与之对应的基本意义，而根据不同的句法环境，情态标记会被赋予不同的意义。但其中基本意义为核心意义，其他都为次要意义。另一种是多重语义的情态标记，Palmer 等学者认为大多情态标记是多义的，即同一个情态标记具有不同情态类型的意义。

一种语言形式可能会涵盖多重语义，语言形式相对稳定，而语义处于不断变化中。纳西语的情态标记在语义表达上存在差异，有的情态标记与语义是一对一的关系，如表示意愿情态的 jɤ^{55}ho^{55} "希望" 只用来表示认识情态；有的情态标记与语义是一对多的关系，即纳西语存在多义情态标记和单义情态标记，多义情态标记内部又存在典型性差异，如表示认识情态的 tso^{33} 只存在认识情态内部的多义，不存在认识情态与能动情态的多义，可以看作是非典型的多以情态标记。表示道义情态的 tʰa^{55} 在一定的句法环境下也可以表示认识情态，这种多义是受一定句法条件限制，可以看作是一种较典型的多义情态标记，表示能动情态的 kʋ^{55} 分别在能力情态和认识情态中具有不同的情态义项，因此也可以看作是较典型的多义情态标记，纳西语中暂没有发现兼有三种情态义项的标记，缺乏典型的多义情态标记。

第三节　纳西语情态标记的共现

情态标记语义上存在交叉性，其形式上也势必有共现的情况，在人类语言中，同一范畴内的标记共现是一种较普遍的现象，纳西语情态标记的共现类型主要有同类情态语义标记的共现和异类情态语义标记的共现。

一　同类情态标记共现

道义情态和能动情态内部会出现同一类型情态语义相互匹配的现象，如道义情态中的允许义和必要义，如例 37 中表示允许义的 $tʰa^{55}$ 和表示必要义的 $ndə^{33}$ 在句中共现时，$ndə^{33}$ 更倾向于一种主观的必要性，而 $tʰa^{55}$ 强调言者对事件的能动性，与 $ndə^{33}$ 的主观必要性相吻合，此时，$ndə^{33}$ 的必要义更加凸显：

例 37. $tʂʰɤ^{33}$　　be^{33}　　be^{33}　　$tʰa^{55}$　　$ndə^{33}$　　da^{11}　　$gʋ^{33}$.
　　　　DEM.　ADV.　做　　可以　　DEB　　差不多　够
　　　　本该可以这么做的（但是不起作用）。

表示能动情态的两个表能力义的标记 $luɯ^{11}$、$kʋ^{55}$ 可以共现，其中 $luɯ^{11}$ 倾向于强调施事者在某种隐含的客观条件下对事件操作的可能性，句子的情态义主要由 $luɯ^{11}$ 来表现，如例 38：

例 38. $kæ^{33}ɲɤ^{35}$　　ha^{33}　　$ʑæ^{35}$　　$ndʐ̩^{33}$　　$luɯ^{11}$　　$kʋ^{55}$.
　　　　以前　　　　饭　　　很　　　吃　　　　能够　　　会
　　　　以前很能吃饭（现在可能吃不下了）。

能动情态中表示能力义的 $luɯ^{11}$、$kʋ^{55}$ 还可以与表示意愿的 $jɤ^{55}ho^{55}$ 共现，其中表示能力义的情态类型紧接动词，而表示意愿的情态类型置于句尾，全句的情态语义由意愿义决定，如例 39、例 40：

例 39. $zʋ^{33}gʋ^{33}$　$cɤ^{55}$　$nɯ^{33}$　$tʂʰ̩^{11}$　$ko^{11}pʋ^{55}$　$kʋ^{55}$　$jɤ^{55}ho^{55}$.
　　　　路　　　　　LOC　　鬼　　　碰见　　　　会　　VOL
　　　　希望能在路上碰到鬼。（诅咒别人只要在路上就会碰到鬼）

例 40. $tʰɯ^{33}$　　　lo^{33}　　　be^{33}　　　$luɯ^{11}$　　　$jɤ^{55}ho^{55}$.
　　　　3SG.　　　活　　　　做　　　　能够　　　　VOL
　　　　愿他能够干活。（愿他以后能成为一个有体力，能干活的人）

二　异类情态标记共现

情态语义之间可以交叉出现，在纳西语中普遍存在，主要有以下几种情况：

（一）道义情态和能动情态的交叉

能动情态中表示能力的 luɯ¹¹、kʋ⁵⁵可以分别与道义其中的必要义、允许义、义务义相组配，当这些情态义项共现时，会有语序的细微差别，例 41—46 语序上存在的共同之处就是，能动情态都前置于道义情态，整个句子的情态语义都由句尾的情态类型决定，这是由于主观性弱的情态类型距离动词较近，而主观性强的情态类型都居于句尾，其情态语义的作用域也就最大，统辖全句的情态语义。但在能动情态中表示意愿的情态类型与道义情态共现时，意愿情态类型的主观性强于道义情态，因此常置于句尾，如例 47、48：

例 41.　çi³³ɣ¹¹　　tʰɯ³³　　ŋæ³³ŋæ¹¹　　luɯ¹¹　　næ¹¹.
　　　　 胜过　　 TOP　　 忍受　　　 ABLT　　 OBL
　　　　 活着需要能够忍受（相互体谅）

例 42.　kʰu³³kæ³³mɤ³³　sa³³　ze⁵⁵　ndzʋ³³kʋ¹¹　mæ⁵⁵　ɣ⁵⁵　kʋ⁵⁵　mɤ⁵⁵　tʰɑ⁵⁵.
　　　　 门　前　不　锁　CONJ　钥匙　后　拿　ABLT　不　可以
　　　　 如果门不锁着钥匙不可能拔出来。

例 43.　tʰɯ³³　　tʰe³³ɯ³³　　tʂʰu³³　　kʋ⁵⁵　　mɤ³³　　tʰɑ⁵⁵.
　　　　 3SG　　 书　　　　 读　　　 会　　　 不　　　 可以
　　　　 他不可能会读字。

例 44.　tʰɯ³³　　tʰe³³ɯ³³　　tʂʰu³³　　kʋ⁵⁵　　ndɚ³³.
　　　　 3SG　　 书　　　　 读　　　 会　　　 DEB
　　　　 他应该会读。（因为他学过）

例 45.　tʰɯ³³　kʋ⁵⁵pʰæ³³　ci⁵⁵　je⁵⁵　lo³³　be³³　luɯ¹¹　mɤ³³　tʰɑ⁵⁵.
　　　　 3SG　 年龄　　　 小　　CONJ　活　干　 ABLT　不　 可以
　　　　 他年龄小不可能干得了活。

例 46.　tʰɯ³³　pɯ⁵⁵dzu¹¹　be³³　kʋ⁵⁵　ndɚ³³　da¹¹　gʋ³³.
　　　　 3SG　 工匠　　　 做　　ABLT　DEB　　差不多　够
　　　　 他估计会做工匠活。

例 47. ŋgu¹¹　maⁿ⁵⁵ma³³　tʰa⁵⁵　jɤ⁵⁵ho⁵⁵.
病　　治疗　　　可以　VOL
希望病可以治好！

例 48. tjæ⁵⁵ʂɯ⁵⁵　le³³　kʰɯ⁵⁵　tʰa⁵⁵　jɤ⁵⁵ho⁵⁵.
CH.电视　　DIR　　放　　可以　VOL
但愿电视可以放。

（二）道义情态和认识情态的交叉

道义情态和认识情态共现时，整个句子的情态类型由认识情态决定，道义情态主观性较弱，紧接动词，如下例：

例 49. tʂʰɚ³³ɯ³³　tʂʰɯ³³　sʏ¹¹　tʰe¹¹　tʰɯ¹¹　ze⁵⁵　la¹¹　le³³　lʏ⁵⁵lʏ³³
药　　　　DEM. CLF-种　DUR　喝　CONJ 手　DIR　动
tʰa⁵⁵　　tso³³　wa¹¹.
可以　　POSSIB COP
吃了这种药的话，手可能又可以动了。

例 50. tʂʰɯ³³　hu¹¹　le³³u⁵⁵　bɯ³³　ndɚ³³　tsa¹¹.
DEM　　晚　　回　　　去　　DEB　　INFR
今晚可能需要回去。

（三）能动情态和认识情态的交叉

能动情态和认识情态共现时，认识情态的主观性较强，远离动词，如例 51—53：

例 51. tʰɯ³³　ha³³　tʂʰɯ³³　kʰwa⁵⁵　ndʐ³³　se³³　lɯ¹¹　tso³³mɤ³³.
3SG　饭　　DEM　　CLF 碗　　吃　　完　　能够　POSSIB
他应该能吃完这碗饭。

例 52. dɯ³³kʰa³³　be³³　ze⁵⁵　mɤ³³　lɯ¹¹　bɤ⁵⁵　lɯ³³　tsa¹¹.
一会儿　　　做　CONJ　不　　能够　ADV　来　　INF
干一会就会（慢慢）干不动。

例 53.　tʰɯ³³　lɑ³³　lo³³　ʂu¹¹　bɯ³³　næ¹¹ʋ³⁵　tsɑ¹¹.
　　　　3SG　 也　 活　 找　 去　 VOL　　INFR
他也想去找工作吧。

通过对纳西语情态语义类型及与动词语序的考察发现，纳西语符合 Greenberg（1963）对 19 种语言所做的归纳和分类，即 SOV 型语言的情态标记后置于动词。从纳西语情态类型的交叉发现，主观性强的情态类型远离动词，主观性弱的情态类型靠近动词，而整个句子的情态义由主观性较强的情态类型决定。由此可以得出纳西语三种情态类型的主观性强弱等级为：认识情态 > 道义情态 > 能动情态。

附录 纳西语长篇语料

a. 三个兄弟

a 1

ə³³be³³ʂə˞⁵⁵be³³　　tʰɯ³³　（ə⁵⁵　wɑ¹¹）
从前　　　　　　　DEM　QUM　COP

tʰɯ³³指代的是前面的 ə³³be³³ʂə˞⁵⁵be³³

a 2

ə³³bʋ¹¹　gɯ³³zɹ̩³³　sɹ̩⁵⁵　kʋ³³　ɲʝɤ¹¹　tsɹ̩⁵⁵　we³³，
哥哥　　弟弟　　　NUM　CLF　EXIST　REP　IND

据说有三个兄弟，

a 3

je⁵⁵！　ə³³bʋ³³　gɯ³³zɹ̩³³　sɹ̩⁵⁵　kʋ³³　nɯ³³　ze⁵⁵je³³　nɯ³³，
INTERJ　哥哥　　弟弟　　　NUM　CLF　A　　PAUSE　　TOP，

这三个兄弟呢，

a 4

ə³³bɑ³³　ʂɯ³³　bi⁵⁵ze⁵⁵　je³³，　o³³　mbʋ³³　tsɹ̩⁵⁵　we³³.
父亲　　死　　之后　　　PART　骨头　分　　REP　　IND

父亲死之后，分家了。

a 5

je⁵⁵, o³³ mbɣ³³ ze⁵⁵je³³ nɯ³³,
PART 骨头 分 PAUSE TOP
分家的时候呢，

a 6

ə³³bʋ¹¹tɑ⁵⁵ ze⁵⁵je³³ nɯ³³,
老大 PAUSE TOP
老大呢，

a 7

ə³³bʋ¹¹tɑ⁵⁵ nɯ³³ ŋʋ¹¹ me³³ ze⁵⁵je⁵⁵ nɯ³³:
老大 A 哭 IND PAUSE A
老大哭道：

a 8

gɯ³³z̩³³ dɯ³³mæ¹¹ ndo¹¹, ə³³bʋ¹¹tɑ⁵⁵ ze⁵⁵ dɯ³³mæ¹¹ kɯ³³.
弟弟 一点儿 笨 哥哥 TOP 一点儿 聪明
弟弟有点笨，而哥哥有点聪明。

a 9

ə³³bʋ¹¹tɑ⁵⁵ nɯ³³ ŋʋ¹¹ me³³ ze⁵⁵je³³,
哥哥 A 哭 QUOT PAUSE
哥哥哭道，

a 10

dɚ¹¹ zo³³ kʰɯ³³ tsʰ̩¹¹ mɣ³³,

骡子　小　脚　细　MIR
骡子的脚呢是细的，

a 11

gɯ³³ʐ̩³³　mɤ³³　ɲɤ¹¹　ʂɤ⁵⁵　tso³³　wɑ¹¹　tsʅ⁵⁵　we³³.
弟弟　　不　　要　　说　　FUT　COP　REP　IND
弟弟会说不要。

a 12

ʝi³³　bʋ¹¹　　kʰɯ³³　cʰɚ³³　lɯ³³　tsæ⁵⁵　jɤ⁵⁵　mʋ³³je⁵⁵,
房子　LOC-下面　狗　　屎　　田　　脏　　给　　CERT
房子后面的狗屎地很脏，

a 13

gɯ³³ʐ̩³³　mɤ³³　ɲɤ¹¹　ʂɤ⁵⁵　tso³³　　wɑ¹¹　tse⁵⁵　ʂɤ⁵⁵　be³³　ŋʋ¹¹　tse⁵⁵.
弟弟　　不　　要　　说　　POSSIB　COP　REP　说　　ADV　哭　　QUOT
弟弟会说不要。

a 14

ə³³bɑ³³　ʂɯ³³　bi⁵⁵　ze⁵⁵　o³³mbɤ³³　me³³　ze⁵⁵,
父亲　　死　　后　　PAUSE　分家　　AUX　停顿
父亲死了分家的时候，

a 15

dæ¹¹　ka³³　dɯ³³hɤ³³be³³　ə³³bʋ¹¹ta⁵⁵　i³³　be³³　tsʅ⁵⁵we³³.
房基　好　全部　　　　哥哥　　　EXIST　ADV　REP
好房子全部归哥哥所有。

a 16

je⁵⁵, ɑ³³bʋ¹¹ɚ⁵⁵ tʰɯ³³ ze⁵⁵je³³ ho³³ sæ³³ kʰæ³³ hɯ³³ tsʅ⁵⁵we³³,
PART 哥哥 3SG PAUSE 火 山 开 去 REP

据说老二去烧山开荒,

a 17

je⁵⁵, ho³³ sæ³³ kʰæ³³ hɯ³³ me³³ ze⁵⁵
PART 火 山 开 去 IND PART

去烧山开荒了。

a 18

tʂʰɯ³³ɲi³³ le³³ pʰʋ¹¹ tʰe¹¹ le³³ ci³³ lɑ³³ nɯ³³ ze⁵⁵je³³;
今天 DIR 挖 DUR DIR 放 CONJ LOC PAUSE

今天挖好地放着,

a 19

(tʂʰɯ³³ɲi³³ le³³ pʰʋ¹¹ tʰe¹¹ le³³ ci³³ me³³)
今天 DIR 挖 DUR DIR 放 IND

(今天挖了放好)

a 20

kæ³³ tʰe¹¹ le³³ kɑ⁵⁵ jɤ⁵⁵ tsʅ⁵⁵ we³³, kʰɯ¹¹le⁵⁵ tʰɯ³³.
DIR DUR ITER 盖 VIR REP PART 土块 它

土块又重新盖好了。

a 21

suɯ¹¹	ȵi³³	le³³	pʰʋ¹¹	lɑ³³,
三	天	DIR	挖	也,

tʰe³³be³⁵	le³³	pʰʋ¹¹	tʰe¹¹	le³³	kɑ⁵⁵	je⁵⁵.
如此	DIR	挖	DUR	ITER	盖	AUX

挖了三天土块又重新盖好了。

a 22

dɯ³³	hɑ⁵⁵	ze⁵⁵	gɯ³³ʐ̩³³	nɯ³³	tʰe¹¹	ɯ³³	tse⁵⁵,
一	晚	PAUSE	弟弟	A	DUR	监视	QUOT

说是一天晚上弟弟悄悄盯着他（哥哥），

a 23

bu¹¹	dɯ¹¹	me³³	nɯ³³	ze⁵⁵je³³,	se¹¹be³³	lɯ¹¹	me³³
猪	一	CLF	A	PAUSE	如何	耕	CERT.M

ze⁵⁵	se¹¹be³³,	se¹¹be³³	cʰʏ³³cʰʏ¹¹	be³³	ze⁵⁵je³³	le³³	ŋɤ¹¹
连词	如何	如何	斜着	ADVB.STAT	表停顿	DIR	拱

tʰe³⁵	ku⁵⁵	ni¹¹	je⁵⁵,
SVCs	丢	PROG	AUX

一头猪把弟弟耕好的田又翻回去了。

a 24

bu¹¹	tʂʰɯ³³	me³³	le³³	dzɤ¹¹	bɤ⁵⁵	tɕʰi¹¹	tsɿ⁵⁵we³³,
猪	DEM.REM	CLF	ITER	抓	ADVB.DYM	来	REP

说是那头猪被抓了回来，

a 25
me³³ze⁵⁵je³³， ə³³bʊ¹¹tɑ⁵⁵ tʰɯ³³ nɯ³³ ze⁵⁵je³³
PAUSE 老大 3SG TOP PAUSE
老大他呢，

a 26
bu¹¹ tʂʰɯ³³ me³³ lɑ⁵⁵ ndə³³ me¹¹ mʁ³³ tʂʅ⁵⁵ze⁵⁵ ȵi³³ hɯ⁵⁵ jʁ⁵⁵ tse⁵⁵
猪 DEM.PROX CLF 打 应该 CERT MIR QUOT 二 打 给 QUOT
老大说应该打这头猪，于是就打了两下。

a 27
e⁵⁵， gɯ³³zʅ³³ ʂʁ⁵⁵ me³³ ze⁵⁵ lɑ⁵⁵ mʁ³³ ȵi¹¹，
PAUSE 弟弟 说 IND 打 不 应该
弟弟说不要打它，

a 28
ŋa³⁵ŋgɯ¹¹ cʁ⁵⁵ tɕʰi¹¹ kʰɯ⁵⁵ jæ³³ ʂʁ⁵⁵ me¹¹ tse⁵⁵，
2PL 救（汉） 来 INFR 说 CERT QUOT
说好像是来救我们的。

a 29
gɯ³³zʅ³³ ze⁵⁵ mʁ³³ lɑ⁵⁵，
弟弟 TOP 不 打
弟弟就没打（猪），

a 30
bu¹¹ tʂʰɯ³³ me³³ le³³ kʰɯ⁵⁵ mɯ¹¹ kʰɯ⁵⁵ tʂʅ⁵⁵ we³³ mʁ¹¹，
猪 DEM.PROX CLF DIR 放 DIR 放 REP PART MIR
他就把这头猪放了。

a 31

tʂhɯ³³　ze³³　ti⁵⁵　ɚ⁵⁵　tʰjæ³³　ze⁵⁵mæ⁵⁵,
DEM　停顿　第　二　天　COMP
接着到了第二天呢,

a 32

tʂʰɯ³³ɲi³³　ze⁵⁵　nɯ³³　lɯ³³　le³³　pʰʋ¹¹　kʰɯ⁵⁵　me³³　ze⁵⁵je³³.
今天　停顿　A　去　ITER　挖　去　AUX　PAUSE
他（弟弟）又回去挖地去了。

a 33

bu¹¹　tʰɯ³³　　me³³　ze⁵⁵　çi³³　dɯ³³　kʋ⁵⁵,
猪　DEM.REM　CLF　停顿　人　一　CLF
那头猪（变成了）一个人,

a 34

ʂe¹¹çæ³³　dɯ³³　kʋ⁵⁵　pjæ⁵⁵　bi⁵⁵　tʰo³³lo³³　tʰe¹¹　hʏ⁵⁵　jɤ³³　tse⁵⁵.
神仙　一　CLF　变（CH）　CMPL　DEM　DUR　站　VIS　QUOT
说是变成了一个神仙站在那里。

a 35

ʂe¹¹çæ³³　ze⁵⁵　çi³³,　（æ³³je³³）
神仙　TOP　人　（是不是啊？）
神仙就是人，是不是啊？

a 36

ʂe¹¹çæ³³   ze⁵⁵   çi³³   gʐ³³   pʰʋ¹¹lɑ¹¹   ʂʐ⁵⁵   mʐ³³,
神仙（CH） TOP   人   POSS   神仙   说   MIR

"神仙"呢就是 *pʰʋ¹¹lɑ¹¹*。

a 37

ə³³pʰʋ³³lɑ¹¹   pjæ⁵⁵   bi⁵⁵   tʰo³³lo¹¹   hʐ⁵⁵   jʐ³³   tsɿ⁵⁵   we³³.
神仙   变（CH） CMPL   DEM.REM   站   VIS   REP   IND

变成一个神仙站在那里。

a 38

je⁵⁵,   ə³³pʰʋ³³lɑ¹¹   tʰɯ³³   gʋ³³   nɯ³³   ʂʐ⁵⁵   me³³:
PAUSE   神仙   3SG   CLF   A   说   REP

那个神仙说道：

a 39

e⁵⁵ze⁵⁵jæ³³,   nɯ¹¹   lɯ³³   pʰʋ¹¹   mʐ³³   ɲi¹¹   se¹¹,
PAUSE,   2SG   田   挖   不   应该   PFV

你不要再挖地了,

a 40

pʰʋ¹¹   mʐ³³   ɲi¹¹   se¹¹   je⁵⁵,
挖   不   应该   PFV

不要再挖地了,

a 41

mbɚ¹¹   ɯ³³   ndo³³dʐ¹¹   tsʰɿ⁵⁵   bɯ³³   næ¹¹   ʂʐ⁵⁵   tsɿ⁵⁵".
牦牛   皮   皮革囊   裁   去   应该   说   REP

应该去缝制一个牦牛皮囊"。

a 42

je⁵⁵æ¹¹, mbæ¹¹ ɯ³³ ndo³³dɤ¹¹ tsʰɿ⁵⁵ je⁵⁵,
PAUSE, 牦牛 皮 皮革囊 裁 AUX
缝制牦牛皮，

a 43

ə³³bʋ¹¹ nɯ³³ kʰɯ¹¹ tsʰɿ¹¹ ko¹¹ bɤ³³ tse¹¹ bɯ³³ næ¹¹,
老大 A 线 细 针 粗 用 去 应该
老大应该用粗针细线去缝，

a 44

gɯ³³zɿ³³ nɯ³³ ko³³ tsʰɿ¹¹ kʰɯ¹¹ bɤ³³ tse¹¹ bɯ³³ næ¹¹;
弟弟 A 针 细 线 粗 用 去 应该
弟弟应该用细针粗线去缝，

a 45

gɯ³³zɿ³³ lo¹¹ kʋ³³ hæ⁵⁵ bɯ³³ næ¹¹,
弟弟 沟壑 顶 挂 去 应该
弟弟应该把（它）挂在山顶上，

a 46

ə³³bʋ¹¹ lo¹¹ tʰæ¹¹ hæ⁵⁵ bɯ³³ næ¹¹ je⁵⁵.
哥哥 沟壑 低 挂 去 应该 AUX
哥哥要把（它）挂在沟壑底。

a 47

u⁵⁵tʰɯ³³　ɲi³³　ze³³je³³　lɯ³³　mɤ³³　pʰʊ¹¹　be³³,
DEM-那　天　COMP　田　NEG　挖　ADV
那天，他（弟弟）没去挖地，

a 48

u³³tʰɯ³³　gʊ³³　kʰɑ³³mi³³　bi⁵⁵　ze³³je³³.
DEM-那　CLF　听话　后　COMP
听了那个人的话。

a 49

tʰe¹¹　kʰɑ³³mi³³　me³³ze⁵⁵　nɯ³³,
DUR　听　表停顿　A
听着那个人说道，

a 50

ji³³　dæ¹¹　mɯ³³　kʊ³³　lɑ⁵⁵　tɕʰi¹¹,　kʰæ³³tʰjæ³³pʰi⁵⁵ti⁵⁵　tɕʰi¹¹,
房子　房基　天　LOC　抛　来,　开天辟地（CH）　来,
房子被抛到天上去，开天辟地开始了，

a 51

kʰæ³³tʰjæ³³pʰi⁵⁵ti⁵⁵　ze⁵⁵　hɑ³³pa¹¹　le³³　wa¹¹　se¹¹,
开天辟地（CH）　TOP　汉族　DIR　是　PFV
开天辟地是汉语的说法，

a 52

na¹¹ɕi³³　ze⁵⁵je³³　ji³³　dæ¹¹　mɯ³³　kʊ³³　lɑ⁵⁵　ʂɤ⁵⁵　me¹¹ma³⁵.
纳西　FOC　房子　房基　天　LOC　抛　说　CERT
纳西语的开天辟地就是 *ji³³ dæ¹¹ mʊ³³ kʊ³³ lɑ⁵⁵*。

a 53

hu¹¹swe³³　　pɑ⁵⁵fɑ³⁵　　　tɕʰi¹¹　je⁵⁵　　tse³³ko⁵⁵
洪水　　　　爆发（CH）　　来　　停顿　　整个（CH）
洪水暴发后，整个村

a 54

tʰɑ³⁵　tsʰɯ³³　mbe³³　tʰɯ³³ze³³　tse³³ko⁵⁵tsʰwe³³　be³³　tʰe¹¹　tsɚ⁵⁵　tsɿ⁵⁵　we³³.
3SG　DEM　村　　EMPH　　整个村　　　　　　ADV　DUR　淹　REP　IND
他的村子整个都被淹了。

a 55

dɯ³³　mbe³³　tʰe¹¹　tsɚ⁵⁵　je³³,
一　　村子　　DUR　淹　　AUX
整个村子都被淹了，

a 56

tʰɯ³⁵ze⁵⁵je³³　　tʰɯ³³　　nɯ³³　ndo³³dʐ¹¹
表停顿　　　　　3SG　　　A　　　皮囊
lə⁵⁵cʰɣ³³æ¹¹mi⁵⁵　dɯ³³hɣ³³be³³　kʰʋ¹¹　kʰɯ⁵⁵,
五谷杂粮　　　　　全部　　　　　里面　　放
他把五谷杂粮全部都放在皮囊里，

a 57

bə³³bə³⁵　hwɑ⁵⁵le¹¹　dɯ³³hɣ³³be³³　ze⁵⁵　mbɑ¹¹　ɯ³³　ndo³³dʐ¹¹　lo¹¹　kʰɯ⁵⁵　tsɿ⁵⁵we³³.
小猪　　　猫　　　　全部　　　　　　停顿　牦牛　皮　　皮囊　　　里　　放　　　REP
将猪崽和猫全部都放在牦牛皮囊里。

a 58

hu¹¹ le³³ ko⁵⁵, ɲi³³ dæ¹¹ mɯ³³ kv³³ la⁵⁵ le³³ he³³ hu³³ ze⁵⁵,
雨　DIR　涸，房子　房基　天　　上　抛　DIR　停止　　PAU

tʰɯ³³ ze⁵⁵je³³　　　ndʐɿ³³ ne³⁵gʁ³³　la¹¹mbe¹¹　nɯ³³　ze³³,
他　　PAUSE　　　凿子　　CONJ　　斧子　　INSTR　PAU

等到雨停了，房子也不再被抛到天上，他用斧子和凿子……

a 59

ndo¹¹dʁ¹¹ kʰu³³ pʰu³³ bʁ⁵⁵ mY¹¹tʁ⁵⁵ le³³ pa³³ tɕʰi¹¹ me³³ ze⁵⁵je³³,
皮囊　　　门　　开　　ADV　外面　　DIR　到　来　　IND　PAUSE

（用凿子和斧子）把皮囊打开来到外面，

a 60

tʰɑ³⁵ ko³³ nɯ³³ tsə⁵⁵ hɯ³⁵ tse⁵⁵,
他的　哥哥　TOP　淹　　CMPL　QUOT

他的哥哥呢被淹死了，

a 61

tʰɯ³³ tɑ⁵⁵ le³³ hɑ⁵⁵ se¹¹ tsɿ⁵⁵we³³.
他　　仅仅　DIR　剩下　PFV　REP

只剩下他一人（活下来了）。

a 62

mɯ³³ ne³⁵ lɯ³³ mbʁ³³mbʁ³³ bi⁵⁵ ŋgu¹¹ tʰɯ³³ ze⁵⁵je³³,
天　　CONJ　地　　分开　　　　之后　之后　回指　表停顿

自从天和地分开之后，

a 63

çi³³   tʰɯ³³   tʰɯ³³   gʋ³³   ta⁵⁵   hɑ⁵⁵   se¹¹   tse⁵⁵.
人   TOP   他   CLF   仅仅   剩下   了   QUOT
人（类）呢只剩下他一个了。

a 64

tʰɯ³³   gʋ³³   ta⁵⁵   hɑ⁵⁵,   tʰɯ³³   gʋ³³   tʰɯ³³   ze⁵⁵je³³   tʰe³³be³⁵   ɲʝi³³,
他   CLF   仅仅   剩下   他   CLF   TOP   （表停顿） 如此   走
只剩下他，他一直不停地走，

a 65

ɲʝie³³ɲʝi³⁵   ze⁵⁵   ʝi³³   kʰu³³   pɑ³³   tsɿ⁵⁵we³³,
走动   停顿   水   边缘   到达   REP
说是走到了河边，

a 66

ʝi³³   kʰu³³   pɑ³³   ze⁵⁵je³³,   mɯ³³   mi⁵⁵   sɿ⁵⁵   kʋ⁵⁵   ze⁵⁵je³³,
河   边缘   到   表停顿,   天   女   三   CLF   COMP
到了河边，三个仙女呢，

a 67

lɚ¹¹kʰɑ³³   tʂʰə³³   ni³⁵   tsɿ⁵⁵we³³.
温泉   洗   PROG   QUOT
正在洗澡。

a 68

æ³³i³³,   ʝi¹¹   kʰɤ³³   ne¹¹   ʝi³³   kʰu³³   tʂʰə³³   ni¹¹   tsɿ⁵⁵we³³,
停顿   水   河   CONJ   水   边缘   洗   PROG   REP
说是正在河边洗澡，

sa⁵⁵　　　pʰa³³　　　tʂʰɚ³³　　ni³⁵　　　tʂʅ⁵⁵we³³.
亚麻　　　白　　　　洗　　　PROG　　REP
在洗亚麻。

a 69
e⁵⁵,　　　dɯ³³　　ɡʋ³³　　ze⁵⁵　mjɤ³³　　tʂʅ¹¹,
表停顿　　一　　　CLF　　CONTR　眼　　竖立
一个是竖眼,

a 70
dɯ³³　　ɡʋ³³　　ze⁵⁵　　mjɤ³³　　ndɚ¹¹　　tse⁵⁵.
一　　　CLF　　CONTR　眼　　　　浊　　　　QUOT
一个是浊眼。

a 71
e⁵⁵,　　　mɯ³³　　mi⁵⁵　　dɯ³³　　kʋ⁵⁵　　ʂu¹¹,
表停顿　　天　　　女儿　　一　　　CLF　　找
于是找了一个仙女,

a 72
mɯ³³　　mi⁵⁵　　tʂʰɯ³³　　kʋ⁵⁵　　ʂu¹¹　　tʂʅ⁵⁵we³³.
天　　　女　　　DEM　　　　CLF　　找　　　REP
说是找了这个仙女。

a 73
e⁵⁵,　　mjɤ¹¹　tʂʅ¹¹　tʂʰɯ³³　ɡʋ³³　ze⁵⁵　dɯ³³　mæ¹¹　ljɤ¹¹,
表停顿　眼　　竖　　　这　　　CLF　CONTR　一　　点儿　漂亮
竖眼的仙女长得有点儿漂亮,

a 74

mjɤ³³ ndɚ¹¹ tʂʰɯ³³ gʋ¹¹ mʋ³³ tse⁵⁵, dɯ³³ mæ¹¹ ʂu⁵⁵kʰwɑ¹¹ tse⁵⁵.
眼　　浊　　这　　上　　CLF　QUOT　一　　点儿　丑　　　　QUOT
说是这个眼浊的仙女长得有些丑。

a 75

dɯ³³ mæ¹¹ ʂu⁵⁵ kʰwɑ¹¹ tʂʰɯ³³ gʋ³³ ze⁵⁵je³³,
一　　点儿　样子　难看　　这　　　CLF　表停顿,
长得有点儿难看的这个人呢,

a 76

ə³³i³³ ə⁵⁵ŋɯ³³ nɯ³³ ɲʝi³³ɲʝi³³ ni¹¹ gɤ³³ çi³³ se¹¹ tsɿ⁵⁵we³³;
CMKN　1PL　　　A　　走动　　　PROG　REL　人　了　REP
就是我们现在所说的人（凡人）了,

a 77

dɯ³³ mæ¹¹ ljɤ¹¹ tʂʰɯ³³ gʋ³³ ze⁵⁵,
一　　点儿　漂亮　这　　　CLF　TOP
长得漂亮的这个人呢,

a 78

ɲʝʏ¹¹ ne³⁵gɤ³³ lo¹¹ tɑ⁵⁵ ɲʝʏ¹¹ tsɿ⁵⁵ mɤ¹¹,
山　　CONJ　　壑　　仅仅　生育　REP　MIR
只会生育山和河沟,

a 79

e⁵⁵, ljɤ¹¹ tʂʰɯ³³ gʋ³⁵ se³³ ʂu¹¹ (bɤ⁵⁵) tɕʰi¹¹,
表停顿 漂亮 这 CLF PFV 娶 ADV 来

所以娶了那个漂亮的,

a 80

mɯ³³ mi⁵⁵ (nɯ³³) (lɑ³³), swe³⁵ nɯ³³ lɑ³³ jɤ⁵⁵.
天 女儿 TOP 也 官（复数） A 也 给

天神也给（天神也同意仙女嫁给弟弟）。

a 81

e⁵⁵, ljɤ¹¹ tʂʰɯ³³ gʋ³³ ʂu³⁵ tɕʰi³⁵ ze⁵⁵,
表停顿 漂亮 这 CLF 娶 来 表停顿

嗯……他娶了漂亮的那个仙女,

a 82

mjɤ¹¹ tʰɯ³³ gɤ¹¹ lʏ¹¹ gɤ¹¹ tsɿ¹¹ be³³ pɑ³³,
眼 DEM 上 看 的 竖 ADV 生长

gɤ¹¹ tsɿ¹¹ be³³ pɑ³³ me³³, u⁵⁵tʰɯ³³ gʋ³³ ʂu³⁵ tɕʰi¹¹ me³³.
上 竖 ADV 生长 那 CLF 娶 来

（仙女）眼睛朝上斜着生长,娶来了眼睛朝上斜地生长的仙女。

a 83

dɯ³³ gʋ³³ dɯ³³ zɿ¹¹ i⁵⁵kʰɯ¹¹ le³³ i⁵⁵ lɑ³³ ɲjʏ¹¹ lo³⁵ ɲjʏ³³,
一 CLF 一 CLF-次 被子 DIR 睡 也 生 沟壑 生

第一次坐月子,只会生沟壑,

a 84

ȵi³³　ʐ̩¹¹　　i⁵⁵kʰɯ¹¹　le³³　i³³　lɑ³³　ʐɯ¹¹　pɑ³⁵　ȵɟɤ³⁵;
二　CLF-次　　被子　　DIR　睡　也　蛇　　蛙　　生

第二次坐月子也只会生蛇和蛙。

pɑ³⁵是pɑ³³tɑ⁵⁵的合音。tɑ⁵⁵"仅仅"

a 85

tʰɯ³³ze⁵⁵,　mjɤ¹¹　tsʐ̩¹¹　nɯ³³　ɕi¹¹　ndɚ³³　se¹¹　tse⁵⁵
接着　　　眼　　　竖立　　A　　生　　DEB　　CSM　QUTO

于是（轮到）竖眼的（仙女）生了,

a 86

u⁵⁵tʰɯ³³　gʋ³³　ze⁵⁵,　tʰɯ³³ze⁵⁵　u⁵⁵tʰɯ³³　gʋ³³,
那个　　　CLF　停顿　接着　　　　那个　　　CLF-个

那个人呢,

a 87

pæ⁵⁵fɑ³⁵　　mɤ³³　ɟɤ³³　bi⁵⁵　ze⁵⁵,
办法（CH）　不　　有　　因为　停顿

因为没有办法,

a 88

ɤ¹¹pʰe³³　ɤ¹¹me³⁵　kɤ⁵⁵　le³³　ʂɤ⁵⁵　hɯ³³　tsʐ̩⁵⁵we³³.
岳父　　　岳母　　　P　　DIR　　说　　去　　引述

说是又去问他的岳父岳母。

a 89

tʰɯ³³ze⁵⁵, ʏ¹¹pʰe³³ ʏ¹¹me³³ nɯ³³ ze⁵⁵je³³,
PAUSE 岳父 岳母 TOP 表停顿,
岳父岳母呢,

a 90

mjɤ³³ ndə¹¹ jɤ⁵⁵ bɤ¹¹ nɑ⁵⁵, ɲi³³ hɯ¹¹ pʰɑ¹¹ mbɑ¹¹
眼   浊   给   ADV   但是   鱼   多   礼物
ʂu¹¹ bɯ³³ næ¹¹ ʂɤ⁵⁵ tse⁵⁵.
找   去   应该   说
说是浊眼（仙女）可以给你，但是要去找"鱼多"的礼物。

a 91

e⁵⁵, ɲi¹¹ hɯ¹¹ pʰɑ³³mbɑ¹¹ ze⁵⁵je³³,
表停顿 鱼 多 礼物 停顿
这个"鱼多"的礼物呢,

a 92

i³³bi¹¹ lo¹¹ ze⁵⁵ ɲi³³ dzɤ³⁵ lɯ³³ næ¹¹ ʂɤ⁵⁵ me¹¹ tsɿ⁵⁵we³³.
金沙江 里 TOP 鱼 抓 来 应该 说 IND REP
（意思是）把金沙江里的鱼抓回来。
dzɤ³⁵是dzɿ¹¹bɤ⁵⁵的合音。

a 93

tʰɯ³³ze³³, zo³³ tʂʰɯ³³ gʋ³³ pæ⁵⁵fɑ³⁵ mɤ³³ jʏ³³ me³³ze⁵⁵,
PAU 男 DEM CLF 办法（CH） NEG EXIST 停顿
mi⁵⁵ tʂʰɯ³³ gʋ³³ ʂɤ⁵⁵ jɤ⁵⁵ je⁵⁵
女 DEM CLF 说 给 停顿
这个男没有办法，于是说给这个女的听,

a 94

nɯ¹¹　ə³³　bɑ³³　i⁵⁵ŋʋ³⁵　hɯ¹¹　tsʰɯ³³　kʰɑ¹¹　ze⁵⁵je³³,
2SG　Prefix　父　睡着　去　DEM　时间　停顿

你父亲 XX 的时候呢,

nɯ¹¹（gʌ³³）ə³³　bɑ³³；i⁵⁵ŋʋ³⁵ 是 i⁵⁵ŋʋ¹¹le³³ 的合音。

a 95

sɿ³³　ndʋ³³　dɯ³³　ndʋ³³　ɤ¹¹　tʰɯ³³　gʌ³³　kʰɯ³³　mæ³³　ci³³　ze⁵⁵je³³,
木头　桩子　一　CLF　拿　3SG　POSS　脚　尾　放　表停顿

拿一个木头桩子放在他的脚尾（床尾），

a 96

tʰɯ³³　nɯ³³　gʌ¹¹　nɯŋ³³　lɯ¹¹　ze⁵⁵, tsʰɿ³³　ʝi³⁵　mɯ¹¹　ku⁵⁵
3SG　A　DIR　醒　来　停顿　踢　水　下　丢

tsɑ¹¹. je⁵⁵, mæ⁵⁵ tsʰɯ³³ so¹¹ ze⁵⁵,
INF　停顿　后　DEM　晨　停顿

他醒来，会踢到水里去。嗯第二天呢，

ʝi³⁵mɯ¹¹ 是 ʝi³⁵lo³⁵ mɯ¹¹ 的合音

a 97

ʝi³³　kʰu³³　ɲi³³　sɿ⁵⁵　bʌ⁵⁵　lɯ³³　tʰɑ⁵⁵　se¹¹.
水　旁边　鱼　捡　ADVB.DYN　来　可以　PFV

你就可以从河边捡鱼过来了。

ʝi³³ 本调是 ʝi¹¹。

a 98

e⁵⁵,　　ɲi³³　ʂɯ³³　pʋ¹¹　kʋ³³　ʂɯ³³　pʋ¹¹　kʋ³³　ʂɯ³³　tʰɯ³³,
表停顿　鱼　　死　　干　　LOC　死　　干　　LOC　死　　TOP

嗯，"鱼死就死在陆地上"（典故）呢，

a 99

u⁵⁵tʰɯ³³　to⁵⁵　nɯ³³　tɕʰi¹¹　me¹¹　tsʐ⁵⁵we³³.
这个　　　OBJ　ABL　　来　　　IND　REP

就是从这里来的。

a 100

tʰɯ³⁵,　　sʐ³³　　ndʋ³³　tʰɯ³³　ndʋ³³　tsʰʐ³³　ʝi¹¹
停顿　　　木头　　桩子　　DEM　　桩子　　踢　　　水

bʋ¹¹　　mɯ¹¹　tʰɯ³³　lɑ⁵⁵　nɯ³³,
之下　　下面　　DEM　　丢　　LOC

于是把那木桩子踢到了水里，

tʰɯ³⁵是tʰɯ³³ze⁵⁵的合音。

a 101

ɲi³³　dɯ³³　　me³³　kʋ⁵⁵　jɤ³³　bɤ⁵⁵　je⁵⁵
鱼　　一　　　CLF　　LOC　　VIS　　ADV　　停顿

pʋ¹¹　kʋ³³　　ʂɯ³³　tse⁵⁵.
干　　之上　　死　　QUOT

一条鱼干死。

a 102

tʰɯ³³　mæ⁵⁵　tʂʰɯ³³　so¹¹　ze⁵⁵je³³　nɯ³³,
停顿　　后面　　DEM　　晨　　停顿　　　TOP

第二天呢，

a 103

ȵi³³	sɿ⁵⁵	bɤ⁵⁵	ze⁵⁵,	ɤ¹¹pʰe³³	le³³	ku¹¹	tɕʰi¹¹	he⁵⁵mʋ³³.
鱼	捡	ADVB.DYN	停顿	岳父	DIR	给	来	CERT

捡了鱼，把它拿给了岳父。

he⁵⁵mʋ³³跟 ze⁵⁵mʋ³³一样，mʋ³³是 mɤ³³弱化

a 104

e⁵⁵,	ɤ¹¹pʰe³³	tʂʰɯ³³	gʋ³³	mu⁵⁵ɯ³³	tʂʰɯ³³	gʋ³³
停顿	岳父	DEM	CLF	女婿	这	CLF

sɤ⁵⁵	me³³	mɤ³³	ʂɯ³³	se¹¹	me⁵⁵.
杀	停顿	不	死	PFV	停顿

这个岳父杀女婿，但是没成功，

mu⁵⁵ɯ³³又可以说为 mɯ⁵⁵ɯ³³；se¹¹弱化为 e¹¹

a 105

tʂʰɯ³³	zɿ¹¹	lɑ³³	sɤ⁵⁵	mɤ³³	ʂɯ³³	se¹¹	me⁵⁵.
DEM	CLF-次	也	杀	NEG	死	PFV	停顿

这次也没杀死。

a 106

tʰɯ³³ze⁵⁵,	le¹¹cɤ³³	se³³	hɯ¹¹	pʰɑ³³mbɑ¹¹	ʂu³⁵	lɯ³³
停顿	又	岩羊	丰富的	礼物	找	来

næ¹¹	ʂɤ⁵⁵	me¹¹tsɿ⁵⁵	mɤ¹¹,
应该	说	引述	MIR

接着，说是需要找来"多岩羊"的礼物，

ʂu³⁵的实际语音[ʂwɤ³⁵]，ʂu³⁵是 ʂu¹¹bɤ⁵⁵的合音。

a 107

tʰɯ¹¹ze⁵⁵,		æ¹¹	lo¹¹	i⁵⁵	ze⁵⁵je³³	nɯ³³,
停顿		岩崖	LOC	睡	停顿	TOP

tʰɯ³³	i⁵⁵ŋʋ³⁵	hɯ³⁵	ze⁵⁵,
他	睡着	去	停顿

他（弟弟）睡在山洞里，等他（仙女的父亲）睡着的时候，
tʰɯ³³i⁵⁵ŋʋ³⁵hɯ³⁵ze⁵⁵的完整句是：

tʰɯ³³	i⁵⁵ŋʋ¹¹	le³³	hɯ¹¹	tsʰɯ³³kʰa¹¹	ze⁵⁵
他	睡着	DIR	去	这时	停顿

a 108

lʋ³³pɑ³³	dɯ³³	lɤ³³	to¹¹to³³	bɤ⁵⁵	je⁵⁵,
石头	一	CLF	抱	ADV	停顿

抱着一个石头，

a 109

tʰɯ³³	gɤ³³	kʰɯ³³	mæ³³	ci³³	fæ³³	me⁵⁵	ʂɤ⁵⁵	tse⁵⁵,
3SG	GEN	脚	尾	放置	去	停顿	说	引述

说是去放在他的床尾。

a 110

e⁵⁵,	so¹¹so⁵⁵	ze⁵⁵je³³	se¹¹	sɿ⁵⁵	bɤ⁵⁵
停顿	次日	停顿	岩羊	捡	ADV

le³³u⁵⁵	lɯ³³	tʰɑ⁵⁵	se¹¹	tsɿ⁵⁵wɤ³³.
回来	来	可以	PFV	引述

嗯……说是次日（你）就可以捡着岩羊回来了
wɤ³³同we³³

a 111

e⁵⁵,	lʋ³³pɑ³³	tʂʰɯ³³	lɣ³³	tʰɯ³³	tʂʰɿ³³	je⁵⁵
停顿	石头	DEM	CLF	TOP	踢	停顿

æ³⁵	mɯ¹¹	kʰɯ⁵⁵	tsɿ⁵⁵we³³	u⁵⁵tʰɯ³³	hɑ⁵⁵	ze⁵⁵.
岩崖	之下	放进	引述	DEM	夜晚	停顿

把那石头踢了扔进悬崖下，那晚上。

tʰɯ³³依附于动词之前；æ³⁵mɯ¹¹是æ¹¹lo³⁵mɯ¹¹的合音。

a 112

me³³ze⁵⁵,	tʂʰɯ³³	zɿ³⁵	ze³³	dzi³³	sɣ⁵⁵		dzæ¹¹	se¹¹	me⁵⁵	sɣ⁵⁵
PAU	DEM	CLF	TOP	人类	杀		有时间	PFV		说

be³³,	le³³u⁵⁵	hɣ¹¹	tsɿ⁵⁵we³³,	ə⁵⁵	lo³³	mu⁵⁵	tʰɯ³³	nɯ³³.
ADV	回	去	REP	PRE	姥（CH）	老人	回指	

说着"终于把人类杀掉了！"就回来了，这个老头子。

a 113

mi⁵⁵	ə³³	bɑ³³	tʰɯ³³,	ə⁵⁵	wɑ¹¹	jæ³³.
女	前缀	父亲	回指	前缀	是	AUX

父亲的女儿，是不是？（发音人说给采访者）

jæ³³是jɣ³³le³³的合音。

tʰɯ³³	ze⁵⁵je³³	lɣ³⁵	hɯ³³	bi⁵⁵ze⁵⁵,	lɣ³⁵	hɯ³³	bi⁵⁵	sɿ³³	nɯ³³,
他	停顿	回	去	以后	回	去	之后	AUX	

接着，他回去之后呢，

lɣ³⁵是le³³u⁵⁵"回"的合音le³⁵的弱化。

a 114

mæ⁵⁵　　tʰɯ³³　　so¹¹　　ze⁵⁵,　　tʰɯ³³　　se¹¹　　sʅ¹¹
后　　　DEM　　晨　　TOP　　3SG　　岩羊　　捡

bɤ⁵⁵　　　je⁵⁵,　　lɤ³⁵　　tɕhi¹¹　　tse⁵⁵.
ADVB　　　　　　回　　来　　　引述

第二天早上，他就捡着岩羊回来了。

a 115

se¹¹　　　　sʅ⁵⁵　　bɤ⁵⁵　　le³⁵　　tɕhi¹¹　　me³³,　　tʂhɯ³³　　nɯ³³
岩羊　　　　捡　　　ADV　　回　　　来　　　　停顿　　　DEM　　　A

pæ⁵⁵fa³⁵　　　mɤ³³　　ɟY³³　　se¹¹　　je⁵⁵,
办法（CH）　　不　　　EXIST　　PFV　　停顿

岩羊捡回来了，实在是没有办法了，

a 116

se³³　　hɯ¹¹　　pha³³mba¹¹　　la³³　　ʂu³⁵　　tɕhi¹¹　　jɤ³³je⁵⁵,
岩羊　　多　　　礼物　　　　　也　　　找　　　来　　　　停顿

岩羊礼物也找来了，
ʂu³⁵是ʂu¹¹bɤ⁵⁵tɕhi¹¹的合音。

a 117

tʰɯ³³　　zʅ³⁵　　ze⁵⁵　　nɯ¹¹　　jɤ⁵⁵　　gɤ³⁵jɤ¹¹　　he⁵⁵me³³.
DEM　　　CLF　　TOP　　你　　　给　　　还　　　　　AUX

这次呢你还是给了吧。

a 118

jɤ⁵⁵　　nɯ⁵⁵　　jɤ⁵⁵　　bɤ¹¹　　na⁵⁵　　ŋʊ¹¹　　çi¹¹　　dɯ³³
给　　　DISJ　　给　　　AUX　　但是　　九　　　稻　　　一

tsʰɿ⁵⁵ bɯ¹¹ næ¹¹ ʂɤ⁵⁵ ni³⁵ tse⁵⁵.
割 去 应该 说 PROG QUOT
给是会给你，但是要去割"九种稻"。

a 119
e⁵⁵, ŋgʋ³³ ɕi¹¹ dɯ⁵⁵ tsʰɿ⁵⁵, ŋgʋ³³ ɕi¹¹
停顿 九 稻 一 割 九 稻
dɯ³³ tsʰɿ⁵⁵ næ¹¹ tsɿ⁵⁵we³³.
一 割 应该 QUOT
说是要去割"九种稻"。

a 120
e⁵⁵, ŋgʋ³³ ɕi¹¹ tsʰɿ⁵⁵ hɯ³³ ze⁵⁵, ŋgʋ³³ ɕi¹¹ tsʰɿ⁵⁵
停顿 九 稻 割 去 TOP 九 稻 割
tʂʰɯ³³ kʰɑ³⁵ sɿ³³ nɯ³³,
DEM 时候
等到了去割"九种稻"的时候，

a 121
ŋgʋ³³ ɕi¹¹ tsʰɿ⁵⁵ me³³ze⁵⁵ pæ⁵⁵fɑ³⁵ mɤ³³ ʝɤ³³ me³³.
九 稻 割 停顿 办法(CH) 不 有 AUX
去割"九种稻"，但是没有办法（不知道怎么去割）。

a 122
tʰɑ³⁵ ɲi³³nʋ³³ ʂɤ⁵⁵me³³ mjɤ³³ ndɚ¹¹ tʂʰɯ³³ gʋ³³
3SG.poss 妻子 说 眼 浊 DEM CFL
mɤ³³ tɑ⁵⁵ me¹¹ mʋ⁵⁵se³³ mɑ³⁵.
不 嫁 CERT 还仍旧 语气
他的妻子说，浊眼的那个人还没有嫁呢，

a 123

tʰɯ³³ze⁵⁵, ŋgʋ³³ çi¹¹ dɯ³³ tsʰɿ⁵⁵ bɯ³³ næ¹¹ ze⁵⁵,
停顿　　　九　　稻　一　　　割　去　DEB　停顿

因为该去割一下"九种稻",

a 124

ŋgʋ³³ çi¹¹ tsʰɿ⁵⁵ hɯ³³ me³³ ze⁵⁵ je⁵⁵,
九　　稻　割　　去　　AUX　　表停顿

虽然去割"九种稻",

a 125

pæ⁵⁵fa³⁵ mɤ³³ jY³³ je⁵⁵, dɯ³³ti³³ be³³ tsʰɿ⁵⁵ mɤ³³ kʋ⁵⁵.
办法(CH)　NEG　EXIST　停顿　一起　　　ADV　割　NEG　会

没有办法去割,（因为）不会九种一齐割断。

a 126

zo³³ tsʰɯ³³ gʋ³³ ze⁵⁵je³³ tse⁵⁵ɚ⁵⁵pa³⁵ci³³ gɤ³³, ə⁵⁵ŋgɯ¹¹ gɤ³³
男　　　DEM　CLF　停顿　　正儿八经（CH）　GEN　　1PL　　GEN

zе¹¹tsu³³ se¹¹ mɑ³⁵.
人种（CH）PFV　MIR

这个男的就是我们正儿八经的人种（人类）了。

a 127

tsʰɿ⁵⁵ mɤ³³ kʋ⁵⁵ je⁵⁵, mi⁵⁵ tsʰɯ³³ nɯ³³
割　　不　会　停顿　　女　　DEM　A

me⁵⁵ jɤ⁵⁵ me³³ ze⁵⁵je³³, la¹¹mbe³³ ŋgʋ³³ pa³³
教　给　IND　停顿　　斧头　　　九　CLF-把

ɣ¹¹　　je⁵⁵，　　ŋgʋ³³　　ɲjɣ¹¹　　　　kʋ³³　　　　hæ⁵⁵　　　bɯ³³
拿　　　停顿　　　九　　　 CLF-山　　……上　　　　割　　　　去
næ¹¹　tsɿ⁵⁵we³³，
应该　REP

因不会割，仙女教给他说，应拿着九把斧头去九座山上去割，

a 128

tʰɯ³³ze⁵⁵，　　dɯ³³ti³³　　be³³　　tsʰɿ⁵⁵　　tsɑ¹¹　　tse⁵⁵.
停顿　　　　　一起　　　　都　　　 割　　　　INF　　　 QUOT

这样就会一齐割断了。

a 129

tʰɯ³³ze⁵⁵，　　ŋgʋ³³　　çi¹¹　　　　　tʰɯ³³　　tsʰɿ⁵⁵　　bi⁵⁵　　ze⁵⁵，
停顿　　　　　九　　　　稻　　　　　　回指　　　割　　　　后　　　 停顿
ŋgʋ³³　　çi¹¹　　dɯ³³　　pʰʋ⁵⁵　　　　bɯ³³　　næ¹¹　　tsɿ⁵⁵we³³.
九　　　 稻　　　一　　　撒（种子）　 去　　　 应该　　 REP

割了九种稻，还要去播种九种稻。

a 130

ŋgʋ³³　　çi¹¹　　be³³　　lɚ⁵⁵　　dɯ³³ti³³　　be³³　　pʰʋ⁵⁵　　bɯ³³
九　　　 稻　　　ADV　　种子　　一起　　　　ADV　　播撒　　　去
næ¹¹　tsɿ⁵⁵we³³.
应该　REP

说是九种稻应该一起去播种。

a 131

tʰɯ³³ze⁵⁵, ŋgʋ³³ lɚ⁵⁵ tʰe¹¹ pʰʋ⁵⁵ bi⁵⁵ ze⁵⁵,
停顿　　　　九　　种子　DUR　播种　之后　停顿
播种了九种种子之后，

lɚ⁵⁵ tʰe¹¹ le³³ pʰʋ⁵⁵ bi⁵⁵ ze⁵⁵, gɤ¹¹ le³³ ʂʅ⁵⁵ lɯ³³ næ¹¹ sɤ³³
种子　DUR　DIR　播种　之后　停顿　上　ITER　捡　来　应该　说
me¹¹ tsʅ⁵⁵.
CERT QUOT
说，播了种子之后，还应该要捡回来。

a 132

e⁵⁵, ə³³ bɑ³³ tʰɯ³³ nɯ³³ lɚ⁵⁵ pʰʋ⁵⁵ bi⁵⁵ tʰɯ³³
停顿　PRX　父　回指　A　种子　播种　　　之后　回指
gɤ¹¹ le¹¹ ʂʅ⁵⁵ lɯ³³ næ¹¹ sɤ⁵⁵ ze⁵⁵je³³,
的　　DIR　捡　来　应该　说　停顿
（仙女的）父亲他说要把播撒之后的种子捡回来，

a 133

lɚ⁵⁵ se³³ ʂʅ⁵⁵ hɯ³³ me³³ ze⁵⁵je³³, tʰɯ³³ tʰɯ³³
种子　先……　捡　去　　　停顿　　3SG　回指
kʰɯ³³tsʰʅ³³ ŋgʋ³³ lɤ¹¹ ɣ¹¹ ŋgʋ³³ ɲʝɤ¹¹ kʋ³³ hæ⁵⁵
口袋　　　　九　　CLF-个　拿　九　　CLF-山　……上　割
ze⁵⁵je³³, lɚ⁵⁵ le³³ ʂʅ⁵⁵ tɕʰi¹¹ me³³ ze⁵⁵je³³.
停顿　　　种子　DIR　捡　来　AUX　　停顿
他先去捡种子，去的时候拿了九个口袋去九座山上去割种子回来。

a 134

tʂʰwa³³　dɯ³³　lʏ³³　ne³⁵gɤ³³　dɯ³³　tʰʏ³³　mɤ³³　i³³　　tsɿ⁵⁵we³³,
米　　 一　　CLF　CONJ　　一　　CLF　NEG　EXIST　REP

说是一粒米以及半粒米没有捡回来,

a 135

e⁵⁵,　　mi⁵⁵　tʰɯ³³　nɯ³³　me⁵⁵　jɤ⁵⁵　　me³³ze⁵⁵,
表停顿　女　　回指　　A　　 教　　给　　 停顿

tʂʰwa³³　dɯ³³　tʰʏ³³　tʰɯ³³　nɯ⁵⁵　tʂʰwa⁵⁵ha³³　dʐ¹¹me³³　lo¹¹
米　　　 一　　CLF-截　回指　　　　　蚂蚁　　　　肚子　　……里

i³³　　tsa¹¹　je⁵⁵.
EXIST　INF　停顿

嗯,女的教给他说,那半截米粒呢在蚂蚁的肚子里。

a 136

ʐwa³³　mæ³³　kʰɯ¹¹　pu⁵⁵　je⁵⁵,　tʂʰwa⁵⁵ha³³　tʰɯ⁵⁵　tsɿ³³
马　　 尾巴　 CLF-根　带　　停顿　　蚂蚁　　　　腰　　　拴

bɯ³³　næ¹¹　je⁵⁵,
去　　 应该

应该带着一根马尾去栓蚂蚁的腰,

a 137

mʏ¹¹dʏ⁵⁵　le³³　pʰʏ⁵⁵　lɯ³³　tsa¹¹　ʂɤ⁵⁵　je⁵⁵,　tʂʰwa⁵⁵ha³³　tʰɯ⁵⁵
外面　　　DIR　 吐　　 来　　推测　 说　　停顿　　蚂蚁　　　　腰

tsɿ³³　me¹¹　tse⁵⁵　mɤ¹¹.
拴　　 AUX　 QUOT　MIR

这样它就会吐出来,于是去拴蚂蚁的腰了。

a 138

tʂʰwa⁵⁵ha³³   tʰɯ³³   tsɿ⁵⁵   bi⁵⁵   ze⁵⁵je³³   tʂʰwa³³   lɤ³³   mɤ¹¹tɤ⁵⁵   le³³u⁵⁵
蚂蚁   腰   拴   之后   停顿   米   CLF   外面   回
tɕʰi¹¹.
来

拴了蚂蚁的腰，米粒就回到了外面。

a 139

tʂʰwa³³   dɯ³³   lɤ³³   mɤ³³   i³³   tʰɯ³³   nɯ⁵⁵   tʰo³³lɯ¹¹
米   一   CLF-粒   NEG   EXIST   回指   鸽子
pɚ⁵⁵lɚ³³   lo¹¹   i³³   tsa¹¹   je⁵⁵,   tʰo¹¹lɯ¹¹   pɚ⁵⁵lɚ³³   tʰʊ⁵⁵
嗉   ……里   EXIST INF   鸽子   嗉   掏
bɯ³³   næ¹¹   ʂɤ⁵⁵   me¹¹   tse⁵⁵.
去   应该   说   AUX   QUOT

说那个没有的米粒呢，它就在鸽子的嗉里，去掏鸽子的嗉吧！

a 140

e⁵⁵,   tʰo³³lɯ¹¹   pɚ⁵⁵lɚ³³   tʰʊ⁵⁵   bi⁵⁵   ze⁵⁵je³³,   tʂʰwa³³   dɯ³³hɤ³³be³³
停顿   鸽子   嗉   掏   后   停顿   米   全部
le³³   sɿ⁵⁵   mæ³³   me¹¹   tse⁵⁵.
DIR   捡   得到   AUX   QUOT

说是掏了鸽子的嗉，又捡到了（丢失的）米粒。

a 141

tʰɯ³³ze⁵⁵je³³,   mi⁵⁵   tʰɯ³³   tʰa³⁵   jɤ⁵⁵,   tʰa³⁵   jɤ⁵⁵
停顿-接着   女儿   回指   3SG.poss 给   3SG.poss 给

bi⁵⁵	ze⁵⁵	nɯ³³,	i⁵⁵kʰɯ¹¹	i⁵⁵	bv̩³³	me¹¹
后	停顿	TOP	被子	睡	FUT	CERT

ze⁵⁵je³³,	sæ³³	ɲæ¹¹	gv̩³³	se¹¹	tsɿ⁵⁵we³³,
停顿	三（CH）	年(CH)	满（三年）	PFV	REP

这样，说把女儿嫁给了他家，将要坐月子已经三年了（还没有生），

a 142

me³³ze³³je⁵⁵	i⁵⁵kʰɯ¹¹	mɤ³³	i⁵⁵	tsɿ⁵⁵	we³³.
COMP	被子	不	睡	REP	PART

但还生不出来。

a 143

tʰɑ³⁵	ə³³	bɑ³³	tʰɯ³³	ze⁵⁵	sɿ³³	me³³	ze⁵⁵je³³,	ʂɤ⁵⁵	mɤ³³
3SG.poss	亲属前缀	父	回指		知道	AUX	停顿	说	NEG

jɤ⁵⁵	tsɿ⁵⁵we³³,	ɤ¹¹pʰe³³	tʰɯ³³.
给	REP	岳父	回指

她的父亲呢知道（为什么还不生），但不告诉他（老三）这个岳父。

a 144

je⁵⁵,	ɤ¹¹me³³	nɯ⁵⁵	tʰe³⁵	ʂɤ⁵⁵	jɤ⁵⁵	mɤ³³	ndə³³
停顿	岳母	A	DUR	说	给	NEG	应该

mɑ³⁵,	ʂɤ⁵⁵	ze⁵⁵je³³,	ʂɤ⁵⁵	je³³	ʂɤ⁵⁵	bɤ¹¹	nɑ⁵⁵,
	说	停顿	说	AUX	说	将去	但是

ʂɤ⁵⁵	je³³	ʂɤ⁵⁵	bɤ¹¹	wɤ³³	ʂɤ⁵⁵	me³³。	hwɑ⁵⁵le¹¹
说		说	将去	IND	说	AUX	猫

dɯ³³	me³³	ze⁵⁵je³³	tswɑ¹¹	bv̩¹¹	bv̩³⁵	tsɿ⁵⁵we³³.
一	CLF	停顿	床	……下	钻	REP

（他的）岳母说，说是应该说给他，但是说是会说给他（老三），（这时）有一只猫呢钻在床底下。

a 145

dzi³³bɤ³³　　dɯ³³　　me³³　　ze⁵⁵　　kʰu³³　　cɚ¹¹　　　　ha⁵⁵　　tsɿ⁵⁵　　　　mɤ¹¹，
蝙蝠　　　　一　　　CLF　　停顿　　门　　　……上　　栖息　　REP　　　　MIR
说是有只蝙蝠停在门框上面，

a 146

tʰɯ³³　　　ȵi³³　　　me³³　　nɯ³³　　ze⁵⁵je³³，　tʰa³⁵　　ljæ³³kʰɤ³³tsɿ³³　　ȵi³³
DEM　　　二　　　CLF-只　A　　　停顿　　　　他们　　两口子（CH）　　　　二

kʋ⁵⁵　　　tʰɯ³³，
CLF-个　回指

a 147

zo³³　　　gɤ³³　　Y¹¹pʰe³³　Y¹¹me³³　ȵi³³　　kʋ⁵⁵　　tʰɯ³³　　ze⁵⁵je³³，　cæ³³cʋ⁵⁵
男　　　POSS　　岳父　　　岳母　　　二　　　CLF-个　回指　　　停顿　　　　说话

ni³⁵　　　tsɿ⁵⁵we³³.
进行体 REP

男人的岳父岳母两人正商量着，

a 148

ma¹¹　　pʰɚ¹¹　　sɿ⁵⁵　　lʋ³³　　tse¹¹　　je³³，　　bɤ³³　　ndʋ³³　　sɿ⁵⁵
油脂　　白　　　　三　　　CLF　　用　　　停顿　　　粗　　　桩子　　　三

lʋ³³　　　tse¹¹　　je⁵⁵　　ha³³　　çi³³　　to³³ma³³　　sɿ⁵⁵　　kʋ³³　　ma⁵⁵ma³³.
CLF　　用　　　　粮食　　人　　　人偶　　三　　　　　CLF　　制作

用三坨酥油，制作三个面偶。

a 149

çɤ⁵⁵ kɤ⁵⁵ sɿ³³ pɤ¹¹ tse¹¹ je⁵⁵, tʰɑ⁵⁵ le³³ pʋ¹¹
柏　　枝　　三　　　CLF　　用　　停顿　　塔　　DIR　　祭

bɯ³³ næ¹¹, tʰɯ³³ze⁵⁵je³³ bɤ¹¹tɤ⁵⁵ le³³ ci³³hɤ¹¹ lɯ³³ tsɑ¹¹ tsɿ⁵⁵
将去　应该　　停顿　　　　外面　　DIR　放置　来　INFR　REP

we³³.

回去用三根柏枝去祭塔，这样她就能生出来了。

a 150

tʰɯ³³ze⁵⁵je³³, hɑ³³ çi³³ to³³mɑ³³ sɿ⁵⁵ lɤ³³ mɑ⁵⁵mɑ³³
停顿　　　　粮食　　人　　面偶　　三　CLF　　制作

ɲɟɤ³⁵ tɕʰi¹¹ tsɿ⁵⁵ mɤ¹¹.
生　　来　　QUOT　MIR

这样，因制作了三个面人形偶，（孩子）就生下来。

ɲɟɤ³⁵是ɲɟɤ¹¹ʰle³³的合音。

a 151

e⁵⁵, ɲɟɤ³⁵ tɕʰi¹¹ me¹¹nɯ³³ kɯ³³tʂɯ¹¹ kʋ⁵⁵ ze⁵⁵je³³, ɲɟɤ³⁵
停顿　生　　来　　CERT　　　说话　　　会　停顿　　　生

tɕʰi¹¹ tʂʰɯ³³ kʰɑ¹¹ nɯ³³ ze⁵⁵je³³.
来　　DEM　　时候　TOP　停顿

嗯，一生下来，一生下来就会说话。

a 152

zo³³ dɯ¹¹ ze⁵⁵je⁵⁵ gʋ³³dzɿ¹¹, je⁵⁵, gʋ³³dzɿ¹¹ be³³
男人　　大　　停顿　　　藏族　　停顿　　藏族　　　ADV

kɯ³³tʂɯ¹¹　tɕʰi¹¹　tsʅ⁵⁵　mɤ¹¹.
说话　　　来　　REP　　MIR

说长男是藏族，说出了藏语。

a 153

ta³³li⁵⁵jɤ³³ma¹¹dzo³³　ʂɤ⁵⁵　　be³³　ze⁵⁵je³³,　kæ³³　kɯ³³tʂɯ³⁵　tɕʰi³⁵
ta³³li⁵⁵jɤ³³ma¹¹dzo³³　说　　ADV　停顿　　前　　说话　　　来
tsʅ⁵⁵we³³.　　　　　　ɲɟɤ³⁵　tɕʰi³⁵　tʂʰɯ³³　　kʰa¹¹　nɯ³³.
REP　　　　　　　　　生　　来　　DEM　　　时候　　LOC

说是一生一下来就说 *ta³³li⁵⁵jɤ³³ma¹¹dzo³³*。

a 154

lo³³ɚ⁵⁵　　　ze⁵⁵je³³　le³³bʋ³³,　ta³³nɯ³³dzo³³kʋ³³Y¹¹　ʂɤ⁵⁵　tɕʰi³⁵　tsʅ⁵⁵
老二（CH）　停顿　　白族　　——　　　　　　　　　说　　来　　REP
mɤ³³.

老二呢是白族，说出了 *ta³³nɯ³³dzo³³kʋ³³Y¹¹*。

a 155

lo³³sæ³³　　ze⁵⁵je³³　nɯ³³　na¹¹ɕi³³　be³³　kɯ³³tʂɯ¹¹　je⁵⁵　ʐwa³³　pʰɚ¹¹
老三（CH）　停顿　　句尾　纳西　　ADV　说话　　　停顿　马　　白
ə³³kʰɯ¹¹　kʰæ³³　jɤ³³　ʂɤ⁵⁵　me¹¹　tsʅ⁵⁵　mɤ¹¹.
蔓菁根　　咬　　VIS　说　　CERT　QUOT　MIR

老三呢说的是纳西语"白马在吃蔓菁根"。

a 156

je⁵⁵,　na¹¹ɕi³³　le³³　mu⁵⁵　bi⁵⁵　gɤ³³　tʰɯ⁵⁵　ɲi³³　　tʰɯ³³,
停顿　纳西　　DIR　去世　后　ATT　回指　天　　回指

mu⁵⁵	pv̩⁵⁵	ni¹¹	tʰɯ³³	kʰa¹¹	tʰɯ³³,	ze⁵⁵	ci³³he³³	tʰa⁵⁵
去世	送（魂）	PROG	DEM	时候	回指	停顿	（名字）	可以

mi³³	bu⁵⁵	ʂɤ⁵⁵	le³³	tɕʰi¹¹	ʂɤ⁵⁵	tʰɯ³³	ze⁵⁵je³³,	u⁵⁵tʰɯ³³
听	ADV	说	DIR	来	说	回指	停顿	DEM

to⁵⁵	nɯ³³	tɕʰi¹¹	me¹¹	tse⁵⁵.
……上	从格	来	CERT	QUOT

嗯，纳西人去世的时候呢，

bu⁵⁵同 bɤ⁵⁵

a 157

e⁵⁵,	tʂʰɯ³³	tja⁵⁵	ze⁵⁵	tʰo³³lo³⁵	pa³³	me¹¹	se¹¹.
停顿	DEM	CLF	TOP	DEM	到达	CERT	PFV

这个故事呢就到这里了

b.出嫁的纳西女子

发音人：和廷武

b 1

ə³³be³³ʂɤ⁵⁵be³³	tʰɯ³³	çi³³	hɯ³⁵	mi⁵⁵	dɯ³³	kv̩⁵⁵	bə³³	tʰv̩⁵⁵,
从前	REP	人	富有的	女儿	NUM	CLF	宴席	举办

从前有一个富人家的女儿结婚，

b 2

me³³ze⁵⁵,	mæ⁵⁵	tʰɯ³³	ɲi³³	ze⁵⁵,	zo³³	tʂʰɯ³³	ʝe³⁵	nɯ³³,
停顿	后面	DEM	天	停顿	男	DEM	家	A

但是第二天，这家男的，

b 3

mi⁵⁵ tʂʰɯ³³ kʋ⁵⁵ tʂʋ³³ bɤ⁵⁵, zʋ³³gʋ³³ dɯ³³ tʰɯ⁵⁵ kʋ³³ pɑ³³ ze⁵⁵,
女儿 DEM CLF 接 ADVB.DYN 路 NUM 半路 LOC 到达 停顿
接着这个姑娘，走到半路后，

b 4

mi⁵⁵ tʂʰɯ³³ kʋ⁵⁵ nɯ³³ ʂɤ⁵⁵ me³³ o³³jo³³！
女儿 DEM CLF A 说 AUX 哎呀
这个女的说：哎呀！

b 5

ŋɤ³³ gɤ³³ ŋʋ¹¹ pɚ⁵⁵ dɯ³³ pɑ³³ jɑ³³ko³⁵ mi⁵⁵ hɯ¹¹ jɤ³³.
1SG POSS 银 梳子 NUM 把-CL 家里 忘 去 VIS
我的一把银梳子忘在家里了，

b 6

tsɿ⁵⁵ le³³ to³³pe³³ dɯ³³ ly¹¹ nɯ³³ ze⁵⁵,
QUOT DIR 颠倒 NUM 看 A 停顿
回头一看，

b 7

dɯ¹¹ kʰɑ¹¹ nɯ³³, mɯ³³ ŋgʋ³³ lɑ⁵⁵tsʰe³³ko¹¹ ne¹¹ be³³ bɤ⁵⁵ le³³ tɕʰi¹¹,
NUM 时后 停顿 天 打雷 响 PROG ADV DIR 来
一时之间雷声响彻，

b 8

ze³³ dɯ³³ gɤ³³ hæ³³ dɯ³³ dɯ³³ mbɑ³³ tʰʋ³³ le³³ tɕʰi¹¹,
很 大 POSS 风 大 NUM CLF 吹 DIR 来

一阵大风刮了起来，

b 9

tṣʰɯɹ³³me³³ʂɯ⁵⁵　hæ³³　dɯ³³　mba¹¹　nɯ³³　nɯ⁵⁵　bɤ⁵⁵.
媳妇　　　　　风　　NUM　CLF　　A　　卷　　去
大风把新娘刮到。

b 10

æ¹¹　wɤ³³bɤ¹¹　tʰe¹¹　cʰɤ⁵⁵　me¹¹　tsɿ⁵⁵wɤ³³,
悬崖　峭壁　　LOC　　贴　　CERT　REP
悬崖上，

b 11

lv³³pa³³　dɯ³³　lɤ³³　pjɤ³³　me¹¹　tse⁵⁵　　mæ⁵⁵ŋgu³⁵　ze⁵⁵,
石头　　NUM　看　　变成　CERT　QUOT　之后　　　停顿
变成了一块石头。

b12

æ¹¹　ku̠³³　cʰjɤ⁵⁵　gɤ³³　lv³³pa³³　tʂʰu³³　lɤ³³　kɯ³³tʂɯ³³　kv⁵⁵　me¹¹　tse⁵⁵,
悬崖　LOC　贴　　POSS　石头　　　DEM　　CL　　说话　　　　会　　CERT　QUOT
贴在悬崖上的那块石头开始会说话了，

b 13

bu¹¹　nɯ³³　lɯ³³　ndu̠³³　jɤ³³,　æ¹¹　nɯ³³　lɯ³³　pʰæ⁵⁵　jɤ³³,
猪　　A　　田　　挖　　　VIS　鸡　　A　　田　　扒　　VIS
猪在拱地，鸡在扒地，

b 14

tʰɯ³³ nɯ³³ kɯ³³tʂɯ¹¹ bɤ⁵⁵ tɕʰi¹¹ tʂʰɯ³³ kʰʋ⁵⁵ lɯ⁵⁵ wa¹¹ ze⁵⁵.
3SG　A　说话　　　ADV　来　DEM　年　　　COP　停顿
只要她开始说话，那一年，

b 15

ba³³ɟi¹¹ kʰwa¹¹ kʋ⁵⁵ me¹¹ tse⁵⁵,
庄稼　　坏　　会　CERT QUOT
庄稼就会变得不好，

b 16

mbe³³　ko⁵⁵　　　ɕi³³ nɯ³³ ndʑ¹¹ be³³ je⁵⁵,
村　　　之间　　　人　　A　　讨厌　ADV　AUX
因为村里的人讨厌她，

b 17

mi³³　kʰɯ⁵⁵ je⁵⁵　　ʂu⁵⁵ na¹¹ me¹¹ tse³³,
火　　放　　CONJ　熏　　黑　　CERT QUOT
所以放火把这石头熏黑，

b 18

tʰɯ³³ ŋgu¹¹　　ze⁵⁵ mɤ³³ kɯ³³tʂɯ¹¹ hɯ¹¹ jɤ³³ tse⁵⁵,
DEM　……之后　停顿　NEG　说话　　　FUT　VIS　QUOT
之后，她就不再说话了，

b 19

ba³³ɟi¹¹ le³³　kɑ³³ se¹¹　tse⁵⁵,
庄稼　　DIR　好　　PFV　QUOT
庄稼也变好了。

b 20

na¹¹ɕi³³　mi⁵⁵　mʏ¹¹tʏ⁵⁵　jɤ⁵⁵　ze⁵⁵　le³³　cʏ¹¹　lʏ³³　mɤ³³　ndu³³,
纳西　　女　　外面　　　嫁　　停顿　DIR　回　看　NEG　能
纳西女孩出嫁时是不兴回头，

b 21

tʰɯ³³　tʰɯ³³　to⁵⁵　nɯ³³　tɕhi¹¹　me¹¹　tse⁵⁵.
DEM　TOP　LOC　ABL　来　CERT　QUOT
就是从这个故事开始的。

c. 女妖怪的故事

发音人：罗秀红

c 1

ə³³be³³ʂɚ⁵⁵be³³　tʰɯ³³ze⁵⁵,　bu¹¹me⁵⁵ʂɯ³³tsʰɯ³³　ɲɟʏ¹¹　tsɿ⁵⁵　we³³.
古时候　　　　停顿　　女妖　　　　　　EXIST　QUOT　IND
据说古时候有女妖。

c 2

e⁵⁵!　ə³³me³³　dɯ³³　kʋ⁵⁵　tʂʰɯ³³　zʏ⁵⁵ʏ¹¹　ɲi³³　kʋ⁵⁵　ɲɟʏ³³.
PRT-停顿　母亲　NUM.　CL.　DEM.　孩子　NUM.　CL.　EXIST
嗯，有个母亲有两个孩子。

c 3

je⁵⁵,　ja³³ko¹¹　cʰʏ¹¹　je⁵⁵,　ja³³ko¹¹　ha³³　ndʐ³³　tso³³　mɤ³³　ɟʏ³³,　je⁵⁵,
停顿　家 LOC　穷 CH　停顿　家里　粮　吃　NOM NEG　EXIST　停顿
家里很穷，连饭都吃不起，

c 4

hɑ³³ me⁵⁵ ʂɤ⁵⁵ tsʅ⁵⁵ wɤ³³, e⁵⁵, hɑ³³ ʂu¹¹ hɑ³³ me⁵⁵, ɑ⁵⁵ɑ¹¹?
粮食 讨 说 QUOT IND 停顿 粮食 找 粮食 讨 是不是
说是去讨饭，嗯……讨饭要饭，是不是？

c 5

me³³ze⁵⁵je³³, ŋɤ¹¹ lɤ³⁵ mɤ³³ luɯ³³ ze⁵⁵ kʰu³³ pʰu³³ mɤ³³
但是 1SG 回 NEG 来 那么 门 开 NEG

ɲi¹¹ ʂɤ⁵⁵ tsʅ⁵⁵ wɤ³³.
应该 说 REP 肯定句尾

说如果我没回来的话就不要开门。

c 6

me³³, ə³³me³³ tʰɯ³³ kʋ⁵⁵ mY¹¹tY⁵⁵ hɯ³³ tʰɯ³³ sʅ³³ je⁵⁵,
但是 母亲 DEM. CL. 外面 去 DEM. 知道 因此

但是（女妖）知道这个母亲出去了，所以呢，

c 7

bu¹¹me⁵⁵ʂɯ⁵⁵tsʰʅ³³ tʂʰɤ³³ kʋ⁵⁵ nɯ³³ dɯ³³ bɤ¹¹ ɯ³³ kʰɯ⁵⁵ tse⁵⁵
女妖 DEM. CLF A 一 地方 观察 INFR QUOT

je⁵⁵,
所以

说是这个女妖在什么地方观察，

c 8

tʰɑ³⁵ko¹¹ tɕʰi³⁵ tsʅ⁵⁵ we³³, kʰu³³ tY³³tY³³ tɕʰi³⁵ tsʅ³³ wɤ³³,
他家 来 REP 肯定句尾 门 敲 来 REP 肯定句尾

据说来到他们家敲门。

c 9

me³³, kʰu³³ tʏ³³tʏ³³ tɕʰi³⁵ tsɿ⁵⁵ me³³,
停顿　门　敲　　　来　　REP　但是

来敲门，但是，

c 10

ŋa³⁵ mo³³ mɤ³³ wa¹¹ je⁵⁵ kʰu³³ pʰu³³ jɤ⁵⁵ mɤ³³ bɯ³³ ʂɤ⁵⁵
1SG 妈 NEG COP 因此 门 开 给 NEG 去 说

tsɿ⁵⁵ wɤ³³.
REP 肯定句尾

说不是我们的妈妈所以不给你开门。

c 11

me³³, ŋa¹¹ na³⁵ mo³³ mɤ³³ je³³, kʰu³³ pʰu³³ jɤ⁵⁵ ʂɤ⁵⁵ mʉ³³
停顿 1SG 2PL 妈妈 肯定句尾 所以 门 开 给 说 CERT

tsɿ⁵⁵ wɤ³³.
QUOT 肯定句尾

说我是你们的妈妈，给我开门。

c 12

nɯ¹¹ la¹¹tsɚ⁵⁵ kʰu³⁵ tʂʰu³³ ne³⁵ ʂɤ⁵⁵ tsɿ⁵⁵ me³³, la¹¹tsɚ⁵⁵
2SG 手 LOC 里面 句尾 说 REP PRT 手

kʰu¹¹ tʂʰu¹¹ tɕʰi¹¹ tsɿ⁵⁵ wɤ³³.
里 伸 来 REP 肯定句尾

你把手伸进来，接着（女妖）就把手伸了进来。

c 13

me³³, bu¹¹me⁵⁵ʂɯ³³tsʰɿ¹¹ tʰɯ³³ ze³³ la¹¹tsɚ¹¹ fʋ³³ tʰe¹¹ pa³³ tse⁵⁵.
但是 女妖 DEM. TOP 手 毛 DUR 长 QUOT
但说是女妖的手上长着毛。

c 14

e⁵⁵, zɤ⁵⁵zɤ¹¹ tʂʰɯ³³ ɲi³³ kʋ⁵⁵ nɯ³³ ŋa³⁵ mo³³ la¹¹tsɚ⁵⁵
停顿 孩子 DEM NUM CLF A 我的 妈 手

fʋ³³ mɤ³³ pa³³,
毛 NEG 长

这两个小孩就说我妈妈的手上没有毛,

c 15

kʰu³³ pʰu³³ jɤ⁵⁵ mɤ³³ bɯ³³ ʂɤ⁵⁵ me¹¹ tsɿ⁵⁵ wɤ³³.
门 开 给 NEG 去 说 肯定句尾 REP 肯定句尾
不给你开门。

c 16

bu¹¹me⁵⁵ʂɯ³³tsʰɿ³³ tʂʰɯ³³ kʋ⁵⁵ nɯ³³ la¹¹tsɚ⁵⁵ fʋ³³ pɚ¹¹ bi⁵⁵ ze⁵⁵,
女妖 DEM. CLF A 手 毛 拔 然后 停顿
这个女妖把手上的毛拔了以后,

c 17

ɯ⁵⁵ tsʰɿ³³ tʰe¹¹ so⁵⁵ je³³, la¹¹tsɚ⁵⁵ kʰu¹¹ tʂʰu³³ tɕʰi³⁵ tsɿ⁵⁵ wɤ³³.
灰 热 DUR 搓 手 LOC 伸 来-VIS REP 肯定句尾
说是把热灰搓手上,把手伸进来。

c 18

kɯ³³	tʂʰɯ³³	gʋ³³	nɯ³³	ze⁵⁵	kʰu³³	pʰu³³	jɤ⁵⁵	mɤ³³
聪明	DEM.	CL.	A	TOP.	门	开	给	NEG

ȵi¹¹,	ə³³mo³³	mɤ³³	wa¹¹	mɤ³³	ʂɤ⁵⁵	tsɿ⁵⁵me³³,
应该	妈妈	NEG.	COP	肯定句尾	说	REP

聪明的那个小孩呢说不要给她开门，不是妈妈，

c 19

dɯ³³mæ¹¹	ndo³⁵	tʂʰɯ³³	kʋ⁵⁵	nɯ³³	ə³³mo³³	wa¹¹	jɤ³³,
稍微	傻	DEM.	CL.	A	妈妈	COP	VIS

ə³³mo³³	lɤ³³u⁵⁵	tɕʰi¹¹	jɤ³³	tse⁵⁵	kʰu³³	pʰu³³	jɤ⁵⁵
妈妈	回	来	句尾亲见	QUOT	门	开	给

me¹¹	tsɿ⁵⁵	wɤ³³.
句尾	REP	肯定句尾

傻一点儿的的那个小孩说是妈妈，妈妈回来了，就给她开了门。

c 20

tʰe⁵⁵	kʰu³³	pʰu³³	bi⁵⁵	ze⁵⁵,	ci⁵⁵	tʂʰɯ³³	gʋ³³	ze³³
于是	门	开	后	停顿	小的	DEM.	CLF	停顿

ə³³me³³	kɤ⁵⁵	i⁵⁵,
妈妈	P	睡

说是开了门之后小的孩子跟"妈妈"睡床头，

c 21

dɯ¹¹	tʂʰɯ³³	gʋ³³	ze⁵⁵	kʰɯ³³	mæ³³	i⁵⁵	tsɿ⁵⁵	wɤ³³,
大的	DEM.	CL.	停顿	脚	尾	睡	REP	肯定句尾

大的这个小孩呢睡床尾。

c 22

me³³, hu¹¹kʰɯ³³ dɑ¹¹ gʊ³³ ze⁵⁵, kɚ¹¹tɚ¹¹lɚ¹¹ kɚ³³tɚ³³lɚ³⁵
停顿　半夜　　　差不多　到　停顿　拟声词　　　拟声词

kʰæ³³ ni³⁵ tsɿ⁵⁵ wɤ³³,
咬　　PROG　REP　肯定句尾

到了半夜听到啃咬的声音，

c 23

je⁵⁵, ə³³mo³³, ə³³tsɿ³⁵ ndʐɿ³³ me¹¹ le³³ ʂɤ⁵⁵ tsɿ⁵⁵
停顿　妈妈　　　什么　　吃　　PROG INT　说　REP

me³³, dɑ³³dʏ³³ lʏ³³ kʰæ³³ mɤ³³ ʂɤ⁵⁵ tɕʰi³⁵ tse⁵⁵,
停顿　蚕豆　　　果　　啃　　PROG　说　来　QUOT

说"妈妈在吃什么呢？"（女妖）回答说："在啃蚕豆呢！"

c 24

je⁵⁵ ə³³mo³³, ŋɤ³⁵ mæ¹¹ jɤ⁵⁵ ʂɤ⁵⁵ tsɿ⁵⁵ me³³,
停顿　妈妈　　　1SG　点儿　给　说　REP　停顿

说："妈，给我一点。"

c 25

lɑ³³dʐɿ¹¹kʊ⁵⁵ ne³⁵gɤ³³ lɑ³³ȵɤ¹¹lɑ³³me³³ dɯ³³ mæ¹¹ jɤ⁵⁵ tɕʰi³⁵ tsɿ⁵⁵we³³.
指甲　　　　　CONJ　手指　　　　　　　NUM.　点儿　给　来　QUOT 肯定句尾

给了她一点儿手指头和指甲。

c 26

je⁵⁵, ə⁵⁵ tʂʰɯ³³ kʊ⁵⁵ tʂʰɯ³³…… zʏ⁵⁵zʏ¹¹ tʂʰɯ³³ kʊ⁵⁵ tʰɯ³³
停顿　前缀　DEM. CLF　DEM.　　　孩子　　　DEM. CLF　TOP.

那个人……那个小孩呢，

c 27

bu¹¹me⁵⁵ʂɯ³³ tsʰʅ¹¹	tʰɯ³³	sʅ³³	je⁵⁵,	zɚ³³	je⁵⁵,
女妖	TOP.	知道	因为	害怕	因为

因为知道是女妖，因为害怕，

c 28

dɯ³³	ha⁵⁵	be³³	mɤ³³	lʏ⁵⁵lʏ³³	tʰe¹¹	bjɤ³⁵	ʂɤ⁵⁵	kʰɯ⁵⁵
NUM.	CL.	ADV	NEG	动弹	DUR	杵（着）	说	INF

jɤ³³	wɤ³³,
VIS	肯定句尾

一整晚一动不动的躺着。

c 29

me³³,	mæ⁵⁵	tʂʰɯ³³	so³⁵	ze⁵⁵	gu³³me³³	tʂʰɯ³³	kʊ⁵⁵	ndʑ³³
但是	后	DEM.	早晨		妹妹	DEM.	CL.	吃

se³³	bɤ⁵⁵	hɯ³³	se³³	tse⁵⁵	mɤ³³	ʝʏ³³	se¹¹.
CMPL	ADV	去	CMPL	QUOT	NEG	EXIST	CMPL

第二天妹妹被吃掉了（妖怪也走了），故事讲完了。

d. 乌鸦和青蛙的故事

发音人：和廷武

d 1

ə³³be³³ʂɚ⁵⁵be³³	tʰɯ³³	le³³kæ¹¹	pa³³cɤ³³	dɯ³³hɤ³³	be³³	cæ³³cʏ⁵⁵
古时候	TOP	乌鸦	蟾蜍	全部	ADV	说话

kʊ⁵⁵	tsʅ⁵⁵	mʊ³³.
会	REP	肯定句尾

古时候乌鸦、青蛙都会说话。

d 2

je^{55}　dɯ^{33}　ɲi^{33}　gʋ^{33}　ze^{55}　le^{33}kæ^{11}　dɯ^{33}　me^{33}　nɯ^{33}　ze^{55},
停顿　NUM.　CL.　到　TOP　乌鸦　NUM.　CLF　A　停顿

有一天一只乌鸦,

d 3

pa^{33}cɤ^{33}　dɯ^{33}　me^{33}　mbu^{11}　bɤ^{55}　tɕʰi^{11}　ze^{55}, pa^{33}cɤ^{33}　tʂʰɯ^{33}　me^{33}　ndʐɿ^{33}
青蛙　NUM　CLF　叼　ADV　来　　青蛙　DEM　CLF　吃

næ^{33}ʋ^{35}.
打算

叼来一只青蛙,打算把它吃了。

d 4

me^{33}ze^{55}, pa^{33}cɤ^{55}　tʂʰɯ^{33}　me^{33}　nɯ^{33}, se^{35}　ʂɤ^{55}　tsɿ^{55}　le^{33},
但是,　青蛙　DEM.　CLF　A　如何　说　QUOT　INT

但是这只青蛙怎么说的呢？

d 5

nɯ^{11}　ŋɤ^{11}　ndʐɿ^{33}　mɤ^{33}　ɲi^{35}　se^{33},　ŋa^{11}　tʰɯ^{33}　pa^{33}　ʂɯ^{33}
2SG　我　吃　NEG　可以　建议句尾　1SG　TOP　青蛙　肉

tsʰe^{33}　kʰa^{33}　mɤ^{33}　je^{55},
盐　苦　肯定句尾　停顿

你先别吃我,我的肉是咸的,所以说到,

d 6

ji^{11}　cʰi^{55}　dɯ^{33}　lɯɹ^{33}　pa^{33}　ʂɯ^{33}　dɯ^{33}　lɯɹ^{33}　ndʐɿ^{33}
水　冷　NUM.　CLF　蛙　肉　NUM.　CLF　吃

næ¹¹	mɤ³³	ʂɤ⁵⁵	ze⁵⁵,
应该	IND	说	停顿

应该吃一口蛙肉喝一口冷水。

d 7

mbu¹¹	bɤ⁵⁵	ze⁵⁵	ɟi³³ha¹¹	kʰɤ³³	kʰu³³	nɯ³³	ta⁵⁵	ndʐ̩³³
扛	去	停顿	河水	沟	旁边	LOC	仅仅	吃

bɯ³³	næ¹¹	tsɿ⁵⁵	ʂɤ⁵⁵	me¹¹	ma³⁵.
去	应该	QUOT	说	句尾	句尾

（于是，乌鸦）打算把它叼到河水边儿上再吃。

d 8

tʰe³⁵ze⁵⁵ɟe³³	le³³kæ¹¹	nɯ³³	cʏ⁵⁵mi³³	ze⁵⁵,	ə³³sɿ⁵⁵	wa¹¹	cʏ⁵⁵mi³³
然后……	乌鸦	TOP	认为	停顿	确实	COP	认为

je⁵⁵	mbu¹¹	bɤ⁵⁵	ze⁵⁵,	ɟi³³ha¹¹	kʰɤ³³	kʰu³³	nɯ³³
停顿	叼	去	停顿	河水	沟	旁边	LOC

ndʐ̩³³	bɯ³³	næ¹¹ʋ³⁵.
吃	去	打算

乌鸦呢觉得确实很有道理，准备把它叼到河边再吃。

d 9

ə³³sɿ⁵⁵	wa³⁵	cʏ⁵⁵mi³³	je⁵⁵,	mbu¹¹	bɤ⁵⁵	o⁵⁵tʰo¹¹	pa³³	ze⁵⁵,
确实	COP	认为	停顿	叼	ADV	那里	到达	停顿

le³³kæ¹¹	ɟi³⁵	lɯ³⁵	le³³	tʰɯ¹¹	ne¹¹,
乌鸦	水	口	DIR	喝	PROG

觉得很有道理，把它叼到水边呢，趁乌鸦喝口水

d 10

pɑ³³	tʂʰɯ³³	me³³	nɯ³³	pjɤ³⁵	tsʅ⁵⁵	ɣ¹¹	ne¹¹	ə⁵⁵tʰo¹¹
蛙	DEM.	CLF	A	拟声词	REP	拿	PROG	那里

ʝi¹¹	lo³⁵	mɯ¹¹	tsʰo³³	bi⁵⁵.
水	LOC	下	跳	后

这只青蛙"啪"的一声跳进了水里。

d 11

ə³³ʝi³³	le³³kæ³³	nɯ³³	tʰe³³be³⁵	ʂɤ⁵⁵	tʂʰɯ³³,	pɑ³³	kʰwɑ¹¹,	pɑ³³
现在	乌鸦	A	如此	说	DEM.	蛙	坏	蛙

kʰwɑ¹¹,	pɑ³³	kʰwɑ³⁵	ʂɤ⁵⁵	ʂɤ⁵⁵	mʊ³³.
坏	蛙	坏	说	说	AUX

所以说现在乌鸦这么叫：坏青蛙坏青蛙。

e. 阿一旦

发音人：和志强

e 1

ə³³be³³ʂə⁵⁵be³³	tʰɯ³³ze⁵⁵	mu³⁵lɑ³³i¹¹	dɯ³³	gʊ³³	ɲʝɤ¹¹,	ə⁵⁵i³³ndæ⁵⁵
从前	PAUSE	木老爷-CH	NUM.	CLF	EXIST	阿一旦

tʰɯ³³ze⁵⁵	mu³⁵lɑ³³i¹¹tʰɑ³⁵	gɤ³³	tsʰæ¹¹ku³³,	sjɑ³³ku³³,	kɑ⁵⁵zo³³
DEM. TOP	木老爷 他家的	GEN	长工-CH	小工	佣人

be³³	ni¹¹	dɯ³³	gʊ³³	wɑ¹¹.
做	PROG	NUM.	CL.	COP.

从前有一个叫木老爷的人，阿一旦呢是一个他家的长工。

e 2

e^{55}ze^{55}， ə^{55}i^{33}nduɹ^{55} tʰɯ^{33} ze^{55} pi^{33}cɑ^{55} tso^{33}mi^{35} dɯ^{33} gʋ^{33} wɑ^{11}，
PRT 阿一旦 DEM. TOP 比较-CH.聪明-CH-POSS NUM.CLF COP
阿一旦是个比较聪明的人，

e 3

ze^{55}je^{33}nɯ^{33}， bʋ^{11}tsʰɿ^{33}ɲi^{33} be^{33} çi^{33} kwɑ^{33} bɤ^{55} tɑ^{55} mi^{33}， je^{55}，
停顿 每天 ADV 人 骗 FUT 仅仅 想 于是
他每天想着怎么去骗人，于是，

e 4

dɯ^{33} ɲi^{33} ze^{55}nɯ^{55}， mu^{35}lɑ^{33}i^{11} nɯ^{33} ze^{55}， ə^{55}i^{33}nduɹ^{55}，
NUM. CLF TOP 木老爷-CH A TOP 阿一旦
ə^{55}i^{33}nduɹ^{55}， (nɯ^{11} tʂʰɯ^{33} ɲi^{33}) nɯ^{11} ʝæ^{35} çi^{33} kwɑ^{33} ɯ^{33}
阿一旦 2SG DEM. 天 2SG 很 人 骗 擅长的
je^{55}nɯ^{33} ze^{55}，
有一天，木老爷说道"阿一旦，阿一旦，既然你骗人那么厉害，

e 5

tʂʰɯ^{33} ɲi^{33} ze^{55} ŋɑ^{11} cʰə^{33} ndʐɿ^{33} tsɚ^{11} be^{33} ŋɤ^{11}
DEM. 天 TOP. 1SG 屎 吃 CAUS ADV. 1SG
dɯ^{33} kwɑ^{33} ne^{11} lu^{33} æ^{55}！ tʰjɤ^{33} be^{33} sɤ^{55}，
NUM. 骗 PROG 来 句尾 如此 ADV. 说
（有本事）你今天骗一次我，让我吃屎"，他这么说的。

e 6

e^{55} ə^{55}i^{33}nduɹ^{55} nɯ^{33} ŋɑ^{35} i^{33} mɤ^{33} mæ^{11} me^{55}，
PRT 阿一旦 A. 1SG TOP. NEG 有空 EMPH

ŋɤ³⁵   i³³   çi³³   kwɑ³³   mɤ³³   mæ¹¹,
1SG   TOP.   人   骗   NEG   有空

阿一旦说："我哪有时间呀，我哪有时间骗人，

e 7

tʂʰɯ³³   ɲi³³   ŋɤ¹¹   ɟæ³⁵   ci³³kæ¹¹   mɤ³³   je⁵⁵   ŋɑ¹¹   lo³⁵
DEM.   天   1SG   很   忙   肯定句尾 所以   1SG   （干）活

se³³   be³³   bɯ³³   ndə³³,   je⁵⁵   mɤ³³   mæ¹¹.
先   做   FUT.   应该   所以   NEG   有空

今天我很忙，还得先干活，所以没时间"。

e 8

bi⁵⁵   ze⁵⁵je³³,   bɯ³⁵   kʰɑ¹¹   mɤ³³   gʋ³³   nɯ³³   ze⁵⁵je³³,
接着-CONJ   PRT   多——   时间   NEG   到   停顿   PRT

mu³⁵lɑ³³i¹¹   tʰɑ³⁵   gɤ³³   ji³³də¹¹   lo¹¹,
木老爷-CH.   他家的   GEN.   宅子   INESS.

接着呢，没过一会儿（阿一旦）就跑到木老爷家里，

e 9

jɑ³³ko³³   nɯ³³   ze⁵⁵je³³   gʋ³³nɑ³³   gɤ³³   mʋ⁵⁵kʋ¹¹   dɯ³³   u¹¹   tʰe¹¹
家里   LOC   PRT   可观的   POSS. 烟   NUM.   CLF   DUR

tʰʋ⁵⁵   je³³,
制造   停顿

制造了大量的烟雾，

e 10

mʋ⁵⁵kʋ³⁵ u¹¹　　tʰʋ⁵⁵　（bi⁵⁵）　ze⁵⁵　nɯ⁵⁵　bɤ³³mu³³ su¹¹　kʰu³³sɑ³³ ʂɤ⁵⁵
烟雾-一 CLF　　制造　　　　　　停顿　CONJ　锅底灰　　铁　锁　　说
tʂʰɯ³³　nɯ³³　ze⁵⁵　kʰu³³　tʰe¹¹　sɑ³³　je³³.
DEM.　INSTR　TOP　门　　DUR　锁　停顿
制造了一股烟雾之后又用称作"抹灰铁锁"的东西把门锁住。

e 11

e⁵⁵　kʰu³³cʏ¹¹ nɯ³³　ze⁵⁵　mʋ⁵⁵kʋ¹¹　tʰe¹¹　tʰʋ⁵⁵　je³³,　tʰɯ⁵⁵
PRT　里面　LOC　　　　烟雾　　DUR　　制造　PRT　接着
ze⁵⁵je³³　　（ɟi¹¹　dɯ³³　ɟi¹¹　be³³　mi³³　mbɚ¹¹……）
PRT　　　　房子　NUM.　房子　ADV.　火　烧
里面产生大量的烟雾，好像整个房子都着火一样（括号内为口误，不是房子着火而是像房子着火）

e 12

ɟi¹¹　ȵɟi⁵⁵　bɯ³³　ne¹¹　me¹¹　jæ³³,　mu³⁵　lɑ³³i³³
房子　烧　FUT.　PROG　句尾　　木-CH.　老爷-CH.
tʰɯ³³　ci³⁵　bi⁵⁵ je⁵⁵,　ə⁵⁵i³³ndæ⁵⁵,　ə⁵⁵i⁵⁵ndæ³³,　ŋɑ³⁵　ɟi¹¹　ȵɟi⁵⁵
DEM.　急-CH.　接着　阿一旦　　　阿一旦　　　我家的　房子　烧
ni¹¹　jɤ³³.
PROG VIS
房子就要烧起来了呀，木老爷一着急，（就喊）"阿一旦，阿一旦，我就房子烧起来了。"

e 13

ə⁵⁵i³³ndɯ⁵⁵　nɯ³³　ze⁵⁵je³³　　mu³⁵ lɑ³i¹¹,　mu³⁵lɑ³³i¹¹,　nɑ³⁵
阿一旦　　　　A.　　PRT　　　　木老爷-CH　　木老爷-CH　　你家的

ji¹¹　　　　mi³³　ndzɯ³³　ni¹¹　jɤ³³,
房子　　　　火　　烧　　　PROG　VIS
阿一旦说，木老爷，木老爷，你家的房子着火了。

e 14

dɯ³³ mæ¹¹　tʂʰu¹¹　mi³³　kʰɤ⁵⁵　lu³³,　dɯ³³mæ¹¹　tʂʰu¹¹　be³³　kʰu³³
一些　　　快　　　火　　灭　　　来　　一些　　　　快　　ADV　门
sɑ³³　　　mæ⁵⁵　pʰu⁵⁵　ʂɤ⁵⁵.
锁　　　　PRE　　开　　说
说："快点儿来灭火，快点儿来开锁"。

e 15

tʰɯ⁵⁵　　　mu³⁵　lɑ³³i¹¹　tʰɯ³³　jɑ³³ko¹¹　ji¹¹　dɯ³³　ȵi⁵⁵　bi⁵⁵　ne³⁵
PRT-停顿　木-CH.老爷-CH.　DEM.　家里　　　房子　NUM.　烧　　后　　CONJ
me³³　　　　gɤ³³ze⁵⁵,　je⁵⁵
句尾肯定　　停顿　　　所以,
因为木老爷的房子被火烧起来了，所以,

e 16

kʰu³³　tʰe¹¹　sɑ³³　me¹¹　　je⁵⁵,　kʰu³³　sɑ³³　pʰu³³　mɤ³³　tʰʋ³³,　dɯ³³
门　　　锁　　肯定句尾　所以　门　　　锁　　打开　　NEG　　能　　NUM.
ȵi³³　be³³　kʰu³³　sɑ³³　　　tʂɯ³³　pʰu³³,
天　　ADV　门　　锁　　　　DEM　　开
因为锁了门，门又打不开，一天地开这把锁。

e 17

e⁵⁵,　dɯ³³　ȵi³³　be³³　kʰu³³　sɑ³³　tʂɯ³³　pʰu³³,　kʰu³³　sɑ³³　tʂɯ³³　pʰu³³
PRT　NUM.　天　　ADV.　门　　锁　　DEM.　　开　　　门　　锁　　DEM　开

mɤ³³ tʰʋ³³ bi⁵⁵ ze⁵⁵, ci³⁵ se¹¹.
NEg. 能 后 接着 急-CH PFV
一天地打不开锁，打不开锁就开始着急起来了。

e 18
jɑ³³ko³⁵ ze³³çɤ³³ be³³ mi³³ ndzɯ³³, mʋ⁵⁵kʰʋ¹¹ tʰʋ³³ ni¹¹ se¹¹.
家里 很 ADV. 火 烧 烟雾 产生 PROG PFV
家里烧起大火来，冒着烟儿。

e 19
cʰi¹¹ʂɯ³⁵ ze⁵⁵ mʋ⁵⁵kʰʋ³⁵ gɤ³⁵ tʰʋ³³, mi³³ nɯ⁵⁵ mɤ³³ ndzɯ³³,
其实-CH. 停顿 烟雾 仅仅 产生 火 倒是 NEG 燃
其实呢只是有烟雾而已，火倒是没烧起来，

e 20
nɑ⁵⁵ dɯ³³ ci³⁵ nɯ³³ me³³ gɤ³³ ze⁵⁵ kʰu³³ sɑ³³ tʂʰɯ³³ pʰu³³
但是 NUM. 急-CH. 致因 肯定句尾 GEN 停顿 门 锁 DEM 开
mɤ³³ tʰʋ³³ se¹¹,
NEG 能 PFV
但是一着急就打不开门了，

e 21
dɯ³³ ɲi³³ be³³ kʰu³³ sɑ³³ tʂʰɯ³³ pʰu³³ ze⁵⁵, se³⁵ be³³ ʂɤ⁵⁵ nɯ⁵⁵.
NUM. 天 ADV. 门 锁 DEM. 开 停顿 如何 做 说 反问句尾
一天的开这把锁，怎么说呢？

e 22

mu³⁵	la³³i³⁵	ʂɤ⁵⁵	me³³,	ə⁵⁵i³³ndæ⁵⁵,	kʰu³³	sɑ³³
木-CH.	老爷-A.-CH.	说	AUX	阿一旦	门	锁

pʰu³³	mɤ³³	bjɤ³³	mɤ³³,	du³³mæ¹¹	tʂʰu¹¹	nɯ¹¹
开	NEG	成（为）	AUX	一些	快	2SG

nɯ³³	pʰu³³	lu³³!
A	开	来

木老爷说："阿一旦，锁打不开，你快点儿来开（锁）！"

e 23

ə³³tsɿ³³	nɯ³³	tʂʰɤ³³ndɑ¹¹	ndo¹¹	me¹¹	le³³,	ci⁵⁵	du³³	pe⁵⁵le³³
什么	A.	如此	傻	CERT	INT	口水	NUM.	蘸

ne³⁵,	ci⁵⁵	du³³	pe⁵⁵le³³	ne¹¹	æ⁵⁵!	tʰɯ³³	ze⁵⁵	pʰu³³
建议句尾	口水	NUM.	蘸	AUX	EMP	强调		开

tʰʋ³³	lɯ¹¹	tsɑ¹¹	ʂɤ⁵⁵	kʰɯ⁵⁵	me³⁵	mɑ³⁵.
能	来	INFR	说	ENFR	VIS	AUX

（阿一旦说:）"（你）为何这么笨呢？舔一下（钥匙），舔一下（钥匙）啊！这样就能打开了。原来他是这么说的。

e 24

tʰɯ⁵⁵ ze⁵⁵ je³³,	mu³⁵	lɑ³³i¹¹	tʰɯ³³	ndzʋ³³kʋ¹¹	tʂʰu³³	pɑ³³
PRT-停顿	木-CH.	老爷-CH.	DEM.	钥匙	DEM.	CL.

tʂʰɯ³³	nʋ⁵⁵tɑ³³	ci⁵⁵	du³³	pe⁵⁵le³³	ni¹¹	bi⁵⁵
DEM.	嘴巴	口水	NUM.	蘸	PROG	…之后

ze⁵⁵je³³,	kʰu³³	pʰu³³	hɯ³⁵	ze⁵⁵,	tʰɯ³³
PRT	门	开	去-bɤ⁵⁵	停顿	这

pʰu³³	nɯ³³	pʰu³³	tʰʋ³³	me¹¹	je⁵⁵,
开	TOP	开	能	IND	所以

于是木老爷把那把钥匙舔了一下，把门给开开了，一开就打开了。所以（阿一旦就说：）

e 25

ə⁵⁵	wa¹¹	jæ³³,	mu³⁵	la³³i¹¹	nɯ¹¹	nɯ³³	ʂɤ⁵⁵	me³³
INT	COP	VIS-疑问	木-CH.	老爷	2SG	A.	说	IND

ŋa¹¹	cʰɚ³³	ndʐɿ³³	ljɤ¹¹	næ¹¹	ʂɤ⁵⁵	be³³……
1SG	屎	吃	来	应该	说	ADV.

"看到了吧？木老爷你说'让我吃屎'……"

e 26

ŋa¹¹	kwa³³	tsɿ⁵⁵	ma³⁵,	nɯ¹¹	tʂʰɯ³³	kʰa¹¹	cʰɚ³³	ndʐɿ³³
1SG	骗	QUOT	AUX	2SG	DEM.	时间	屎	吃

ə⁵⁵	mæ³³	jæ³³,	e⁵⁵,	tʂʰɤ³³	be³³	ʂɤ⁵⁵	me¹¹	tse⁵⁵.
INT	得到	VIS-疑问	PRT	DEM.	ADV.	说	IND	QUOT

说"来骗我"，你这会儿是不是吃到屎了？（阿一旦）如是说。

e 27

e⁵⁵,	mu³⁵	la³³i¹¹	cʰɚ³³	ndʐɿ³³	tʰɯ³³	to⁵⁵	nɯ³³
PRT-停顿	木-CH.	老爷-CH.	屎	吃	DEM.	P	TOP

tɕʰi¹¹	me¹¹	wa¹¹,	mu³⁵	la³³i¹¹	kwa³³	je⁵⁵,	a⁵⁵a¹¹
来	肯定句尾	COP.	木-CH.	老爷-CH.	骗	所以	是不是

木老爷吃屎就是这么来的，因为骗他（吃到了屎），是不是？

f. ndʐɿ¹¹ŋgwɤ¹¹ "坐着说唱"

发音人：和积义

f 1

ndʑɿ¹¹ŋgwɤ¹¹	ze⁵⁵je³³,		u⁵⁵tʰɯ³⁵	ze⁵⁵je³³	ʝæ³⁵	dɯ³³
ndʑɿ¹¹ŋgwɤ¹¹	PAUSE		DEM	PAUSE	很多	NUM
(ɲi³³)	sʏ¹¹	ndu³³	me¹¹	mʋ̩³³je⁵⁵,		
NUM	CLF-样.	习惯	IND	PAUSE		

这个 ndʑɿ¹¹ŋgwɤ¹¹ 呢是很多种东西，

f 2

kæ³³ɲɤ³⁵	ze⁵⁵	mɑ³³ndɑ¹¹	gu¹¹	ʂɤ⁵⁵	ndu³³	mɤ³³,
以前	TOP	mɑ³³ndɑ¹¹	唱	说	习惯	IND

以前习惯被称作 mɑ³³ndɑ¹¹，

f 3

i³³we³³	tʂʰɯ³³	ŋɤ³³	nɯ³³	li¹¹ʂɯ³³	be³⁵	ze³³	dɯ³³kʰɑ¹¹
因为	DEM.	1SG	A	历史	ADVERB		一会
se³³	le³³	cæ³³cʏ⁵⁵	le³⁵,	ə⁵⁵	wa¹¹?		
CMPL	DIR	讲	Q-建议	QM	COP		

因为呢先让我把这历史讲讲，好吧？

f 4

bɚ³³	tʰʋ̩⁵⁵	bi⁵⁵	bɯ³³	lɑ³³	bɚ³³	tʂʰɯ³³	bɚ³³	lo¹¹	tʂɯ³³
婚	办	后	FUT	CONJ	婚	DEM	婚	里	TOP
kæ³³ɲɤ³⁵	to⁵⁵	tʰʋ̩³³	ze³³,	*ndʑɿ¹¹gwɤ¹¹*		ʂɤ⁵⁵	ndu³³	mʋ̩³³je⁵⁵	kæ³³ɲɤ³⁵.
从前	上	到	的话	*ndʑɿ¹¹gwɤ¹¹*		说	习俗		

从前的话有说 ndʑɿ¹¹gwɤ¹¹ 的习俗。

f 5

bɚ³³　　tʰʋ⁵⁵　　bi⁵⁵　　bɯ³³　　lɑ³³　　ze⁵⁵,
婚　　　办　　　后　　　FUT　　也　　　PAUSE
即使办婚礼

f 6

tʂʰɯ³³　　be³³　　dɯ³³　　ʥæ³³kæ³³　　be³³,　　ʥæ³³kæ³³　　gʁ³³
这　　　　ADV　　一　　　天井　　　　　ADV　　　天井　　　　　GEN
kʰʋ³³cʏ¹¹　　ko¹¹　　nɯ³³
里面　　　　里　　　　LOC
这样从整个天井，整个天井里面

f 7

lɑ⁵⁵pɑ³³　　pʰjʁ⁵⁵　　çʏ⁵⁵te³³　　pʰjʁ⁵⁵　　tʂʰɯ³³　　tʂu³³　　nɯ³³
树名　　　　叶子　　　柏树　　　　叶子　　　这　　　　CH.种　　LOC
tʂwæ⁵⁵li³³　　gʁ³³　　kʰɑ¹¹　　dɯ³³　　kʰɑ¹¹　　kʰɑ¹¹　　ndu³³.
转动　　　　POSS　　CL.篱笆　　一　　　CLF篱笆　围篱笆　习俗
有用 lɑ⁵⁵pɑ³³ 叶子，柏树叶子这些东西来围一个篱笆的习俗。

f 8

lɑ⁵⁵pɑ³³　　tʂʰɯ³³　　ə³³tsɿ³³　　ndʐ³³　　e⁵⁵　　me¹¹　　ɑ⁵⁵
树名　　　　DEM　　　什么　　　　树　　　　说　　　IND　　　QM
lɑ⁵⁵pɑ³³ 树说的是什么树呢？

f 9

lɑ⁵⁵pɑ³³　　tʰɯ³³　　çʏ⁵⁵te³³　　ndʐɿ¹¹.
树名　　　　TOP　　　树名　　　　树
lɑ⁵⁵pɑ³³ 指的是 çʏ⁵⁵te³³ 树。

f 10

u⁵⁵tʂʰɯ³³	tʂu³³	gʁ³³	ndʏ¹¹	be³³	tʂʰɯ³³	ʂɚ³³	be³³
DEM.	CH.种	GEN.	棍子	ADV.	DEM.	长	ADV.
ndɑ⁵⁵	bʁ⁵⁵	tsʰɯ¹¹	ze⁵⁵，	kʰʊ¹¹cʏ¹¹	ko¹¹	dɯ³³	cʰwæ³³
砍	ADV.	来	停顿	里面	里	一	CH.圈
be³³	kʰɑ³⁵	se³³	kʰɑ¹¹	ndɚ³³.			
ADV.	篱笆	CMPL	围篱笆	应该			

这样长地（边比划边说）砍来，先应该围一个圆形的篱笆。

f 11

kæ³³ɲʁ³⁵	gʁ³³	bɚ³³	tʰʊ⁵⁵	tʂʰɯ³³	tʂu³³	ze⁵⁵
从前	ASS.	婚	办	DEM.	CH 种	TOP
ɚ³³i³³	ɲi⁵⁵	be³³	mʁ³³	wa¹¹	se¹¹.	
现在	像	ADV.	NEG	COP	PFV	

从前这种办婚礼都跟现在不一样。

f 12

dɯ³³	ɲi³³	be³³	hɑ³³	ndʐ³³	mʁ³³
NUM	CLF 天	ADV.	饭	吃	NEG
dɯ³³	se¹¹	mʁ³³.			
NUM	PFV	IND			

整天都吃不到饭了。

f 13

ɚ³³tsɿ³³	<gʁ³³	dɯ³³>	sʏ¹¹	be³³	me¹¹	le³³?
什么	ATT	NUM	CLF-样	做	AUX	QM

是什么原因呢？

f 14

e^{55},	$tʂʰɯ^{33}me^{33}$	$ʂɯ^{55}$	$ne^{35}gɤ^{33}$	$mu^{55}ɯ^{33}$	$ʂɯ^{55}$	$nɯ^{33}$	$zɯ^{33}$
PAUSE	媳妇	新	CONJ	女婿	新	A	酒

$tʂu^{55}$	$tɕʰi^{11}$	$gɤ^{33}$
敬	来	NOMIN

新郎和新娘来敬的酒

f 15

$tæ^{33}hæ^{11}$	$ʂu^{11}$	$gɤ^{33}$	$dɯ^{33}$	$zɚ^{35}$	se^{33}	be^{33}
喜钱	索要	NOMIN	NUM	CLF-次	CMPL	ADV

$lɯ^{33}$	ndu^{33}	$mɤ^{33}$,
来	习俗	MIR

有要一次礼钱的习俗，

f 16

$zɯ^{33}$	$tɕi^{33}$	$gɤ^{33}$	$ʂɤ^{55}$	$mv̩^{33}$	$gɤ^{33}$	$dɯ^{33}$	$zʅ^{35}$	se^{33}	be^{33}
酒	CH-请	POSS.	说	CERT	NOMIN	NUM	CLF 次	CMPL	ADV.

$lɯ^{33}$	ndu^{33}	$mɤ^{33}$.
来	习俗	MIR

先来做一次叫作"请酒"的。

f 17

$tʰɯ^{55}$	ze^{35}	$tʂo^{35}$	$tʰe^{11}$	$pæ^{33}$	bi^{55}	$bɯ^{55}$	la^{33}	$dɯ^{33}$
DEM	PAUSE	CH-桌	DUR	CH-摆	后	FUT	CONJ	NUM

$ɲi^{33}$	be^{33}	$dɯ^{11}$	$gɤ^{33}$	$çi^{33}$	$dɯ^{11}$	$çi^{33}$	mu^{55}	$tʂʰɯ^{33}$
CLF-天	ADV.	NUM	POSS.	人	大	人	老	DEM.

就算是摆了桌子长辈们，

f 18

e⁵⁵,	u⁵⁵tʰɯ³³	dzʐu¹¹	ze⁵⁵	ə⁵⁵ŋgɯ¹¹	tʂʰɯ³³	ʂu⁵⁵	be³³	sæ³³læ¹¹
PAUSE	DEM	时代	TOP	1PL	DEM	样子	ADV	桌子

ci⁵⁵　　mɤ³³　　wa¹¹,
小　　　NEG　　COP.

那个时候我们不像这样是小桌子，

f 19

pa³⁵çæ³³tʂo³⁵	gɤ³³	tʂʰɯ³³	ʂwa³³	u⁵⁵tʰɯ³³	to⁵⁵	nɯ³³	gɤ³⁵	tæ⁵⁵
CH-八仙桌	ASS	DEM.	高	DEM	P	LOC	ASS	CH-待

ndu³³　　mɤ³³.
习俗　　　MIR

八仙桌，这么高的（桌子）上面摆（酒菜）。

f 20

tʂʰɯ³³	ʂwa³³	u⁵⁵tʰɯ³³	to⁵⁵	nɯ³³	gɤ³⁵	ta⁵⁵	tæ⁵⁵
DEM	高	DEM	P	LOC	ASS	仅仅	CH 待

ndu³³　　mv̩³³je⁵⁵,
习俗　　　PAUSE

只会在这么高的上面待（客）。

f 21

æ⁵⁵ze¹¹te⁵⁵	ʂɤ³³	ndu³³	mv̩³³je⁵⁵	æ⁵⁵ze¹¹ te⁵⁵	la³³	tʂʰɯ³³
CH-二人凳	说	习俗	PAUSE	CH-二人凳	也	DEM

ʂwa¹¹　　　gv̩³³　　mɤ³³.
高　　　　到达　　MIR

我们习惯称为二人凳，二人也要这么高（用手比划）。

f 22

e⁵⁵ze⁵⁵　　dɯ³³　　ɲi³³　　　be³³　　çi³³　　dɯ¹¹　　çi³³　　mu⁵⁵　　tʰɯ³³
PAUSE　　NUM　　CLF-天　　ADV.　　人　　大　　人　　老　　DEM

长辈们这一天呢，

f 23

ʝæ³³kæ³³　　dɯ³³　　　ʝæ³³kæ³³　　dɯ³³　　　ʝæ³³kæ³³　　be³³　　tʰe¹¹　　ndʐ¹¹
天井　　NUM　　天井　　NUM.　　天井　　ADV　　DUR　　坐

ze⁵⁵　　mɤ³³nda¹¹　　gu¹¹　　ndu³³.
然后　　么哒　　　　唱　　　习俗

整院整院的坐满人，唱"么哒"。

f 24

mɤ³³nda¹¹　　gu¹¹　　　je⁵⁵　　mɤ³³nda¹¹　　gu¹¹　　tʰɯ³³　　u⁵⁵tʰɯ³³　　to⁵⁵
么哒　　　　唱　　　PAUSE　　么哒　　　　唱　　TOP　　DEM.　　P

nɯ³³　　　ʂɤ⁵⁵　　　me¹¹,
LOC　　QUOT-说　　IND

"么哒"就是从那里来的，

f 25

ndʐ¹¹gu¹¹　　tʰɯ³³　　u⁵⁵tʰɯ³³　　to⁵⁵　　nɯ³³　　ʂɤ⁵⁵　　me¹¹.
ndʐ¹¹gu¹¹　TOP　　DEM　　P　　LOC　　说说　　IND

*ndʐ¹¹gu¹¹*这种形式就是从那里来的。

f 26

e⁵⁵　　ə³³cɤ⁵⁵lo³³ ze⁵⁵　　u⁵⁵tʂʰɯ³³　　tʂu³³　　ʝæ³⁵　　mæ³³　　la⁵⁵　　be³³.
PAUSE　舅爷　　TOP　DEM.　CH-种　　很　　后面　　CONJ　　ADV

mɤ³³ sɿ³³ se¹¹.
NEG 知道 PFV

舅爷不完全了解那种说唱（ndʑɿ¹¹gu¹¹）。

f 27

kʋ⁵⁵ nɯ⁵⁵ dɯ³³ mæ¹¹ zo³³ kʋ⁵⁵ na⁵⁵ mæ³³ la⁵⁵ be³³
会 TOP 一 点 小 会 DISJ 后面 到另一头 ADV.

mɤ³³ sɿ³³.
NEG 知道

虽然懂一些但是并不完全知道。

f 28

na⁵⁵ hæ¹¹ʂɯ⁵⁵ dɯ³³ mæ¹¹ kɯ³³tʂɯ¹¹ ljɤ¹¹ be³³
DISJ CH-还是 一 点 说 美 ADV.

cæ³³cɤ⁵⁵ ni¹¹ ta⁵⁵ ə⁵⁵ wa¹¹ le³³?
说话 PROG 仅仅 QM COP Q

但都只是将说话说得文雅一些，是不是？

f 29

je⁵⁵ tʂʰɯ³³me³³ ʂɯ⁵⁵ ne³⁵gɤ³³ mu⁵⁵ɯ³³ ʂɯ⁵⁵ tʰɯ³³
PAUSE 媳妇 新 CONJ 女婿 新 DEM

ʝe³⁵ kʰu³³dɯ¹¹.
家 夸

夸新郎和新娘这一家好。

f 30

e⁵⁵ ə³³cɤ³³lo³³ dɯ³³ ɲi³³ zu¹¹ da³⁵ je³³ tʰe³⁵ gu¹¹
PAUSE 舅爷 一 二 CLF-句 差不多 PAUSE 还 唱

kʋ⁵⁵	mɤ³³		wɤ³³	na⁵⁵	mæ³³	la⁵⁵	be³³	mɤ³³	sɿ³³.
会	MIR		DISJ	尾巴	到另一头		ADV	NEG	知道

舅爷还是会说一两句的但是从头到尾的并不会唱。

f 31

tʰɑ³⁵	lo³³	dɯ³³	zʋ³⁵	zʋ¹¹	mæ⁵⁵	ŋgu¹¹	tʂu⁵⁵	kʋ⁵⁵	mɤ³³
他家的	爷爷	一	CLF-句	CLF-句	后	之后	接	会	MIR
na⁵⁵,	tʰɑ³⁵	lo³³	lɑ³³	ʨæ³⁵	bɯ¹¹	be³³	sɿ³³	mɤ³³	tʰɑ⁵⁵
DISJ	他家的	爷爷	CONJ	很	多	ADV.	知道	NEG	可以

你家爷爷会接几句（说唱），但是也不会知道很多。

f 32

e⁵⁵	ə³³cɤ⁵⁵lo³³	nɯ³³	dɯ³³	zʋ¹¹	ʂɤ⁵⁵,	e⁵⁵
PAUSE	舅爷	A	一	CLF-句	说	PAUSE

舅爷呢说一句，

f 33

ku³³mu¹¹	ljɤ³⁵ljɤ¹¹	ku⁵⁵	gʋ³³	jɤ⁵⁵	se¹¹.
帽子	漂亮	戴	成为	VIS	CSM

帽子很漂亮。

f 34

o⁵⁵tʰo¹¹	tʰɯ³³	ndʐ¹¹	me³³	gɤ¹¹	mba³⁵	tɕʰi¹¹	se¹¹	ma³⁵.
DEM	TOP	坐	AUX	DIR	叫	来	CSM	来

所有在坐的人都跟着喊起来。

f 35

ci¹¹li⁵⁵   hwɑ⁵⁵   ɲi⁵⁵ɲi¹¹   tɑ⁵⁵   me¹¹   mʋ³³,
CH-吉利   CH-话   像   仅仅   IND   CERT

和说吉利话一样。

f 36

e⁵⁵   u⁵⁵tʰɯ³³   dɯ³³   gʋ³³   ndʐ̩³³   ndu³³.
PAUSE   那些   一   些   唱   习俗

会唱这么些内容。

f 37

tʰɯ³³   ze⁵⁵   u⁵⁵tʰɯ³³   dɯ³³   gʋ³³   ndʐ̩³³   nɯ³³   dɯ³³   ɲi³³   gʋ³³.
DEM   PAUSE   DEM.   一   些   唱   TOP   一   CLF-天 满

一直唱这些内容，足足一天。

f 38

hɑ³³   zu¹¹   nɯ³³   ʂɯ³³   bɯ³³   lɑ³³   hɑ³³   ndʐ̩³³   dɯ³³   mɤ³³   ndu³³.
饭   饿   TOP   死   FUT.   也   饭   吃   得到   NEG   会

就算很饿也吃不到饭。

f 39

dɯ³³   tʂo³⁵   be³³   ndʑ¹¹   ze⁵⁵,   dɯ³³   kʰa¹¹   le³³
一   CH-桌   ADV.   坐   PAUSE   一   时间   DIR

lɯ³³   jɤ⁵⁵   me³³   dɯ³³   hwɑ⁵⁵   be³³.
来   给   IND   一   群   ADV.

全部坐一桌，（然后说）"请又来唱一会儿"。

f 40

tʰe⁵⁵ze⁵⁵	ə³³ʂɚ³⁵	gɤ³⁵	lʏ⁵⁵lʏ³³	ne¹¹,	dɯ³³	mæ³³	kæ³³	ndʐɿ³³,
PAUSE	筷子	DIR	动	PROG	一	点	DIR	吃

动动筷子，吃一点

f 41

le¹¹cɤ³³	tʰe³⁵	çɤ³⁵	je³³	le¹¹cɤ¹¹	dɯ³³	ɿ¹¹	ndʐɿ¹¹gu¹¹.
又	DUR	休息	IND	又	一	CLF-次	说唱

u⁵⁵tʰɯ³³	be³³	ndu³³	mɤ³³.
DEM.	做	习俗	MIR

休息一会儿，又接着唱。规矩是这样的。

参考文献

一 著作类

伯纳德·科姆里：《语言共性和语言类型》（第二版），沈家煊、罗天华译，北京大学出版社 2010 年版。

Bernd Henine, Tania Kuteva：《语法化的世界词库》，龙海平等译，洪波、谷峰注释，世纪图书出版公司 2012 年版。

朝克、李云兵：《中国民族语言文字研究史论》第 2 卷，南方卷（上），中国社会科学出版社 2013 年版。

陈前瑞：《汉语体貌研究的类型学视野》，商务印书馆 2008 年版。

戴维·克里斯特尔编：《现代语言学词典》，沈家煊译，商务印书馆 2011 年版。

戴庆厦：《藏缅语族语言研究（二）》，云南民族出版社 1998 年版。

戴庆厦：《藏缅语族语言研究（三）》，云南民族出版社 2004 年版。

戴庆厦：《藏缅语族语言研究（五）》，云南民族出版社 2010 年版。

戴庆厦、罗仁地、汪锋主编：《到田野去——语言学田野调查的方法与实践》，民族出版社 2009 年版。

戴庆厦：《景颇语使动范畴的结构系统和历时演变》，《戴庆厦文集》（一），中央民族大学出版社 2012 年版。

戴耀晶：《现代汉语时体系统研究》，浙江教育出版社 1997 年版。

丁椿寿：《汉彝缅语比较研究》，贵州民族出版社 1991 年版。

傅懋勣：《纳西族图画文字〈白蝙蝠取经记〉研究》，商务印书馆 2012 年版。

傅爱兰：《普米语动词的语法范畴》，中国文史出版社 1998 年版。

国家统计局人口就业统计司、国家民族事务委员会经济发展司编:《中国 2010 年人口普查分民族人口资料》,民族出版社 2015 年版。

和即仁、姜竹仪主编:《纳西语简志》,民族出版社 1985 年版。

和志武:《纳西语基础语法》,云南民族出版社 1987 年版。

胡素华:《彝语结构助词研究》,民族出版社 2002 年版。

黄布凡主编:《藏缅语族语言词汇》,中央民族大学出版社 1992 年版。

黄成龙:《蒲溪羌语研究》,民族出版社 2006 年版。

蒋颖:《汉藏语言系语言名量词比较研究》,民族出版社 2009 年版。

陆丙甫、金立鑫:《语言类型学教程》,北京大学出版社 2015 年版。

林向荣:《嘉戎语研究》,四川民族出版社 1990 年版。

刘丹青:《语序类型学与介词理论》,商务印书馆 2003 年版。

刘丹青编著:《语法调查研究手册》,上海教育出版社 2008 年版。

刘丹青编著:《名词性短语的类型学研究》,商务印书馆 2012 年版。

李云兵:《中国南方民族语言语序类型研究》,北京大学出版社 2008 年版。

马学良、胡坦、戴庆厦、黄布凡、傅爱兰主编:《藏缅语新论》,中央民族学院出版社 1994 年版。

马庆株:《汉语动词和动词性结构》,北京语言学院出版社 1992 年版。

孙宏开、胡增益、黄行:《中国的语言》,商务印书馆 2007 年版。

王寅:《构式语法研究》(上、下卷),上海外语教育出版社 2011 年版。

向柏霖:《嘉戎语研究》,民族出版社 2008 年版。

田静:《藏缅语宾语句法标记比较研究》,中国社会科学出版社 2012 年版。

袁毓林:《汉语配价语法研究》,商务印书馆 2010 年版。

杨梅:《阿美语动词的语义特征及结构分析》,中国社会科学出版社 2013 年版。

Aikhenvald, A.Y.,& M.W.Dixon,R. *Serial Verb Constructions:A Cross-Linguistic Typology,* Oxford: Oxford University Press,2006.

Aikhenvald Alexandra Y. *Evidentiality,* Oxford: Oxford University Press,2004.

Aikhenvald Alexandra Y. *The Art of grammar*, Oxford:Oxford University Press,2015.

Dixon, R.M.W.*Basic Linguistic Theory: Volume1 Methodology,*New York: Oxford University Press,2010.

Dixon, R.M.W. *Basic Linguistic Theory: Volume2 grammatical Topic*, New York: Oxford University Press,2010.

Dixon, R.M.W. *Basic Linguistic Theory: Volume3 Further grammatical,* New York: Oxford University Press,2012.

T.Givon. Syntax:*A Function-Typological Introduction, Volume2,* Amsterdam: John Benjamis, 1990.

Haspelmath Martin, Matthew S.Dryer, David gil, etc.,*The World Atlas of Language Structures*,Oxford: Oxford University Press,2005.

Palmer, F.R. *Mood and Modality,*Cambridge: Cambridge University Press,1986.

二 期刊论文类

戴庆厦、傅爱兰：《藏缅语的述宾结构——兼与汉语比较》，《方言》2001 年第 4 期。

戴庆厦、邱月：《OV 型藏缅语连动结构的类型学特征》，《汉语学报》2008 年第 2 期。

戴庆厦、黎意：《藏缅语的述补结构——兼反观汉语的述补结构》，《语言研究》2004 年第 4 期。

戴庆厦、吴和得：《景颇语动词与藏缅语语法范畴》，《中央民族大学学报》1994 年第 3 期。

戴耀晶：《现代汉语短时体的语义分析》，《语文研究》1993 年第 2 期。

邓晓华、王士元：《藏缅语族语言的数理分类及其分析》，《民族语文》2003 年第 4 期。

杜若明：《藏缅语动词使动范畴的历史演变》，《语言研究》1990 年第 1 期。

傅懋勣：《永宁纳西族的母系家庭和亲属称谓》，《民族研究》1980年第2期。

傅爱兰：《藏缅语的a音节》，《民族语文》1996年第3期。

房红梅：《言据性研究述评》，《现代汉语》2006年第29卷第2期。

格桑居冕：《藏语的使动范畴》，《民族语文》1982年第5期。

盖兴之、姜竹仪：《纳西语在藏缅语言中的地位》，《民族语文》1990年第1期。

顾阳：《论元结构理论介绍》，《国外语言学》1994年第1期。

和即仁：《纳西语月份名称的结构及其来源》，《民族语文》1994年第4期。

和志武：《纳西族东巴经语言试析》，《语言研究》1983年第1期。

和志武：《纳西族支系研究一题》，《中央民族大学学报》1984年第3期。

和万传、和红军：《纳西语"来"和"去"的语义价值及语法特征》，《云南师范大学学报》（哲学社会科学版）2008年第1期。

胡建华、杨萌萌：《"致使—被动"结构的句法》，《当代语言学》2005年第4期。

黄布凡：《藏缅语的情态范畴》，《民族语文》1991年第2期。

黄布凡：《羌语的体范畴》，《民族语文》2000年第2期。

黄布凡：《原始藏缅语动词后缀*s-的遗迹》，《民族语文》1997年第1期。

黄成龙：《类型学视野中的致使结构》，《民族语文》2014年第5期。

黄成龙：《羌语形容词研究》，《语言研究》1994年第2期。

黄成龙：《羌语动词的前缀》，《民族语文》1997年第2期。

黄成龙：《藏缅语存在类动词的概念结构》，《民族语文》2013年第2期。

黄成龙：《藏语与喜马拉雅语言中存在类动词的概念结构》，《语言科学》2014年第5期。

黄成龙：《羌语子句的关系化手段》，《民族语文》2008年第4期。

黄成龙：《羌语的非施事者及其相关标志》，《语言学论丛》第四十一辑，商务印书馆2010年版。

黄成龙：《语法描写框架及术语的标记》，《民族语文》2005年第3期。

黄成龙：《羌语的话题标记》，《语言科学》2008 年第 6 期。

黄成龙：《羌语空间范畴》，《语言暨语言学》2015 年 16 卷（5）。

黄行：《藏语动词语法范畴的相互制约作用》，《民族语文》1997 年第 6 期。

胡素华：《彝语动词的体貌范畴》，《民族语文》2001 年第 4 期。

胡素华：《彝语诺苏话的连动结构》，《民族语文》2010 年第 2 期。

江荻：《现代藏语动词的句法语义分类及相关语法句式》，《中文信息学报》2006 年第 1 期。

江荻：《藏语拉萨话的体貌、示证及自我中心范畴》，《语言科学》2005 年第 1 期。

姜竹仪：《纳西语东部和西部方言语法异同概述》，《民族语文》1993 年第 4 期。

姜竹仪：《纳西语概况》，《民族语文》1980 年第 3 期。

姜竹仪：《纳西语话语材料》，《民族语文》1988 年第 6 期。

姜竹仪：《纳西语西部方言音位系统中的几个问题》，《民族语文》1985 年第 2 期。

姜竹仪、盖兴之：《纳西语在藏缅语言中的地位》，《民族语文》1990 年第 1 期。

金立鑫：《试论行为类型、情状类型及其与体的关系》，《语言教学与研究》2008 年第 4 期。

金立鑫：《"S"了的时体意义及句法条件》，《语言教学与研究》2003 年第 2 期。

蒋颖：《论普米语动词后缀的分析化趋势》，《中央民族大学学报》2009 年第 5 期。

李临定：《施事、受事和句法分析》，《语文研究》1984 年第 4 期。

李锦芳：《汉藏语言声调研究的回顾与展望》，《西藏民族学院学报》1993 年第 2 期。

李锦芳：《仡央语言的动词虚化》，《民族教育研究》1999 年第 1 期。

李永燧：《论藏缅语黏着语素与语言类型学》，《民族语文》2002 年第 2 期。

李永燧：《缅彝语语素比较研究》，《民族语文》1994 年第 8 期。

李宇明：《动词重叠的若干句法问题》，《中国语文》1998 年第 2 期。

乐耀：《国内传信范畴研究综述》，《汉语学习》2011 年第 1 期。

林幼菁、罗尔武：《茶堡嘉戎语大藏话的趋向前缀与动词词干的变化》，《民族语文》2003 年第 4 期。

刘丹青：《显赫范畴的典型范例——普米语的趋向范畴》，《民族语文》2013 年第 3 期。

刘丹青：《原生重叠和次生重叠：重叠式历时来言的多样性》，《方言》2012 年第 1 期。

刘菊黄：《独龙语动词研究》，《语言研究》1988 年第 1 期。

刘街生：《现代汉语中的分裂不及物性现象》，《当代语言学》2010 年第 3 期。

李春风：《拉祜语的连谓结构》，《中央民族大学学报》2012 年第 1 期。

李春风：《拉祜语动词使动态探析》，《民族语文》2014 年第 3 期。

木仕华：《论纳西语动词的语法化》，《民族语文》2003 年第 5 期。

祈从舵：《动词的情状对持续体"着"使用的语义制约》，《淮北煤炭师范学院学报》2006 年第 3 期。

[荷兰]齐卡佳：《白马语与藏语方言的示证范畴》，《民族语文》2008 年第 3 期。

孙宏开：《论藏缅语语法结构类型的历史演变》，《民族语文》1992 年第 5 期。

孙宏开：《论藏缅语语法结构类型的历史演变》（续），《民族语文》1992 年第 6 期。

孙宏开：《羌语动词的趋向前缀》，《民族语文》1981 年第 1 期。

孙宏开：《论藏缅语中动词的命令式》，《民族语文》1997 年第 6 期。

孙宏开：《藏缅语动词的互动范畴》，《民族语文》1984 年第 4 期。

孙宏开：《纳西语在藏缅语族语言中的历史地位》，《语言研究》2001 年第 1 期。

[美]孙堂茂:《论纳西语中语体助词"teiq"和"neiq"》,李跃红译,99国际东巴文化艺术学术研讨会论文集,1999年。

宋伶俐:《尔苏语动词趋向前缀和体标记》,《民族语文》2006年第3期。

田静:《藏缅语性别后缀产生的途径和历史层次》,《语言科学》2010年第6期。

王会银:《藏语拉萨话动词的重叠形式》,《民族语文》1988年第3期。

王一君:《片丁纳西语致使结构的类型分析》,《常熟理工学院学报》2017年第3期。

王一君:《纳西语连动结构》,《汉藏语学报》2018年第11期。

徐烈炯、沈阳:《题元理论与汉语配价问题》,《当代语言学》1998年第3期。

谢广华:《藏语动词语法范畴》,《民族语文》1982年第4期。

徐悉艰:《景颇语的使动范畴》,《民族语文》1984年第3期。

杨振洪:《摩梭话概况》,《民族译》1998年第2期。

杨焕典:《纳西语形容词的重叠形式》,《语言研究》1984年第2期。

杨将领:《藏缅语使动范畴的分析形式》,《民族语文》2003年第3期。

杨将领:《独龙语的情态》,《民族语文》2004年第4期。

杨将领:《独龙语动词趋向范畴研究》,《民族语文》1999年第1期。

杨将领:《独龙语的施事和工具格标记》,《民族语文》2015年第1期。

严木初:《嘉戎语梭磨话前缀研究》,《中央民族大学学报》2004年第6期。

余成林:《藏缅语"有/在"类存在动词研究》,《民族语文》2011年第3期。

尹蔚彬:《拉坞戎语的空间范畴》,《语言科学》2014年第3期。

张伯江:《施事和受事的语义语用特征及其在句式中的体现》,博士学位论文,复旦大学,2007年。

周国炎、朱德康:《布依语连动式研究》,《民族语文》2015年第4期。

张军:《藏缅语表施动和受动的结构助词》,《语言研究》1990年第2期。

曾立英:《作格研究述评》,《现代外语》2007年第4期。

朱艳华:《藏缅语工具格的类型及源流》,《民族语文》2010年第1期。

朱文旭：《彝语使动范畴前缀词素研究》，《民族语文》1998年第6期。

朱文旭：《彝语使动范畴后缀词素研究》，《中央民族大学学报》1999年第3期。

MICHAUD Alexis & Likun HE, 2015, *Phonemic and tonal analysis of the Pianding dialect of Naxi (Dadong County, Lijiang Municipality)*, Cahiers de Linguistique - Asie Orientale 44(1).

Michaud Alexis, *Tonal reassociation and rising tonal contours in Naxi*,Linguistics of the Tibeto-Burman AreaVolume 29.1 — April 2006.

Michaud Alexis & He Xueguang,*Reassociated tones and coalescent syllables in Naxi (Tibeto-Burman)*, International Phonetic AssociationPrinted in the United Kingdom,2007.

Michailovsky Boyd & Michaud Alexis,*Syllabic inventory of a Western Naxi dialect, and correspondence with Joseph F. Rock'stranscriptions*,2011,John Benjamins Publishing Company.

Bradley, David.*Nahsi and Proto-Burmese-Lolo*. Linguistics of the Tibeto-Burman area 2. 93-150.

Dixon, R.M.W, 2009b, *Basic Linguistic Theory II: grammatical Topics*, Oxford University Press.

Dixon, R.M.W & A.Y.Aikhenvald, 2003b. *Word: A cross-linguistic typology*, Cambridge University Press.

Haspelmath, Martin. *Argument marking in ditransitive alignment type*s, Linguistic Discovery, 2005(3), pp.11-21.

Liberty A. Lidz,*A Descriptive grammar of Yongning Na (Mosuo)*, 2010,The doctoral dissertation of The University of Texas at Austin.

Liberty A. Lidz,*Agentive Marking in YONgNINg Na*, Linguistics of the Tibeto-Burman Area Volume 34.2 — October 2011.

Dryer Matthew S. *Primary Objects, Secondary Objects and Antidative*. Language,

Vol.62,No.4,1986.

Randy J. LaPolla, *On Nominal Relational Morphology in Tibeto-Burman*,《语言及语言学》，中研院语言研究所，2004。

Randy J. LaPolla,'*Ergative'Marking in Tibeto-Burman, New Horizons in Tibeto-Burman Morphosyntax,* SENRI ETHNOLOgICAL STUDIES 41, 1995.

Randy J. LaPolla, *On transitivity in two Tibeto-Burman languages,* Studies in Languages, 2011.

Randy J. LaPolla & Dory Poa, 焦点结构的类型及其对汉语词序的影响, Hankuk Publishers, Seoul, 1994.

三 学位论文

多杰东智：《藏语安多方言动词的自主非自主研究》，博士学位论文，中央民族大学，2004 年。

高增霞：《现代汉语连动式的语法化视角》，博士学位论文，中国社会科学院研究生院，2003 年。

李云兵：《花苗苗语动词的语义及结构特征研究》，博士学位论文，中央民族大学，2002 年。

李子鹤：《原始纳西语及其历史地位研究》，博士学位论文，北京大学，2013 年。

柳俊：《纳西语传信范畴管窥》，硕士学位论文，云南民族大学，2012 年（手稿）。

柳俊：《东南语言区域语言中的双及物结构及相关构式研究》，博士学位论文，上海外国语大学，2015 年（手稿）。

梁敢：《壮语体貌范畴研究》，博士学位论文，中央民族大学，2010 年。

黎意：《汉藏语述补结构研究》，博士学位论文，中央民族大学，2004 年。

罗天华：《论元结构：标记、语序及其关系》，硕士学位论文，南昌大学，2007 年。

邵明园：《安多藏语阿柔话的示证范畴》，博士学位论文，南开大学，2014 年。

徐继荣：《次恩丁村纳西语研究》，硕士研究生论文，云南大学，2011年。
王芳：《重叠多功能模式的类型学研究》，博士学位论文，南开大学，2012年。
吴铮：《藏缅语否定范畴研究》，博士学位论文，中央民族大学，2007年。
钟耀萍：《纳西族汝卡东巴文研究》，博士学位论文，西南大学，2010年
曾小鹏：《俄亚托地村纳西语言文字研究》，博士学位论文，西南大学，2011年。